Kirsten Menneken / Andrea Zupancic (Hg.)

Jüdisches Leben in Westfalen

Eine Ausstellung der Gesellschaft für christlich-jüdische
Zusammenarbeit Dortmund e.V. in Kooperation mit dem

Museum für Kunst und Kulturgeschichte Dortmund	23.08.–25.10.1998
Stadtmuseum Gütersloh	01.11.–06.12.1998
Mindener Museum für Geschichte, Landes- und Volkskunde	16.01.–28.03.1999
Siegerlandmuseum im Oberen Schloß zu Siegen	11.04.–24.05.1999
Kulturgeschichtliches Museum Osnabrück	06.06.–27.07.1999
Stadtmuseum Münster	15.08.–14.11.1999

Die Veröffentlichung dieses Katalogs wurde gefördert
durch die Alfried Krupp von Bohlen und Halbach-Stiftung.

Die Deutsche Bibliothek – CIP-Einheitsaufnahme

Jüdisches Leben in Westfalen / Kirsten Menneken/Andrea Zupancic (Hg.). –
1. Aufl. – Essen : Klartext-Verl, 1998
   ISBN 3-88474-689-8

1. Auflage August 1998
Satz und Gestaltung: Klartext Verlag
Lithographie: digital publishing service – B. Lüders, Essen
Druck und Bindung: Fuldaer Verlagsanstalt, Fulda
© Klartext Verlag, Essen 1998
ISBN 3-88474-689-8

Grußwort

Während im Rheinland Juden bereits seit dem 4. Jahrhundert lebten, kamen sie nach Westfalen erst im 11. Jahrhundert, nicht zuletzt wegen der Kreuzzüge, die vielerorts wie z.B. in Mainz, Trier und Speyer zu Pogromen führten. In den vergangenen neunhundert Jahren entwickelten dabei in Westfalen lebende Juden ein reges jüdisches Leben, das sich besonders im Kultur- und Geistesleben bemerkbar machte. Auch gab es in Westfalen ein sehr starkes Landjudentum. Alles das wurde in den Jahren 1933-1945 ausgelöscht und zerstört. Als Zeugnisse bleiben lediglich jüdische Friedhöfe und entweder ausgebrannte oder zweckentfremdete Synagogen. Diese Zeit zu dokumentieren und den künftigen Generationen ins Bewußtsein zu rufen, ist eine wichtige Aufgabe, der sich diese Ausstellung widmet.

Inzwischen leben wieder Juden in Westfalen, wenn auch überwiegend in den Städten. Ein Landjudentum, wie es einmal war, wird es wohl auch nie wieder geben. Wie sich das neue jüdische Leben in Westfalen, wie überhaupt in der Bundesrepublik entwickeln wird, hängt nicht zuletzt von der Haltung der nichtjüdischen Bevölkerung gegenüber der jüdischen Gemeinschaft ab.

Ignatz Bubis
Präsident des Zentralrates der Juden in Deutschland

Grußwort

Die frühesten Dokumente jüdischen Lebens in Westfalens stammen aus dem 11. Jahrhundert. Damals begann eine Geschichte, die mehr als 950 Jahre dauern sollte, bis sie im Holocaust ihr schreckliches Ende fand. Es ist eine Geschichte mit vielen Kapiteln der Unterdrückung und Ausgrenzung, der Verfolgung und Vertreibung – und mit nur wenigen Abschnitten der Befreiung und der Gewährung gleicher Rechte. Mit der Aufklärung wurden erstmals die Forderungen nach Gleichberechtigung und Emanzipation der Juden laut. Aber erst in der zweiten Hälfte des 19. Jahrhunderts erhielten Juden die vollen bürgerlichen Rechte in Deutschland, und als nach den äußeren auch die inneren Ghettomauern fielen, wurden lange unterdrückte kreative Kräfte freigesetzt. In Wirtschaft und Wissenschaft, in Kunst und Kultur trugen Juden Bedeutendes bei zur Geschichte des Deutschen Reiches und später zur Weimarer Republik.

Der Prozeß der Emanzipation blieb immer überschattet und bedroht von teils verstecktem, teils offenem Antisemitismus. Dennoch hätte sich zu Beginn des 20. Jahrhunderts wohl kaum jemand vorstellen können, daß nur vier Jahrzehnte später der ganze Reichtum jüdischer Kultur und Zivilisation zerstört, und daß das jüdische Leben in Deutschland fast völlig vernichtet sein würde. Der Holocaust hat nicht nur unsagbares Leid über die Juden gebracht, sondern durch den Holocaust hat Deutschland sich selber amputiert und um ein wesentliches Element seiner geschichtlichen Identität gebracht.

Wenn wir uns heute intensiv mit der Geschichte der Juden in unserem Land beschäftigen, dann tun wir das auch, damit im Hauptbuch unserer Geschichte die historische Leistung der Juden und ihre herausragende Bedeutung für unser Land keine Leerstelle bleiben, wie das die Nationalsozialisten wollten. Wir dürfen und wollen nicht vergessen. Dazu trägt die Ausstellung „Jüdisches Leben in Westfalen" einen gewichtigen Teil bei. Sie widmet sich neben dem vergleichsweise gut erforschten jüdischen Bürgertum besonders dem jüdischen Leben in den ländlichen Regionen und auch in den Industrieregionen, wo zu Beginn des Jahrhunderts jüdische Arbeiter aus Osteuropa in die Betriebe des Ruhrgebietes kamen. Ich bin überzeugt, daß die Besucher durch Dokumente und Bilder, durch die ausgestellten Kultgeräte und Gegenstände des täglichen Lebens nachhaltige Eindrücke mit nach Hause nehmen. Der Ausstellung wünsche ich auf ihren Stationen viele interessierte Besucher.

Ministerpräsident a.D.   D. Dr. h.c. Johannes Rau

Vorwort

Die Gesellschaft für christlich-jüdische Zusammenarbeit Dortmund e.V. hat sich zu dieser Ausstellung entschlossen, um die tiefe geschichtliche Verwurzelung jüdischen Lebens in unserer Region anschaulich zu machen und zugleich das Bewußtsein dafür zu schärfen, was durch den nationalsozialistischen Völkermord vernichtet wurde und verloren ist.

In dem Titel „Jüdisches Leben in Westfalen" wird eine Wechselbeziehung von jüdischer Tradition und westfälischer Umgebung unterstellt, die sowohl im ländlichen Raum wie in den Städten zu charakteristischen Ausprägungen des kulturellen, religiösen und gesellschaftlichen Lebens geführt hat. Im Jahr 1906 wurde der erste Rabbiner der großen Dortmunder Synagoge, Benno Jacob, zu seiner Einführung mit einem Lied begrüßt: „Doch Mut und Kraft, mit Treu gepaart, ist kernige Westfalenart". Zu einer solchen Westfalenart fühlten sich viele bekannte und weniger bekannte Jüdinnen und Juden zwischen Minden und Siegen, Höxter und Gelsenkirchen zugehörig, bis sie aus dem gesellschaftlichen Leben herausgedrängt wurden.

Die Idee zur Ausstellung geht zurück auf ein Projekt „Dokumentation der westfälischen Synagogen", das im Jahr 1997 abgeschlossen wurde. Dabei stießen die Mitarbeiter auf zahlreiche Judaica aus Westfalen, die bisher nicht der Öffentlichkeit zugänglich waren: Kultgegenstände aus zerstörten Synagogen, Erinnerungsstücke aus jüdischen Familien und Dokumente des alltäglichen Lebens. Manche Exponate lagerten in weit entfernten Museen, schlummerten teilweise in Magazinen oder befanden sich im Privatbesitz. Dank der fachkundigen Arbeit der beiden Kunsthistorikerinnen Kirsten Menneken MA, und Dr. Andrea Zupancic und zahlreicher an anderer Stelle genannter Förderer ist es gelungen, daraus eine Ausstellung zu entwickeln, die etwas von dem widerspiegelt, was das Leben von Jüdinnen und Juden in Westfalen geprägt hat.

im 60. Jahr nach dem Novemberpogrom
Dortmund 1998

Renée Kraus   Günter Birkmann
Geschäftsführende Vorsitzende   Evangelischer Vorsitzender

Inhalt

Einleitung

Jüdisches Leben in Westfalen – das ist ein Teil der Geschichte dieses Landes, der fast ein ganzes Jahrtausend umfaßt. Es ist nicht die Geschichte einer exotischen Minderheit, sondern die wechselvolle Geschichte von Menschen, deren Existenz vom Mittelalter bis in die Gegenwart hinein von Ausgrenzung durch die sie umgebende Mehrheit bestimmt war. Daß jüdisches Leben sich hier wie in ganz Deutschland in vielen Bereichen vom Leben der übrigen Bevölkerung unterschied, beruht vor allem auf dem den Juden von außen aufoktroyierten Sonderstatus, der ihren Alltag prägte.

Mit dem Aufkommen der Zünfte, die keine Juden in ihren Reihen duldeten, wurden sie aus den Handwerken verdrängt und auf den Handel verwiesen. Die erste Erwähnung von Juden in Westfalen findet sich in dem von Heinrich IV. erlassenen Edikt von 1074. Gemäß der darin formulierten Kammerknechtschaft waren sie dem Schutz des Kaisers unterstellt, was zugleich eine nicht unerhebliche Abgabenlast mit sich brachte. Juden stellten in der mittelalterlichen Ständegesellschaft einen beachtlichen Wirtschaftsfaktor dar. Trotz Einschränkungen waren sie ihren nichtjüdischen Mitbürgern in vielen Bereichen gleichgestellt, und verschiedene Urkunden zeugen von ihren weitreichenden geschäftlichen Beziehungen mit den Städten und deren wohlhabenden Bürgern. Wie weitgehend die vor allem von kirchlicher Seite an sie herangetragenen Schmähungen ihren Alltag beeinträchtigten, ist nicht bekannt, doch die Verfolgungen zur Zeit der Pestepidemie von 1349/50 zeigen, daß sich das gegen sie geschürte Mißtrauen in Krisenzeiten entlud: Als Brunnenvergifter und Verursacher der grausamen Krankheit bezichtigt, wurden Juden in Westfalen wie in ganz Deutschland zu Hunderten umgebracht oder aus ihren Heimatstädten vertrieben.

Die Ereignisse von 1350 stellen eine nachhaltige Zäsur in der jüdischen Geschichte Westfalens dar. Zahllose Menschen waren ums Leben gekommen, die Überlebenden waren heimatlos und all ihrer Güter beraubt worden. Wo einzelne Städte und Fürstentümer in der Folgezeit jüdischen Familien ein Bleiberecht gewährten, taten sie es gegen jährlich zu entrichtende Abgaben; der dafür erworbene Geleitbrief mußte nach Ablauf weniger Jahre erneuert werden. Demzufolge waren häufige Ortswechsel an der Tagesordnung, und bis in das 19. Jahrhundert hinein verlagerte sich jüdisches Leben in die ländlichen Regionen. In kleinen Städten und Marktflecken entstanden neue Gemeinden wie im Münsterland, im Lippischen und im Sauerland. Es waren weiterhin vor allem die Handelsberufe, die den Familien den Lebensunterhalt sicherten. Die meisten waren arm und zogen als Trödler und Kleinhändler über die Dörfer, doch auch zu den Städten und Fürstenhäusern bestanden nach wie vor Handelsbeziehungen, und bis zum Ende des 18. Jahrhundert war es einigen gelungen, durch Korn- und Viehhandel zu bescheidenem Wohlstand zu gelangen. Aus dieser Zeit stammt die erst 1997 in einem Acker bei Erwitte gefundene Siegelpetschaft eines jüdischen Viehhändlers.

Siegel-Petschaft des Isack Moyses, um 1770-1790, ovale Siegelplatte mit rundem, eingekehltem Griff. Ein Jude namens Isack Moyses lebte in dem Dorf Horn bei Erwitte, erhielt 1764 einen Geleitbrief und ist bis 1791 in Horn nachweisbar. Für diese Hinweise danken wir Herrn Dr. Gerd Dethlefs vom Westfälischen Landesmuseum für Kunst und Kulturgeschichte Münster.

(Abb.) Die Siegelplatte trägt das Bild eines Davidsterns und zeigt ein Rind, in hebräischen Buchstaben steht darüber „Jizchak bar Mosche" (Isaak, Sohn des Moses).

Erst im Gefolge der Aufklärung verbesserte sich die Situation der Juden. Ausgehend von Berlin, wo sich um den Vordenker Moses Mendelssohn ein Kreis von jüdischen Reformern versammelt hatte, wurde der Ruf nach rechtlicher Gleichstellung laut, und auch nichtjüdische Intellektuelle erkannten die Notwendigkeit einer Veränderung der Situation. Um die Wende zum 19. Jahrhundert wurde Juden wieder das Wohnrecht in den Städten gewährt, und 1847 erließ Friedrich Wilhelm III. das „Gesetz über die bürgerlichen Verhältnisse der Juden", das ihnen mehr Rechte, aber noch keine völlige Gleichberechtigung zubilligte. Dennoch gelang in jenen Jahren immer mehr Familien der Aufstieg ins Bürgertum, und 1869 wurde die rechtliche Gleichstellung vom Norddeutschen Bund garantiert. Doch während man von jüdischer Seite durch weitreichende Assimilationsbestrebungen die Gegensätze zu überbrücken versuchte, keimte ein moderner Antisemitismus auf. 1871 erschien August Rohlings Hetzschrift „Der Talmud Jude". Andere Pamphlete folgten, die den Boden für die Ereignisse der Schoa mitbereiteten.

Die Nationalsozialisten beendeten gewaltsam die über 900 Jahre währende deutsch-jüdische Geschichte in der westfälischen Region. Im Jahre 1932 lebten in der Provinz Westfalen 21.595 deutsche Staatsbürger jüdischen Glaubens; ihr Anteil an der Gesamtbevölkerung betrug 0,45 %. Nach der nationalsozialistischen Machtübernahme 1933 wurde die jüdische Bevölkerung in Westfalen, wie in allen Teilen Deutschlands, aus sämtlichen Bereichen des wirtschaftlichen, sozialen und politischen Lebens ausgegrenzt. Nach der Verabschiedung der „Nürnberger Gesetze" 1935 wurde der gesellschaftliche Verdrängungsprozeß auf der Basis einer pseudowissenschaftlichen Rasseideologie vollzogen, die im krassen Widerspruch stand zu allen sittlichen und rechtlichen Normen der europäischen Gesellschaft. Mit der Zerstörung der Synagogen in der Nacht vom 9. auf den 10. November 1938 sollten die Zeugnisse jüdischer Existenz in der deutschen Öffentlichkeit endgültig vernichtet werden.

Viele entflohen dem nationalsozialistischen Terrorregime durch Auswanderung. 1939 lebten in der Provinz Westfalen noch 7.964 Juden, einschließlich derer, die nach den „Nürnberger Gesetzen" als Juden galten. Nach dem Novemberpogrom von 1938 bis zum Beginn der Deportationen in die nationalsozialistischen Konzentrationslager Osteuropas Ende 1941 gelang noch etwa der Hälfte von ihnen die Flucht ins Ausland. Die meisten der in Deutschland verbliebenen Juden wurden in den Konzentrationslagern umgebracht. Nur wenige überlebten.

Nach der Befreiung der Konzentrationslager durch die Alliierten und der Beendigung des Zweiten Weltkrieges kehrten einige wenige Überlebende in ihre Heimatstädte zurück. Sie legten zusammen mit den Displaced Persons aus den Alliierten-Camps und Flüchtlingen aus Osteuropa den Grundstein für ein neues Gemeindeleben in Westfalen. Die Jüdischen Kultusgemeinden in Bielefeld, Dortmund, Gelsenkirchen, Hagen, Herford, Minden, Münster, Paderborn und

Recklinghausen bildeten schließlich den Landesverband der Jüdischen Gemeinden Westfalen-Lippe, der bereits Anfang 1946 gegründet wurde. Seit Mitte der fünfziger Jahre wurden in den genannten Städten neue Synagogen oder Betsäle errichtet. Die jüdischen Gemeinden nach 1945 waren gekennzeichnet durch Fluktuation aufgrund von Aus- und Zuwanderungen sowie durch die kulturellen Unterschiede ihrer Mitglieder, deren überwiegende Mehrheit aus osteuropäischen Ländern stammten. Im Land der Täter wurde „Gehen oder bleiben?" zur zentralen Frage und der „gepackte Koffer" zu einer geläufigen Metapher. Die Gemeinden blieben klein, und das Fortbestehen jüdischen Lebens in Westfalen – wie in ganz Deutschland – in Frage gestellt.

Durch die Zuwanderungen von Juden aus den Staaten der einstigen Sowjetunion seit Anfang der neunziger Jahre eröffnen sich den Gemeinden heute neue Perspektiven. Seither stieg die Zahl der Mitglieder der neun westfälischen Kultusgemeinden von 745 im Jahr 1989 auf 4.998 Ende 1997, und die zuvor kleinen westfälischen Gemeinden stehen nun vor der Herausforderung, die Einwanderer in das aktive Gemeindeleben zu integrieren.

Viele der in der Ausstellung gezeigten Objekte sind hier erstmals publiziert und werden in den beteiligten Museen einer breiten Öffentlichkeit zugänglich gemacht. Wir haben uns bemüht, mit dieser Ausstellung und diesem Katalog nicht nur den synagogalen und häuslichen Kult darzustellen, der durch seine isolierte Betrachtung eine gewisse 'Exotik' suggerieren und jüdische Existenz auf das Glaubensleben reduzieren würde. Um diesem Bild – und auch anderen Klischees – entgegenzuwirken, haben wir vor allem versucht, jüdisches Alltagsleben vom Mittelalter bis zur Gegenwart als Teil der Geschichte Westfalens in den Blickpunkt zu rücken, was aufgrund der spärlich überlieferten Urkunden aus dem Mittelalter und dem Zerstörungswerk an synagogalen und häuslichen Gerätschaften während des Nationalsozialismus nicht immer leicht war. Der Versuch, Alltag *darzustellen*, stößt an seine natürlichen Grenzen, die gleichzeitig die Problematik einer Beschäftigung mit jüdischem Leben beleuchten: Ein Wasserkessel aus Westfalen bleibt vorderhand ein Wasserkessel, unabhängig davon, ob er in einem jüdischen oder in einem nichtjüdischen Haushalt benutzt wird.

Kirsten Menneken   Andrea Zupancic

Thomas Schilp

Juden im mittelalterlichen Westfalen

„Jüdisches Leben im mittelalterlichen Westfalen" umfaßt nicht nur verschiedene Epochen und Zeitebenen, es umgreift auch sachlich heterogene Aspekte und Dimensionen, die kaum alle unter einem so schmal und knapp bemessenen Dach wie diesem Beitrag untergebracht werden können. Die jüdische Geschichte unseres Jahrhunderts hat veranschaulicht, wie die Feindschaft gegen die Juden der älteren Vergangenheit – nach einer Zeit der relativen Verdrängung seit der Judenemanzipation des 19. Jahrhunderts – wieder aktualisiert und verschärft worden ist. Bei näherem Hinsehen taucht eine Vergangenheit auf, die auf grausame Weise die Gegenwart einholte; vieles an Urteilen aus „mittelalterlicher Zeit" wurde plötzlich in neuer Form aktualisiert und in schrecklicher Perversion praktisch umgesetzt.

Juden sind in Westfalen seit über 900 Jahren zu belegen.[1] Schon kurz nach der ersten Erwähnung ist im Rahmen der Kreuzzugspogrome 1096 erstmals von einem Juden in Dortmund die Rede, der uns namentlich bekannt ist. Zeiten, die durchaus positive Ansätze des Zusammenlebens von christlicher Mehrheit und jüdischer Minderheit erkennen lassen, werden immer wieder jäh unterbrochen; vor allem im Kontext der Pestpogrome um 1350, die zur weitgehenden Vernichtung und Vertreibung der Juden aus Westfalen führten.

Im folgenden kann eine Vollständigkeit der Rekonstruktion jüdischen Lebens in Westfalen kaum erreicht werden; Absicht und Ziel wird vielmehr sein, exemplarisch auf einige zentrale Leitlinien und Bedingungen jüdischen Lebens in der Region aufmerksam zu machen. Hierbei sind mehrere Bereiche zu berücksichtigen: Verfolgung, Vernichtung und Vertreibung von Juden durch die christliche Umwelt des Mittelalters sind auch mit dem Wissen um die Ereignisse des Holocaust, des nationalsozialistischen Vernichtungsfeldzugs der europäischen Juden, zu untersuchen und zu bewerten; der Umgang der mittelalterlichen Herrschaft mit den Juden ist ebenso zu berücksichtigen wie es zu wagen gilt, die Grundstrukturen und die Bedeutung des jüdischen Gemeindelebens zu erfassen.

Die jüdische Besiedlung Westfalens[2] seit dem 11. und 12. Jahrhundert nahm zweifellos von der rheinischen Metropole Köln ihren Ausgang; in Köln siedelten Juden nachweislich spätestens seit dem 4. Jahrhundert nach Christi Geburt.[3] Die Beziehung zwischen den westfälischen Juden und Köln legt nicht nur das traurige Schicksal der Familie des Juden Mar Schemarja 1096 nahe: Sie war vor den Kreuzzugspogromen im Rheinland nach Dortmund geflohen, wo sie zunächst freundlich aufgenommen wurde, nach der Verweigerung der christlichen Taufe aber auf grausame Weise ums Leben kam.[4] Immer wieder begegnen in der mittelalterlichen Überlieferung auch Beziehungen zwischen den westfälischen Juden und der Kölner Muttergemeinde.[5] Um 1300 lebten Juden in zehn, kurz vor den

1 Im Jahre 1074 sicherte König Heinrich IV. den Juden und anderen Wormsern aufgrund ihrer Treue Zollfreiheit an namentlich aufgeführten Plätzen zu, darunter auch in Dortmund (MGH Diplomata Heinrichs IV., Nr. 267).
2 Die folgenden Ausführungen werden sich aus Gründen der Übersichtlichkeit und aufgrund der relativ günstigen Überlieferung vor allem auf die Dortmunder Judengemeinde konzentrieren, die vor dem Pestpogrom des Jahres 1350 zweifellos die bedeutendste jüdische Gemeinde Westfalens war.
3 Vgl. Tauch, Max: Juden im römischen Köln, in: Köln und das rheinische Judentum. Festschrift Germania Judaica 1959-1984, hg. von Bohnke-Kollwitz, Jutta u.a., Köln 1984, S. 15f.
4 Vgl. hierzu zuletzt Schilp, Thomas: 900 Jahre Juden in Dortmund. Die Geschichte der Dortmunder Juden beginnt 1096 mit einem Pogrom, Heimat Dortmund 1/1996, S. 3ff. Die späteren jüdischen, sicherlich legendär verklärenden Berichte siehe in: Brilling, Bernhard/Richtering, Helmut/Aschoff, Diethard: Westfalia Judaica. Quellen und Berichte zur Geschichte der Juden in Westfalen und Lippe 1: 1005-1350, Münster (2. Aufl.) 1992, Nr. 3.
5 Für Dortmund siehe die Zusammenstellung bei Fremer, Torsten/Runde, Ingo: Die Juden der mittelalterlichen Stadt Dortmund von den Anfängen bis zu den Pestpogromen des 14. Jahrhunderts – im Spiegel der Reichs- und Territorialpolitik, Beiträge zur Geschichte Dortmunds und der Grafschaft Mark 85/86, 1994/1995, S. 59 und S. 69.

Fragment eines jüdischen Grabsteins, ca. 1340,
Sandstein, Inschrift: Tochter Hanah in Rabi
Isaac's Schutz, der Reiche. Uns gestorben,
von uns gegangen in Ewigkeit. Am Sabbat,
Neumond Nisan und Begraben am ...,
Mindener Museum für Geschichte,
Landes- und Volkskunde

6   Vgl. die Auflistung bei Aschoff, Diethard:
Das Pestjahr 1350 und die Juden in Westfalen,
Westfälische Zeitschrift 129/1979, S. 58f. und
Westfalia Judaica (wie Anm. 4) S. 215.
7   Hier kann nur ein vage bleibender Rahmen
abgesteckt werden. Aus der Fülle der neueren Literatur siehe zum folgenden Battenberg, Friedrich:
Das europäische Zeitalter der Juden. Zur Entwicklung einer Minderheit in der nichtjüdischen Umwelt
Europas, 1: Von den Anfängen bis 1650, Darmstadt
1990, S. 45ff.; zur Analyse der Judenfeindschaft
des Mittelalters siehe Patschovsky, Alexander:
Judenverfolgung im Mittelalter, in: Geschichte
in Wissenschaft und Unterricht 41/1990, S. 1-16,
sowie Graus, Frantisek: Pest – Geißler – Juden-
morde. Das 14. Jahrhundert als Krisenzeit (Veröffentlichungen des Max-Planck-Instituts für
Geschichte, Bd. 86), Göttingen (2. Auflage) 1988.

Pestpogromen um 1350 bereits in 28 Städten Westfalens.[6] Raschen Aufschwung nahm die jüdische Bevölkerung vor allem in den älteren und größeren Städten der Region im Verlauf des 13. Jahrhunderts: Neben Dortmund sind für die Städte und Siedlungen Büren (seit 1292), Coesfeld (1298), Hamm (1287/1288), Iserlohn (vor 1237), Minden (1270), Münster (um 1260), Rüthen (vor 1279), Siegen (1253), Soest (um 1250) Juden genannt.

Das Leben der westfälischen Juden ist ohne Kenntnis der allgemeinen Bedingungen und Entwicklungen des Mittelalters[7] kaum zu verstehen. Judenfeindschaft stand sicher nicht am Anfang der mittelalterlichen Entwicklung. Bis in das 11. Jahrhundert scheint das Verhältnis zwischen Juden und Christen bei aller religiösen Problematik eher gut gewesen zu sein. Juden hatten im frühen und hohen Mittelalter zum Teil sogar eine geradezu privilegierte Stellung inne, denn aufgrund ihrer die gesamte damalige Welt umfassenden Verbindungen und Beziehungen waren sie die bevorzugten Händler der Herrschaften für Luxuswaren; sie waren auch als Gelehrte, Goldschmiede und Ärzte tätig. Die positiv zu bewertende Situation änderte sich im 11. Jahrhundert: Die christliche Frömmigkeit wandelte sich, orientierte sich zunehmend christologisch und neutestamentlich. Konsequenz und Pendant der Frömmigkeit war ein christlicher Fundamentalismus und religiöser Fanatismus, der sich gegen Juden, das Anders-Sein der Anders-Gläubigen, richtete und den Kreuzestod Christi als den jüdischen Mord Christi brandmarkte. Die christliche Reformgesinnung jedenfalls rief auch die Kreuzzugsbewegung des ausgehenden 11. Jahrhunderts hervor, die zum ersten mittelalterlichen Judenpogrom überregionalen Ausmaßes führte. In dessen Verlauf wurden 1096 auch die großen jüdischen Gemeinden in den rheinischen Bischofsstädten weitgehend zerschlagen. Seitdem erfolgte die erzwungene, mehr oder weniger kontinuierliche Nordost-Wanderung des aschkenasischen Judentums.

Seit dem ersten Kreuzzug sollte die Judenfeindschaft, die Gefährdung und Verfolgung der Juden für Jahrhunderte nie vollständig zum Erliegen kommen. Im 12. Jahrhundert begegnet nördlich der Alpen erstmals eine Judenverfolgung wegen einer Ritualmordbeschuldigung, die in der Anklage wegen Hostienfrevels im 13. Jahrhundert sakramentalisiert wurde. Alle Einwendungen der Kurie und kirchlicher Vertreter sollten keine Beendung der Verfolgung aus den genannten Motiven bewirken. Die Ritualmordbeschuldigung von Juden in Lauda bei Tauberbischofsheim sowie in Fulda im Jahre 1235 führten in der folgenreichen Konsequenz zur Kammerknechtschaft der Juden, denn Kaiser Friedrich II. hat die Vorwürfe gegen die Juden im Prozeß klären lassen und die Juden freigesprochen. Er unterstellte die Juden als Sondergruppe jedoch dem Schutz von Kaiser und Reich, was eine finanzielle Sonderbelastung der Juden für diesen Schutz bedeutete; die finanzielle Sonderbelastung wurde rasch zu einem fiskalischen Instrument – Verpfändungen, Vergaben des Rechtes an Dritte, waren die Folge. Als verhängnisvoll sollte sich zudem erweisen, daß im 12. und 13. Jahrhundert jüdische Kaufleute mehr und mehr auf den Geldhandel abgedrängt wurden: Das Reformpapsttum hatte das kanonische Zinsverbot für Christen erheblich verschärft[8] und in der Folge den Geldhandel fast ausschließlich auf die jüdische Minderheit beschränkt. All dies rief antijüdische Tendenzen der christlichen Umwelt und Stigmatisierungen hervor, die sich seit den Kreuzzugspogromen als Vorurteile verfestigten und verstärkten, ja immer wieder zu regionalen Ausschreitungen führten. Auf seiten der Juden entwickelte sich sozusagen als Gegenstück ein Bewußtsein der Minderheit, die als Schicksalsgemeinschaft, vom Leiden geprägt, zu endogenen Abkapselungen führen sollte; dies festigte den Status der Minderheit.

Den Gipfel erreichten Verfolgung, Vertreibung und Tötung von Juden in der Mitte des 14. Jahrhunderts im Rahmen der Pestpogrome: Juden wurden wegen vermeintlicher Brunnenvergiftung verfolgt und vernichtet. Im Zuge der Pestepidemien seit 1347/1348 starb vermutlich ein Drittel der europäischen Bevölkerung. Sobald das Nahen der Seuche als Gerücht umlief, wurden die Juden als Verursacher durch Brunnenvergiftung verdächtigt, die von Haß und Rachegelüsten gegen die christliche Umwelt getrieben seien. Häufig also wurde Juden der Prozeß gemacht; sie wurden nach dem Prozeß zum Tode verurteilt oder vertrieben und enteignet, und dies oft, bevor die Pest überhaupt die Tore der Stadt erreicht hatte. Nur in einigen Fällen kam es zu Pogromen im engeren Wortsinne, zu durch Massenangst motivierten Ausschreitungen, die durch nichts gerechtfertigt werden konnten. Der mehr oder weniger latente Haß gegen die Juden gelangte zum Aus-

8 Vgl. hierzu Gilomen, Hans-Jörg: Wucher und Wirtschaft im Mittelalter, Historische Zeitschrift 250/1990, S. 269ff.

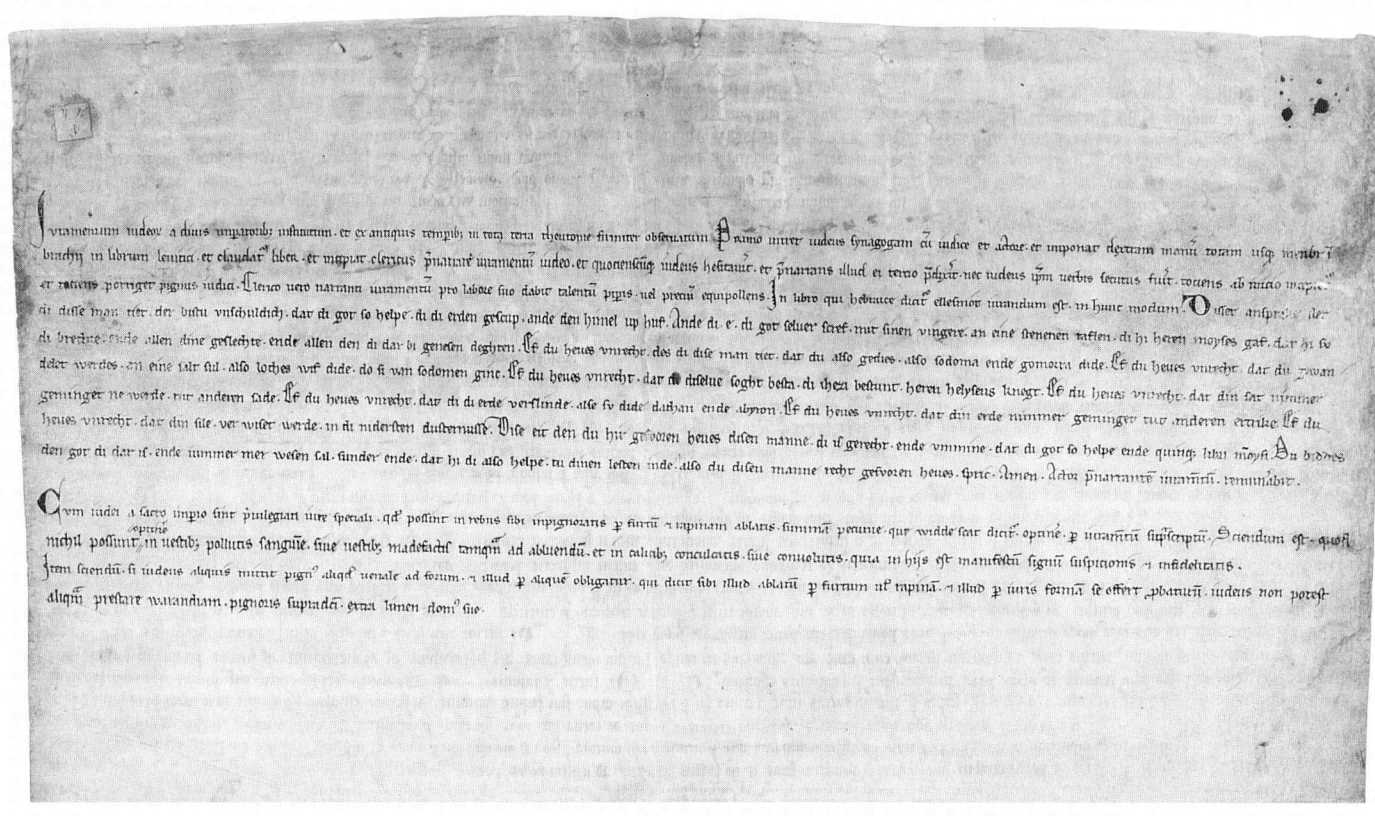

Der Dortmunder Judeneid auf der Rückseite der Dortmunder Statuten für die Stadt Memel, Dortmund um 1250

bruch, als die Pest die sozialen Beziehungen und Bindungen in Frage stellte, Beziehungen, die das Mittelalter anders als die Moderne erlebte und deutete: Durch das Massensterben waren nur noch Massenbestattungen im un-christlichen Sinne möglich, die Mentalität und die Deutung des Mittelalters, die konstitutive Gemeinschaft der Lebenden und Toten und damit die menschliche Gesellschaft gerieten im Rahmen der epidemischen Bedrohung ins Wanken, wie dies Giovanni Boccaccio in der Einleitung zum Decamerone anhand der florentinischen Stadtgesellschaft so nachdrücklich beschrieben hat.[9]

Die Pestpogrome vertrieben die westfälischen Juden aus den Städten. In Dortmund scheint die Vertreibung der Juden regelrecht inszeniert worden zu sein: Am 28. Juni 1350 einigten sich der Dortmunder Stadtrat und die Grafen von der Mark auf einer Schiedsverhandlung zu Hörde über die Verteilung des Eigentums – zu gleichen Teilen – der Dortmunder Juden, die inhaftiert worden waren und wohl noch inhaftiert werden sollten. Die Inhaftierung wurde von den

9 Boccaccio, Giovanni: Poesie nach der Pest. Der Anfang des Decamerone, neu übersetzt und erklärt von Flasch, Karl (excerpta classica 10), Mainz 1993, S. 208ff.

16

Zeitgenossen sicher als Präventivmaßnahme gegen die drohende Brunnenvergiftung der Juden verstanden und begründet. Am 11. November 1350 quittierte der Graf von der Mark der Stadt eine Zahlung von 350 Mark, die vermutlich aus der Verteilung des Eigentums der Juden in Dortmund resultierten. Der Chronikbericht des Johann Nederhoff erscheint glaubhaft in der Aussage, daß die Dortmunder Juden nach der Enteignung nicht getötet, sondern vertrieben wurden.[10] Ganz ähnlich wurde auch in den anderen Städten Westfalens verfahren: Für Bielefeld, Hamm, Herford, Lemgo, Lübbecke, Minden, Münster, Coesfeld, Paderborn, Soest und Warendorf liegen schriftliche Nachrichten über jüdische Märtyrertode, Pogrome, Vertreibungen und Verfolgungen vor.

Trotz der Grausamkcit der Vertreibung und Ermordung der Juden in der Mitte des 14. Jahrhunderts und ihren folgenreichen Wirkungen läßt sich der Pestpogrom kaum mit dem Holocaust der NS-Diktatur vergleichen: Erhob das moderne Terrorregime die Vernichtung der Juden zu einem regelrechten, nationalistisch und rassistisch begründeten Staatsprogramm, kann davon im Mittelalter nicht die Rede sein. Habgier etwa, die die Liquidierung der jüdischen Gläubiger als opportun erscheinen ließ, wurde auf der Basis der Judenfeindschaft eines falsch verstandenen Christentums zu einer Triebfeder, die antijüdische Präjudizien und den Judenhaß verstetigte. Ähnlich wurde die mit der Pestepidemie in vielfacher Hinsicht verknüpfte Existenzbedrohung mit der Judenfeindschaft in verhängnisvoller Weise verbunden. Der Kölner Erzbischof z.B. hatte als Diözesanherr den Grafen von der Mark und die Reichsstadt Dortmund wegen ihres schändlichen Bündnisses und ihrer Vergehen gegen die Juden exkommuniziert, ohne daß dies jedoch Folgen gehabt hätte.

Nach 1350 war das westfälische Judentum weitgehend ausgelöscht, die jüdischen Gemeinden in den Städten waren zerschlagen, die Juden waren drangsaliert, enteignet, ermordet oder vertrieben worden. Die Ereignisse des Jahres 1350 verfestigten darüber hinaus die rechtliche, wirtschaftliche, soziale und religiöse Degradierung der Juden auch in Westfalen für Jahrhunderte.

Es sollte mehr als zwei Jahrzehnte dauern, bis sich Juden wieder nachweislich in den Städten Westfalens niederließen. Seit etwa 1370[11] kann die Ansiedlung von Juden zunächst in Dortmund und Hamm, in Osnabrück und Bielefeld, später dann, aber noch im 14. Jahrhundert, in Herford, Höxter, Minden, Lemgo und Paderborn festgestellt werden. In Stadt und Stift Münster jedoch lassen sich Juden nach 1350 bis weit in das 15. Jahrhundert hinein nicht nachweisen, und auch danach können in der Überlieferung kaum Belege ermittelt werden.

Die Entwicklung des westfälischen Judentums nach 1350 soll anhand der Dortmunder Verhältnisse exemplarisch aufgezeigt werden: 1372 treffen die Stadt Dortmund und die Grafen von der Mark eine Vereinbarung, Juden wieder in der Stadt aufzunehmen.[12] Kurz darauf setzten die Aufnahmen von Juden in der Stadt ein, für die individuelle Aufnahme-, Schutz- oder Geleiturkunden überliefert sind; sie gewährten den Juden nur einen befristeten Aufenthalt, wurden aber auch verlängert.[13] Die Juden kamen vor allem aus dem Rheinland (Mittelrhein und Niederrhein), wie die Angabe der Herkunftsorte oder -namen veranschaulicht.

10 Vgl. Westfalia Judaica (wie Anm. 4), Nr. 195ff. und Nr. 208.
11 Vgl. hierzu Aschoff, Diethard: Die Juden in Westfalen zwischen Schwarzem Tod und Reformation (1350-1530). Studien zur Geschichte der Juden in Westfalen, Westfälische Forschungen 30/1980, S.78-106; sowie die entsprechenden Artikel in Germania Judaica, Bd.3/1 (A-L): Von 1350 bis 1519, Tübingen 1987.
12 Dortmunder Urkundenbuch 1, hg. v. Rübel, Karl, Dortmund 1881/1885, Nr. 518 und Dortmunder Urkundenbuch 2, hg. v. Rübel, Karl, Dortmund 1890, Nr. 9: Die Reichsstadt zahlt dem Grafen von der Mark hierfür 1300 Gulden.
13 Vgl. Dortmunder Urkundenbuch 2 (wie Anm. 12), Nr. 10ff.

Hauptinhalt der Urkunden war die Verleihung des Wohn- und eines beschränkten Bürgerrechts, die Regelung der Dienste und Abgaben der Juden für die Stadt. Für den Geldhandel der Juden setzte der Rat der Reichsstadt die Zinssätze fest: Bei kleinen Darlehen unter 1 Mark betrug zunächst (1373-1379) der Zinssatz 108 1/3 %, dann 72 2/9 % und seit 1411 für Einheimische 18 1/18 bis 36 1/9 %, für Auswärtige 108 1/3 %. Für Darlehen an die Stadt lassen sich wesentlich niedrigere Zinssätze feststellen.[14] Nach 1372 wuchs die Zahl der Dortmunder Juden wohl rasch an: Urkundlich sind bis 1380 zehn jüdische Familien mit Bediensteten belegt; es könnten wesentlich mehr gewesen sein, da die Überlieferung der Aufnahmeurkunden als Eintragung im Großen Copierbuch des Rates wohl eher aus Formularzwecken erfolgt ist. 1404 sind vier, 1411 sechs, 1440-1445 zwei und danach nur noch eine jüdische Familie in Dortmund feststellbar.[15] Zu einer Vertreibung und Verfolgung der Juden kam es in Dortmund während des Mittelalters nicht mehr.

Schatzfund vom Stadtweinhaus in Münster. Bei Abbrucharbeiten im bombenzerstörten Stadtweinhaus am Prinzipalmarkt in Münster wurde ein umfangreicher Schatzfund gemacht, der in einem Kellergewölbe eingemauert war. Im Westfälischen Landesmuseum für Kunst und Kulturgeschichte in Münster befinden sich heute über 30 Schmuckstücke und mehr als 2.000 Münzen aus diesem Fund. Er läßt sich auf die Zeit um 1350 datieren, und da hinter dem Stadtweinhaus das Judenviertel begann, ist zu vermuten, daß er im Jahr der Pestverfolgungen von einem wohlhabenden Juden dort versteckt worden war.

Die bisherigen Überlegungen verweisen auf eine grundsätzliche Problematik: Fragen wir nach dem jüdischen Leben im mittelalterlichen Westfalen, so stoßen wir auf ein Dilemma, das die Geschichtsschreibung des Mittelalters allgemein betrifft, für die Rekonstruktion jüdischen Lebens aber im besonderen berücksichtigt werden muß: Auf der Basis der Verfolgung und Vertreibung, auf der Grundlage der Behandlung der Juden als Fremde, als Minderheit, als „Feinde" der Christenheit, ist die Überlieferung zum jüdischen Leben des Mittelalters nur fragmentarisch. Selbstzeugnisse der Juden fehlen in unserer Region nahezu gänzlich. Die schriftlichen Nachrichten erteilen fast ausschließlich über die Sicht und die Behandlung der Juden durch die feindliche mittelalterliche christliche Umwelt

14 Vgl. hierzu Germania Judaica 3 (wie Anm. 11), S 241f.
15 Vgl. Germania Judaica 3 (wie Anm.11), S. 241.

Auskünfte, sind also einseitig; sie bewerten die Juden des Mittelalters immer aus christlichem Blickwinkel. Es sind Quellen, die die Benachteiligung der Juden regeln, z.B. Juden als Objekte der feudalen Herrschaftsstrukturen erfassen, soge-nannte Judengeleite, d.h. Aufenthaltserlaubnisse, erteilen, über Juden also nur in mehr oder weniger intensiven Negationen berichten. Nur mit Behutsamkeit kann aus diesen Quellen auf das jüdische Leben und seine Bedingungen geschlossen werden. Es bleibt das Wissen und das Bewußtsein, daß die Forschung nur ein-zelne Mosaiksteine zutage fördert, die der Historiker zum Sprechen bringen und interpretieren kann, ohne jemals die Objektivität jüdischen Lebens in seiner Ganzheit zu erfassen.

Mehr über die näheren Lebensverhältnisse der westfälischen Juden erfahren wir in Andeutungen seit dem 13. Jahrhundert. Zeiten der Verfolgung oder der Desintegration wechseln sich mit Zeiten der relativen Integration in die Gesellschaft ab; auch dies sei weiter am Dortmunder Beispiel veranschaulicht. In der spätstaufischen Zeit lassen sich Juden in Dortmund feststellen, so in der Reichssteuerliste von 1241[16], die die Dortmunder Juden mit einer jährlichen Steuerzahlung von 15 Mark erfaßt und eine regelrechte jüdische Gemeinde erahnen läßt. Kurz darauf werden bereits die Drangsalierungen der Juden in den kargen Quellen deutlich. Seit der Mitte des 13. Jahrhunderts sind Auseinandersetzungen der territorialen Kräfte der Region, vor allem der Erzbischöfe von Köln und der Grafen von der Mark, um die Dortmunder Juden festzustellen. Die Juden waren dabei häufig gleichzeitig mit finanziellen Ansprüchen des Reichs, des reichsstädtischen Rats und dieser beiden Territorialherrschaften konfrontiert. Diese Situation nahm ihren Ausgangspunkt 1248: In der reichspolitisch gefährdeten Situation des politischen Endkampfes des staufischen Königtums erklärten sich die Dortmunder Bürger, auch auf Betreiben des Kölner Erzbischofs, für den Gegenkönig Wilhelm von Holland, der daraufhin die Stadt für 1200 Mark an den Kölner Erzbischof verpfändete.[17] Zwei Jahre darauf nahm der Erzbischof auf Bitten der Bürger auch die Dortmunder Juden unter seinen Schutz, wofür diese freilich eine jährliche Abgabe von 25 Mark Kölner Groschen zahlen mußten; dies entsprach wahrscheinlich der Reichssteuerleistung von 1241. Seitdem waren die Juden Objekt unterschiedlicher fiskalischer Interessen.

In den städtischen Statuten, die 1252-1256 niedergeschrieben wurden[18], ist als Nachtrag auf der Rückseite der berühmte Dortmunder Judeneid überliefert, der Benachteiligungen der Juden im Rechtsleben veranschaulicht (z.B. hohe Abgaben für die Eidesleistung), ohne freilich die später so häufig begegnenden Diskriminierungen, wie z.B. die Bestimmung des Schwabenspiegels, daß ein Jude bei der Eidesleistung auf den – kultisch unreinen – Zitzen einer blutigen Sauhaut stehen müsse. Zudem sind in den Statuten die Modalitäten für die Pfandgeschäfte der Juden geregelt.

Interessant ist, daß in den Bestimmungen als Ort der Eidesleistung erstmals für Dortmund eine Synagoge und ein dortiger jüdischer Kultusbeamter (clericus) erwähnt sind. Dies unterstreicht die Annahme einer regelrechten jüdischen Gemeinde im 13. Jahrhundert. Über das Leben und die Bedeutung der Gemeinde erfahren wir aber nur durch die mehr oder weniger geringfügigen Andeutungen: 1346 bestätigt der Dortmunder Rat, daß die Dortmunder Juden ein Grundstück am Westenhellweg besitzen, das mit Mikwe (Bad) und Synagoge genutzt wird; dafür zahlen die Juden dem Rat neben ihren individuellen Steuern und Abgaben 26 Schilling jährlicher Rente.[19] Mikwe und Synagoge sind notwendige Einrichtungen einer jüdischen Gemeinde. Die Synagoge lag im Zentrum der Stadt und nutzte ein bevorzugtes Grundstück am Westenhellweg, so daß wir von einer relativ guten Integration der Juden in die städtische Gesellschaft während der ersten Hälfte des 14. Jahrhunderts ausgehen können. Schon 1336 hatten die Dortmunder Juden auch ein Grundstück vor dem Westentor erworben, um einen jüdi-

16   Vgl. hierzu zuletzt Schilp, Thomas: *Consules rem publicam Tremoniensem gubernantes.* Die Entwicklung der reichsstädtischen Autonomie Dortmunds im Jahrhundert der staufischen Königsherrschaft, in: Blätter für deutsche Landesgeschichte 131/1995, S. 81f. mit Angabe der Quellen und Literatur.
17   Vgl. zum folgenden ausführlich insbesondere Fremer, Thorsten/Runde, Ingo: Juden der mittelalterlichen Stadt Dortmund (wie Anm.5), S. 70f.
18   Edition siehe bei Frensdorff, Ferdinand: Dortmunder Statuten und Urtheile (Hansische Geschichtsquellen, Bd. 3), Halle 1882, S. 19ff. Der eidleistende Jude betrat mit dem Richter und dem Kläger die Synagoge und legte seine Hand in das Buch Leviticus (3. Buch Mose). Das Buch wurde geschlossen und der Eid durch einen (jüdischen) Kultusbeamten (*clericus*) vorgelesen; der eidleistende Jude mußte nachsprechen, wobei Versprecher oder Stocken einen Neubeginn der Eidleistung und eine Strafzahlung zur Folge hatten. Der Kultusbeamte erhielt ein Pfund Pfeffer für seine Anwesenheit.
19   Westfalia Judaica (wie Anm. 4), Nr. 136.

20

Judeneid

Darstellung eines
Judeneides

schen Friedhof anzulegen.[20] Für das jüdische Leben spielten diese Einrichtungen eine herausragende Rolle; dies sei kurz wenigstens für den Friedhof angedeutet: Die jüdischen Vorstellungen über Ehre und Würde eines Toten, die Auffassung vom Zusammenhang von Leib und Seele und die Notwendigkeit der Beziehung zwischen Lebenden und Toten führten zum Gebot der Unversehrtheit des Leichnams und der Gräber; damit eine vollkommene Wiederauferstehung möglich wird, muß dem Verstorbenen ewige Ruhe garantiert werden. Der jüdische Friedhof wies der Dortmunder Judengemeinde für das heutige Ruhrgebiet und Westfalen eine Sonderrolle zu.[21] Hier bestatteten sicher auch Juden aus der Grafschaft Mark, wahrscheinlich auch aus Essen und Werden ihre Toten. Mit Friedhofsgemeinden waren in aller Regel auch innerjüdische Gerichte mit weiter Ausstrahlung verknüpft.

20 Westfalia Judaica (wie Anm. 4), Nr. 102, vgl. auch Nr. 103 und 137; zur Bedeutung des Friedhofs für die jüdischen Gemeinden und den jüdischen Glauben siehe neuerdings Röckelein, Hedwig: „Die grabstain, so vil tausent guldin wert sein." Vom Umgang der Christen mit Synagogen und jüdischen Friedhöfen im Mittelalter und am Beginn der Neuzeit, Aschkenas – Zeitschrift für Geschichte und Kultur der Juden 5/1995, H. 1, S. 11-45; zur kultischen Bedeutung: Vries, Samuel Ph. de: Jüdische Riten und Symbole, Wiesbaden 1981.
21 Darüber hinaus gab es im Mittelalter jüdische Friedhöfe in Minden, Münster, Osnabrück und Soest.

Nach der Vertreibung 1350 erhielten die Dortmunder Juden 1375 ihren einstigen Friedhof zurück, die Mikwe wohl kurz darauf. Die 1435 erwähnte Synagoge scheint aber nicht identisch mit der vor 1350 zu sein. Die Synagoge war wie die jüdischen Häuser 1350 eingezogen und verkauft worden.[22] Nur vage bleiben die wenigen Hinweise auf das jüdische Gemeindeleben: Die Dortmunder Judenschaft wurde um 1382 wieder als Gemeinde (Kahal) bezeichnet, sie hatte zumindest zeitweilig einen Rabbiner und einen Kultusbeamten, der zugleich Schächter und Vorsänger war.[23] Über die Berufe der Dortmunder Juden erteilen die Quellen nur in einer Richtung Auskunft: Wenn Tätigkeiten erwähnt sind, handelt es sich immer um den Geldhandel oder um die Versorgung der Juden mit kosheren Lebensmitteln.

Einige wenige Quellen, zwei sollen kurz erwähnt werden, erteilen Auskunft über eine gewisse Integration, ja Akzeptanz der Juden in der christlich geprägten Stadtgemeinde: Ein Dortmunder Jude (Vyvelin) führte 1397 ein eigenes Siegel, das leider nicht erhalten ist[24]; dies zeigt aber, daß die christliche Umwelt die volle Rechtsfähigkeit des Juden in eigenen Dingen und Angelegenheiten der Dortmunder Juden anerkannte. 1378 war es zu Auseinandersetzungen zwischen einem Dortmunder Juden und Heinrich von Hardenberg in einer Kreditangelegenheit gekommen. Der Niederadlige wollte offensichtlich seine Kreditverpflichtungen nicht erfüllen, worauf der Jude ihn als Betrüger und als meineidig bezeichnete. Dagegen ging Heinrich von Hardenberg in Dortmund gerichtlich vor; Bürgermeister und Rat stellten sich aber konsequent vor den Juden, erhielten darauf Fehdebriefe des umliegenden Niederadels und der Grafen von der Mark, ohne jedoch die Rechtsposition des Dortmunder Juden aufzugeben[25].

Der letzte Jude erhielt 1457 in Dortmund eine Geleiturkunde für zehn Jahre; ob das Aufenthaltsrecht auch bis 1467 genutzt wurde, bleibt offen. Man ließ städtischerseits die Aufnahme von Juden einfach auslaufen; offensichtlich war die Stadt für Juden aber auch nicht mehr attraktiv genug. Die Chronik des Dietrich Westhoff berichtet zum Jahre 1543: *Up Michaelis komen etliche juden wiederum to Dortmund darselvest to wonen, und hadden darselvest in villen jaren geine joden gewoent.*[26] Die Chronik berichtet weiter, die Juden seien zunächst für zehn Jahre aufgenommen worden; zudem ist von der Regelung der Zinssätze für von Juden gewährte Kredite und der Versorgungsmöglichkeit mit kosheren Lebensmitteln die Rede. 1596 werden die Juden aus der Reichsstadt vertrieben, ohne daß wir über die Vorgänge näher unterrichtet sind[27], für rund 200 Jahre sollte kein Jude mehr in der Reichsstadt auf Dauer leben können.

22 Vgl. Germania Judaica 3 (wie Anm.11), S. 241.
23 Germania Judaica (wie Anm. 11), S. 242.
24 Vgl. Dortmunder Urkundenbuch 2 (wie Anm. 12), Nr. 966 und 988.
25 Vgl. hierzu Chronik des Dietrich Westhoff (wie Anm.16), S.237f.
26 Chronik des Dietrich Westhoff von 750-1550, in: Die Chroniken der deutschen Städte vom 14. bis ins 16. Jahrhundert, Bd. 20: Die Chroniken der westfälischen und niederrheinischen Städte, 1: Dortmund, Neuss, Leipzig 1887, S. 447.
27 Stadtarchiv Dortmund, Bestand 448 Nr.15/1, S.259: „... Juden ... sind aber hernach wieder weggeschaffet, indehm anno 1596 den 2. Februarii der Rath und die Stände beschlossen, daß künftig deren keiner hieselbst wohnen solte."

22

Andrea Zupancic

Das Judenbild in der christlichen Ikonographie des Mittelalters

Einige Beispiele aus dem westfälischen Raum

Ein nicht zu unterschätzendes Mittel zur Etablierung der den Juden zugewiesenen Sonderrolle in einer vom Christentum geprägten Gesellschaft ist das Bild – die sinnlich wahrnehmbare Darstellung der zu Widersachern hochstilisierten 'Andersgläubigen'. Mit der allmählichen Aufhebung des Bilderverbots halten auch das Judentum diffamierende Bildthemen Einzug in die christliche Kunst. Die verschiedenen während des Mittelalters entstandenen Bildtopoi, die in der Buchmalerei, als Elfenbeinschnitzereien, in Stein gehauen an Kirchenfassaden und später vor allem auf Altarbildern häufig vorkommen, dokumentieren nicht allein eine der anderen Religion und Lebensform gegenüber negative Grundhaltung, die aus Unverständnis herrührt, sondern sind vor allem Teil eines christologischen Programms, das zur Selbstlegitimation der christlichen Kirche insgesamt diente.

Das Verhältnis der christlichen Kirche zum Judentum ist seit jeher ambivalent: einerseits basiert sie auf den Lehren des Alten Testaments und hat somit ihre Wurzeln in der jüdischen Religion, andererseits steht sie zu ihr in einer zwangsläufigen Konkurrenzsituation dadurch, daß die jüdische Religion neben ihr fortbesteht als eine Art vitalen Widerspruchs zu ihrer elementaren Existenzgrundlage, daß Jesus Christus der verheißene Messias sei. Indem das Judentum ihn nicht als solchen anerkennt, sondern an der Erwartung auf dessen Kommen nach wie vor festhält, spricht es der christlichen Kirche deren Existenzberechtigung ab insofern, als daß durch sein bloßes Fortbestehen und die damit gleichzeitig fortbestehende Erwartung des Messias die christliche Heilsgeschichte zum Irrtum deklariert wird. Als Legitimation der eigenen Abkunft ist das Christentum seinerseits auf das Alte Testament angewiesen, kann also umgekehrt nicht den Alten Bund in Frage stellen; mit anderen Worten: Das Judentum kann zwar sehr wohl ohne das Christentum, das Christentum aber nicht ohne das Judentum existieren.

Die christliche Lehre läßt sich nach mittelalterlichem Selbstverständnis nur dadurch rechtfertigen, daß das Judentum Christus als Messias nicht erkannt habe, also blind war für seine Heilsbotschaft und sich damit seither ins Unrecht setzte; ein Vorwurf, der über die bloße „Verblendung", das Nicht-Erkennen hinausgeht bis hin zur Beschuldigung des Christusmordes.

Es ist zunächst das Thema dieses Nicht-Erkennens Christi, das in der christlichen Ikonographie seinen Niederschlag findet und sich bis ins 9. Jahrhundert n. Chr.

zurückverfolgen läßt, eine Zeit, in der die westliche Kirche noch um eine länderübergreifende Konsolidierung bemüht ist und Identitätsfindung durch Abgrenzung von der Vorgängerreligion offenbar nach wie vor für notwendig erachtet wird. Zur Veranschaulichung des Verhältnisses der beiden konkurrierenden Religionen werden Ecclesia und Synagoga in die bildende Kunst eingeführt, personifiziert durch zwei Frauengestalten, die zunächst dem gekreuzigten Christus gewissermaßen als Zeuginnen des Ereignisses zur Seite gestellt werden.

Ecclesia, die Stellvertreterin des Neuen Bundes, also der christlichen Kirche, steht Synagoga, der Allegorie des Alten Bundes, vor allem als Vermittlerin der neuen Glaubenswahrheit gegenüber. Anders als in späteren Darstellungen tritt Synagoga dabei in der Frühzeit noch nicht als unmittelbare Gegnerin der christlichen Lehre auf. Die Miniatur einer *Kreuzigung* in einem Essener Meßbuch[1], entstanden um 1100, zeigt Synagoga mit dem Gesicht vom Kreuz abgewandt als Zeichen ihres Nicht-Erkennens des Messias, die gesenkte Fahne in ihren Händen wird zum Symbol ihrer Niederlage. (Abb. 1) Sie trägt als Erkennungsmerkmal den im Mittelalter zur jüdischen Alltagstracht gehörenden Judenhut, während Ecclesia mit einer Krone ausgestattet ist. Ihre Standarte mit dem Kreuz auf dem Stab ist

1   Essener Meßbuch, Düsseldorf, Universitätsbibliothek, Cod. D 4, folio 8 verso.

24

siegreich erhoben, sie steht zur Rechten Christi, das Gesicht zu ihm erhoben, und fängt in einem Kelch das aus seiner Seitenwunde fließende Blut auf.

In der Folgezeit wird die Konfliktsituation zunehmend verschärft dargestellt. Ein *Kreuzigungsaltar* aus der Kirche St. Maria zur Wiese in Soest, der etwa um 1225 entstanden ist, bringt deutlich die wachsende Gegnerschaft der christlichen Kirche gegenüber dem Judentum zum Ausdruck. (Abb. 2) Ein Engel vertreibt die traditionell zur Linken des Kreuzes erscheinende Synagoga mit einer Lanze, die gegen ihren Körper gerichtet ist. Ihr Herrschaftszeichen, die Krone, fällt ihr vom Kopf. Zwar hält sie die mosaischen Gesetzestafeln, Symbol des christlichen wie des jüdischen Glaubens, noch aufrecht, doch ihre Augen sind von einem Tuch verhüllt. Sie ist blind für die Erfüllung der Verheißung und wird darum, stellvertretend durch den Engel, von Gott verstoßen. Gleichzeitig führt auf der rechten Seite ein Engel Ecclesia Christus zu. Ihr sind auch hier als Attribute die Krone, die sie als Nachfolgerin Synagogas trägt, und der Kelch beigegeben. Als Zeichen ihrer Heiligkeit und damit der Unantastbarkeit der durch sie repräsentierten Kirche ist sie wie Christus und die beiden Engel mit einem Nimbus ausgestattet.

Das Motiv von Ecclesia und Synagoga, zumeist in Verbindung mit der Kreuzigung Christi, gehört über Jahrhunderte hinweg zum festen Bildprogramm der christlichen Kunst. Es erfährt zahlreiche Variationen und wird im ausgehenden Mittelalter zunehmend drastischer bis hin zur Verfemung des Judentums und seiner Gleichsetzung mit dem Teufel.

Ein neuer Bildtyp entwickelt sich zu Beginn des 15. Jahrhunderts, das sogenannte *Lebende Kreuz*, aus dessen Stämmen Hände ragen, die selbständig agieren und das Bildgeschehen bestimmen. Eine aus Westfalen, vermutlich aus dem Umkreis des Meisters von Fröndenberg[2] stammende Bildtafel, die wahrscheinlich gemeinsam mit einer gleichgroßen Darstellung *Maria im Hortus conclusus* ein kleines Reisealtärchen bildete, zeigt ein solches *Lebendes Kreuz*. (Abb. 3) In ihm kommt das Motiv des Gerichts zum Tragen: die Hand am linken Kreuzesarm hält ein Schwert, unter dessen offenbar vorausgegangenem Schlag ein bärtiger Greis mit verbundenen Augen, Personifikation des Judentums, zusammengesunken ist. Die Standarte an seiner Seite ist zerbrochen, als Strafe Gottes für sein Nichterkennen, und auf einem Altar im Hintergrund ist ihm als Zeichen der Götzenverehrung das Goldene Kalb zugeordnet. Die gesamte linke Bildhälfte ist bestimmt von Symbolen des Todes und der Verdammnis: am unteren Kreuzesstamm ragt eine Hand aus der Erde, die mit einem Hammer auf einen Schädel schlägt; es ist der Schädel Adams, der der Legende nach auf dem Hügel von Golgatha begraben liegt. Die allegorischen Hinweise auf den Sündenfall setzen sich nach oben hin fort. Eine Schlange windet sich durch einen Schädel, den Apfel vom Baum der Erkenntnis im Maul, darüber befindet sich eine miniaturhafte Darstellung Evas, die Adam anstelle des Apfels einen Totenschädel reicht – Metapher für den Einzug des Todes in die Welt. Dieser geballten Symbolik von Sünde, Strafe und Niedergang, deren Einzelmotive durch den gebrochenen Stab, den Schlangenleib und das

2 Vgl. Stange, Alfred: Deutsche Malerei der Gotik III, München/Berlin 1943-61, S. 37.

Rankenwerk wellenförmig miteinander verbunden sind, steht auf der ruhiger gebauten Gegenseite des Bildes Ecclesia gegenüber, personifiziert durch die gängige Frauengestalt mit Kelch und Fahne, zu ihren Füßen das Lamm Gottes, das eben im Begriff ist, das Buch mit den sieben Siegeln zu öffnen. Das Antlitz Christi ist Ecclesia zugewandt, über ihr ist eine Kirche dargestellt. Die Hand am rechten Kreuzarm ist mit ihrem Segensgestus Zeichen der Gnade, der Schlüssel am oberen Kreuzesstamm symbolisiert die Verheißung und Überwindung der Sünde. Schließlich ist als Gegenbild zu Eva auf dem rechten Kreuzarm Maria gezeigt, die dem Papst die Hostie als Symbol für den Leib Christi reicht.

Die Botschaft ist deutlich: wenngleich nicht so martialisch wie in anderen Versio-
nen des Lebenden Kreuzes, wo Synagoga vom Schwert Gottes regelrecht durch-
bohrt wird, so zeigt die Darstellung doch auch hier die gewaltsame Bestrafung des
Judentums, die durch Sündenfall, Götzendienst und die Verkennung Christi legi-
timiert wird.

Abb. 4: Maria als Himmelskönigin, Steinrelief, heute als Türsturz im Paradies des Doms in Münster, ursprünglich vermutlich Teil des mittelalterlichen Lettners, 1250-65

Die Auseinandersetzung des Christentums mit dem eigenen jüdischen Erbe und die zur Selbstlegitimation notwendige Überwindung dieser „Erblast", ein wichtiges Thema christlicher Theologie im Mittelalter, brachte im Laufe der Jahrhunderte auch andere Bilderfindungen hervor, die Macht und Sieg des Christentums zur Anschauung bringen sollten. Im Paradies des Doms in Münster befindet sich ein Steinrelief, das *Maria als Himmelskönigin* zeigt. (Abb. 4) Die Gottesmutter sitzt in Herrscherpose auf einem Thron, auf ihrem Schoß das Kind. Ihre Füße ruhen auf zwei vor dem Thron kauernden Gestalten. Die rechte bleibt ikonographisch unbestimmt, läßt sich aus dem inhaltlichen Zusammenhang jedoch als Heide identifizieren, die linke zeigt einen Juden. Maria hat ihren Fuß auf seine Stirn gestellt, wodurch ihm der ihn bezeichnende Judenhut vom Kopf gestoßen wird. Die beiden Kauernden halten Schriftbänder in ihren Händen, von der mög-

Abb. 5: Kreuzigung Christi, romanischer Taufstein in der St. Georgskirche in Dortmund-Aplerbeck, um 1170

licherweise ursprünglich dort angebrachten Beschriftung ist jedoch nichts erhalten. Doch die plakative Darstellung macht das Verständnis leicht: Judentum und Heidentum sind besiegt, nicht erst durch den Tod, die Kreuzigung Christi, sondern bereits durch seine Geburt, die hier durch die *Verehrung der Heiligen Drei Könige* auf der linken Seite und die *Darbringung Jesu im Tempel* auf der rechten konnotiert wird.

Der Reliefblock fungiert heute als Türsturz zum Inneren des Doms, ursprünglich war er vermutlich Teil des mittelalterlichen Lettners[3], der den nur kirchlichen und weltlichen Würdenträgern vorbehaltenen Chorraum vom öffentlich zugänglichen Teil der Kirche abschirmte, und insofern an zentralem Ort jedem Kirchenbesucher präsent. Die hier gezeigte Darstellung der Besiegten als eine Art Fußablage geht zurück auf steinerne Konsolfiguren, die in mittelalterlichen Kirchen nicht selten als Träger von Heiligenfiguren Verwendung fanden, häufig gestaltet als Allegorien des Unglaubens.[4]

Den Vorwand zur Verurteilung der Andersgläubigen bezog man aus den Evangelien, wo die Verantwortlichkeit der Juden für den Tod Jesu formuliert wird. Als pseudohistorischer Tatbestand fand der damit intendierte Vorwurf des Christusmordes auch Eingang in die christliche Ikonographie. Der romanische Taufstein in der St. Georgskirche in Dortmund-Aplerbeck zeigt in einer Bilderfolge Szenen aus der Geschichte Jesu, darunter auch die *Kreuzigung*. (Abb. 5) Dargestellt ist hier die Annagelung an das Kreuz, ausgeführt von vier Juden, die durch ihre Hüte charakterisiert sind. Jeder von ihnen hält einen Hammer in der Hand und treibt damit einen Nagel in das Holz. Die Brutalität der Szene macht deutlich, daß es hier nicht mehr um die theologische Auseinandersetzung hinsichtlich der Glaubenswahrheit geht, sondern um eine den Juden unmittelbar zugewiesene Schuld,

3 Vgl. Pieper, Paul: Das Paradies des Domes zu Münster in Westfalen, Münster 1993, S. 28f.
4 Auch in einer Psalterillustration vom Anfang des 13. Jahrhunderts dienen Juden der thronenden Trinität als Fußschemel, vgl. Schreckenberg, Heinz: Die Juden in der Kunst Europas, Göttingen und Freiburg 1996, S. 78, vgl. Das Münster 35/1982, S. 241.

Abb. 6: Meister des Berswordt-Altars,
Berswordt-Altar, um 1385,
Marienkirche in Dortmund

die einen weitaus persönlicheren Bezug schafft als die vergleichsweise abstrakte
Darstellung des Judentums in Gestalt der Synagoga. Durch ihre ständige visuelle
Präsenz, also ihre gewissermaßen ständige Wiederholung bleibt diese Schuld
aktuell, und diese Aktualität wird unterstrichen dadurch, daß die Peiniger den
zeitgenössischen Judenhut tragen, und nicht etwa historisierend abgebildet sind.
Ein dem Dortmunder nahezu entsprechender Taufstein in der Kirche St. Peter
und Paul in Bochum, der die gleiche Kreuzigungsszene zeigt und offenbar aus
derselben Werkstatt stammt, macht deutlich, daß solche judenfeindlichen
Darstellungen keineswegs Einzelerscheinungen sind, sondern zum festen Reper-
toire mittelalterlicher Steinmetzwerkstätten gehörten.

Auch die Malerei entwickelt in der Folgezeit ikonographische Traditionen, die die
Schuld der Juden am Leiden Christi thematisieren. Es bilden sich verschiedene Stereotype heraus, die in den seit dem 13. Jahrhundert sich rasch verbreitenden Kreu-
zaltären häufig Bestandteil des ikonographischen Programms werden. Die Ereignisse der Passion werden dabei zunehmend durch Natur- und Architekturdarstel-
lungen an die biblischen Schauplätze wie den Hügel von Golgatha oder den Palast
des Pilatus verlegt. Durch ihre Verortung in der irdischen Welt erhalten sie gleichzeitig einen Anspruch auf Historizität, und entsprechend verändert sich mit dem
Bildraum auch das Bildpersonal; Ecclesia und Synagoga treten rasch in den Hintergrund. Die Absetzung des Christentums vom Judentum bleibt indes ein wichtiger
Faktor des theologischen Bildprogramms, und so wird ihre allegorische Funktion
auf andere Figuren übertragen. Gleich drei solcher Figurentypen finden sich im
sogenannten *Berswordt-Altar* in der Dortmunder Marienkirche. (Abb. 6 und 7) Der
Meister der insgesamt fünf Tafeln ist unbekannt, doch unter dem Notnamen 'Meister des Berswordt-Altars' können ihm auch noch andere Arbeiten im westfälischen
Raum zugeschrieben werden. Der Altar erhielt diesen Namen wegen der jeweils in
den Rahmenecken aufgemalten springenden Eber, des Wappentieres der Dortmunder Patrizierfamilie Berswordt. Die Datierung des Werkes ist umstritten und

Abb. 7: Meister des Berswordt-Altars, Berswordt-Altar, Kreuzigung

wird sogar bis ins 15. Jahrhundert verlegt, obgleich die Quellenlage darauf hin-weist, daß der Altar schon 1385 aufgestellt wurde.[5] Abweichend von der in der bis-her zum *Berswordt-Altar* erschienenen Literatur vorwiegend vertretenen Meinung läßt die Quellenlage auch die Vermutung zu, daß der Altar möglicherweise gar nicht von einem Mitglied der Familie Berswordt, die eine der wohlhabendsten der Stadt war und verschiedene Ratsherren und Bürgermeister hervorbrachte, in Auf-trag gegeben wurde, sondern daß er erst später durch die Einrichtung einer Vikarie Teil einer Memorialstiftung der Berswordts wurde.[6]

Der Altar, bestehend aus einer Mitteltafel und zwei Seitentafeln, zeigt aufgeklappt von links nach rechts die *Kreuztragung, Christus am Kreuz* und die *Kreuzabnahme*. Schon in der *Kreuztragung* wird die Schuld der Juden an den Ereignissen der Passion ins Bild gesetzt, indem ein Zuschauer der Szene, der die Faust gegen Jesus erhebt, mit der phrygischen Mütze, einer Variante der Judenhutdarstellung, bekleidet ist. Der neben der Gewalt damit verbundene Vorwurf der Ignoranz wird in der anschließenden Kreuzesdarstellung wieder aufgegriffen: Am Fuße des Kreuzes sitzt ein Mann in elegantem Gewand, er hält in seinen Händen Feder und Tintenfaß und die Kreuzesaufschrift „I N R I" (Jesus von Nazareth, König der

5 Zur Datierung vgl. Corley, Brigitte: Conrad von Soest. Painter among merchant princes, London 1996 und Jacobs, Friedrich: Der Meister des Berswordt-Altars, Münster 1983.
6 Urkunden dazu abgedruckt bei Rothert, Hermann: Die Vikarien des Kreuzaltars in der Marienkirche zu Dortmund, Beiträge zur Geschichte Dortmunds und der Grafschaft Mark, 25/1918, S. 125ff.

Juden). Ihm gegenüber stehen zwei Juden, der eine mit Mütze und gelbem Gewand, der Farbe der Schande, bekleidet, der dem anderen die Hand auf die Schulter legt und mit der Rechten auf den Schreiber deutet. Hierbei handelt es sich um die Darstellung eines Disputs zwischen Pilatus und den jüdischen Hohepriestern, eine ikonographische Tradition, die sich bis ins 12. Jahrhundert zurückverfolgen läßt.[7] Der zweite Jude blickt zu Pilatus und hält ihm ein Spruchband entgegen mit den Worten „Noli scribere rex." – (Schreibe nicht König!), worauf ein von Pilatus ausgehendes Spruchband antwortet: „Quod scripsi scripsi." – (Was ich geschrieben habe, habe ich geschrieben.). Gleichzeitig blickt der Römer nicht auf die beiden Juden, sondern auf die vor ihm stehende, übergroße Figur des Guten Hauptmanns, dem traditionell die Worte „Vere filius dei erat iste." – (Dieser war der wahre Sohn Gottes.) zugeschrieben werden, die hier auf einem weiteren Spruchband, ausgehend von seiner erhobenen Rechten zu lesen sind. Hier geht es also wieder, wie in den frühen Ecclesia- und Synagoga-Darstellungen, um das Erkennen Christi als Messias, das hier in weitergehender Interpretation des Johannesevangeliums auch auf den römischen Statthalter ausgedehnt wird, während die anwesenden Juden in ihrem 'Unglauben' verharren.

Dieses Bildmotiv ist ein augenfälliges Beispiel für die Verkehrung der historischen Überlieferung zu Lasten der Juden, ein Phänomen, das ausgehend von den Paulusbriefen und den Evangelien das Verhältnis der Christen gegenüber den Juden durch die Jahrhunderte prägte. Nach dem jüdischen Aufstand gegen Rom, der mit der Zerstörung des Tempels in Jerusalem im Jahre 70 nach Chr. endete, und der Verfolgung der Christen in Rom war es für die christlichen Gemeinden von existentieller Bedeutung, sich von den rebellierenden Juden abzusetzen und die Billigung durch die römische Großmacht zu erreichen. Für eine solche notwendige Duldung ebenso wie für die Akzeptanz der römischen Vorherrschaft durch die Anhänger Christi bedeutete die 'Schuld' des römischen Statthalters in Judäa, Pontius Pilatus, der Jesus zum Kreuzestod verurteilt hatte, eine äußerst ungünstige Voraussetzung. Es galt, die Verantwortung für die Hinrichtung des erklärten Religionsstifters von Rom zu nehmen und sie einem für diesen Zweck konstruierten gemeinsamen Gegner anzulasten – ein Verfahren, das stets dazu angetan ist, bilaterale Konflikte in den Hintergrund treten zu lassen.

Diese 'Geschichtskorrektur' läßt sich an den Evangelien ablesen: Darin befindet der Hohe Rat der Juden Jesus der Gotteslästerung für schuldig und übergibt ihn Pilatus, der in Jerusalem die Gerichtsbarkeit ausübt. Schon im ältesten, dem Markusevangelium, 'weiß' Pilatus, daß die Hohepriester ihm Jesus aus Neid überliefert haben (Mk. 15, 1 – 15). Er kann keine Schuld an ihm entdecken und bietet ihnen mehrfach seine Freilassung an, drängt sie ihnen sogar förmlich auf, indem er sie zwischen der Freilassung Jesu und des Kriminellen Barrabas wählen läßt. Erst als die von den Hohepriestern aufgehetzte Volksmasse vor dem Palast immer wieder die Hinrichtung Jesu fordert, beugt sich Pilatus dem 'Willen des Volkes' – eine angesichts der Präsenz Roms nur schwer nachzuvollziehende Vorstellung. Das spätere Matthäusevangelium verstärkt den Dissens noch, indem es vor dem

7   Vgl. Sass, Else Kai: Pilate and the title for Christ's Cross in the medieval representations of Golgatha, in: Hafnia Copenhagen Papers in the history of art, 1972, S. 5-67, siehe auch Schiller, Gertrud: Ikonographie der christlichen Kunst, Gütersloh 1966 – 91, Bd. 2, S. 170.

Palast des Statthalters den Tumult sich immer mehr steigern läßt, woraufhin Pilatus sich öffentlich die Hände reinigt und erklärt: „Ich bin unschuldig an diesem Blute. Seht ihr zu!" und das 'ganze' Volk ihm antwortet: „Sein Blut komme über uns und unsere Kinder." (Mat. 27, 20 – 26), ein schicksalsschwerer Satz, der seither allzuhäufig als Rechtfertigung für von Christen an Juden begangenem Unrecht herhalten mußte.

Das jüngste der vier Evangelien erklärt Pilatus gar zu einem Bruder im Geiste: Hier läßt er selbst am Kreuz ein Schild anbringen mit der Aufschrift „Jesus von Nazareth, König der Juden", was bei Markus noch ohne sein Zutun und im Sinne einer Schuldzuweisung als Gotteslästerer stattfindet (Mk. 15, 26). Johannes kehrt diesen Aspekt um zu einer Anerkennung Christi durch Pilatus. Er läßt die Hohepriester der Juden zu ihm sagen: „Schreibe nicht 'König der Juden', sondern 'Dieser hat gesagt, ich bin König der Juden'.", woraufhin Pilatus antwortet: „Was ich geschrieben habe, bleibt geschrieben." (Joh. 19, 18 – 22).
Auffallend ist, daß Pilatus im *Berswordt-Altar* eine Art stilisierten Judenhut trägt. Dieser dient jedoch offenbar seiner Klassifizierung als Statthalter Roms in Judäa, ist also als eine Art orientalisierendes Attribut zu verstehen, so wie Pilatus später, als der Judenhut im fünfzehnten Jahrhundert nicht mehr getragen wurde und auch aus den bildlichen Darstellungen verschwand, häufig mit einem Turban als Vertreter Roms im Vorderen Orient ausgestattet ist.

Bei den beiden Juden handelt es sich offenbar um den Hohepriester Caiphas und seinen Schwiegervater Annas[8], die Jesus an Pilatus überstellen ließen mit der Behauptung seiner Schuld als Gotteslästerer. Beide Figuren haben häßliche, beinahe karikaturhafte Gesichter, ähnlich denen der vier Schächer, die am Rande des Geschehens um den Rock Christi würfeln. Auch unter diesen Mißgestalten, die erbärmlich wirken in ihrem unwürdigen Tun, ist einer als Jude gekennzeichnet. Er trägt eine spitze Kopfbedeckung und hat der dramatischen Szenerie, scheinbar unberührt von den Ereignissen, den Rücken zugewandt. Doch er unterscheidet sich in seinem Habitus von den übrigen drei Würfelspielern. Seine über die Ohren gelegten Hände deuten auf bewußte Ignoranz, jene von Paulus unterstellte Verstocktheit. Der schreibt im Römerbrief: „Wie steht es nun? Was Israel anstrebt, das hat es nicht erreicht. Nur der auserwählte Teil hat es erreicht; die übrigen wurden verstockt, wie geschrieben steht: 'Gott gab ihnen einen Geist der Betäubung, Augen, um nicht zu sehen, Ohren, um nicht zu hören, bis auf den heutigen Tag.'"[9] Dahinter steht dieselbe Kritik wie hinter dem Bildtopos der sich abwendenden oder mit verbundenen Augen dargestellten Synagoga: die Unfähigkeit zur Erkenntnis Christi als Messias. In gleicher Weise sind auch die beiden Pilatus zugeordneten Juden gewissermaßen sehenden Auges blind für die christliche Wahrheit.

Der *Berswordt-Altar* entstand wie gezeigt vermutlich in den achtziger Jahren des vierzehnten Jahrhunderts, zu einer Zeit also, als nach der Vertreibung im Jahre 1350 seit etwa zehn Jahren wieder einige jüdische Familien in Dortmund ansässig waren. Doch ihre rechtliche Position hatte sich verändert: wohl lassen sich wieder

8 Vgl. Sass, Else Kai: Pilate and the title for Christ´s Cross, S.6 und Jacobs: Der Meister des Berswordt-Altars, S. 43.
9 Römer 11, 7 und 8.

geschäftliche Verbindungen mit der Stadt nachweisen, und auch ihre gemeindlichen Einrichtungen wie Mikwe und Friedhof waren ihnen zurückgegeben worden, doch ihr Aufenthalt war durch ein nach einigen Jahren stets neu zu beantragendes, befristetes Wohnrecht geregelt, dessen Bewilligung teuer bezahlt werden mußte.[10] Die Tatsache, daß auf diesem Altar ganz explizit ein negatives Judenbild vermittelt wird, was sich in dieser Form bei anderen aus dem westfälischen Raum stammenden Werken nicht nachweisen läßt, deutet darauf hin, daß der unbekannte Auftraggeber einer annähernden gesellschaftlichen Gleichstellung, wie sie vor dem Pestpogrom möglich war, ablehnend gegenüberstand und dies auch öffentlich kundtun wollte. Die Sakralkunst jener Zeit hat einen deutlichen Gegenwartsbezug, wie die zeitgenössische Kleidung einiger Figuren im Bilde zeigt, und sie wurde öffentlich wirksam, indem sie als Kirchenkunst an einem zentralen Ort in der Stadt breite öffentliche Beachtung fand. Die Marienkirche war Ratskirche, wo am Beginn jeder Woche ein Gottesdienst stattfand, an dem alle Ratsmitglieder teilnehmen mußten, und zugleich Pfarrkirche; der Altar war also

Abb. 8: Conrad von Soest,
Wildunger Altar, Kreuzigung, 1403,
Stadtkirche von Bad Wildungen

10   Vgl. den Beitrag von Thomas Schilp in diesem Band.

zahlreichen Bewohnern der Stadt bekannt, und sein theologisches Programm wirkte in einer Zeit, die nicht so bildüberflutet war wie die unsere, gewiß in hohem Maße meinungsbildend.

Zwei weitere Figurentypen, die die Überwindung des Judentums durch das Christentum verbildlichen, zeigt der Hochaltar der Stadtkirche in Bad Wildungen von Conrad von Soest, der im Jahre 1403 vollendet wurde. Auch hier ist auf der Mitteltafel die *Kreuzigung* dargestellt. Rechts von Christus steht, wie in vielen Kreuzigungen, der blinde Lanzenstecher Longinus, der Jesus vor der Kreuzabnahme mit seiner Waffe in die Seite sticht.[11] (Abb. 8)

Der Lanzenstecher wird in der Legenda Aurea, die gegen Ende des 13. Jahrhunderts entstand, mit dem Guten Hauptmann, der Christus erkennt, gleichgesetzt. In der Legende heißt es, seine Augen seien schwach gewesen, doch durch die

Abb. 9: Conrad von Soest,
Wildunger Altar, Verspottung Christi

11   Joh. 19, 34.

Berührung mit dem Blut Christi, das an seiner Lanze herabläuft und sie benetzt, wird er wieder sehend. Seit dem 14. Jahrhundert werden Longinus und der Gute Hauptmann als zwei Figuren dargestellt, in der Regel jeweils links und rechts des Kreuzes einander zugeordnet in ihrem Erkennen Jesu als Messias. Anders als im *Berswordt-Altar*, wo die Figur des Longinus noch unbestimmter bleibt, ist er hier im *Wildunger Altar* durch seine Kopfbedeckung deutlich als Jude gekennzeichnet, wozu es bis ins 16. Jahrhundert, als der Judenhut zunehmend durch einen Turban ersetzt wird, zahlreiche Parallelen gibt. Er übernimmt also als Jude die Eigenschaft der Blindheit, bei Conrad durch die geschlossenen Lider und den Helfer an seiner Seite dargestellt, von Synagoga. Doch anders als sie erkennt er Christus, wird also

Abb. 11: Judenkarikatur mit Hakennase, 1289

Abb. 10: Judenkarikatur mit Hakennase, 1271/72

auch im übertragenen Sinne 'sehend'. Die Figur des Longinus bleibt über Jahrhunderte hinweg fester Bestandteil der Kreuzigungsdarstellung und wird zum Synonym der Bekehrung.

Dagegen verkörpert ein anderer auf dem Altar abgebildeter Jude wiederum Gewalttätigkeit und Ignoranz. Er ist der Peiniger Jesu in der Szene seiner *Verspottung* als 'König der Juden'.[12] (Abb. 9) In der Mitte der Bildtafel sitzt Jesus, die Hände gefesselt und umgeben von den Schergen des Herodes Antipas, der, am linken Bildrand stehend, Zeuge seiner Demütigung ist. Zwei seiner Soldaten sind eben dabei, Christus mit langen Stöcken die Dornenkrone auf das Haupt zu drük-

12   Luk. 23,11; Matt. 27, 27-30.

ken, herabfließendes Blut zeigt, wie die Dornen in das Fleisch dringen. Der rechte der beiden Männer trägt den hier der phrygischen Mütze angelehnten Judenhut, hat einen Bart und die charakteristische große, höckrige Nase, deren Verwendung als vermeintliches Gruppenmerkmal bereits für das Mittelalter nachweisbar ist.[13] (Abb. 10 und 11) Neben diesen Attributen trägt der Scherge bei Conrad von Soest auch noch eine gelbes Gewand, das in der mittelalterlichen Vorstellungswelt als Zeichen der Schande Verbrechern, Huren und Juden zugeordnet wird.

Die hier vorgestellten, aus dem westfälischen Raum stammenden Judendarstellungen geben nur einen kleinen Ausschnitt von dem wieder, was die christliche Ikonographie des Mittelalters zu diesem Thema hervorgebracht hat. Es gibt, vor allem in späterer Zeit, wesentlich drastischere Illustrationen antijüdischer Vorurteile und Legenden. Allerdings dienen die jüdischen Attribute, in erster Linie der Judenhut, durchaus nicht immer dem Zweck der Diffamierung, sondern werden auch wertneutral verwendet, beispielsweise bei der Darstellung der Propheten, und auch Josef wird gelegentlich mit Judenhut abgebildet.[14]

Es läßt sich nicht feststellen, wie weitgehend sich die Negativdarstellung des jüdischen Glaubens in der christlichen Ikonographie auf das unmittelbare Zusammenleben von Juden und Christen auswirkte. Im alltäglichen Leben waren Juden vor den Pestpogromen von 1349/50 ihren christlichen Mitbürgern in vielen Lebensbereichen gleichgestellt. Doch zweifellos bereitete die durch die Kirche implizierte Gegnerschaft, zu deren Verbreitung sich das Bild als probates Mittel erwiesen haben dürfte, den Boden, auf dem die schon vor dem ersten Kreuzzug im Jahre 1096 immer wieder aufbrandende Judenfeindschaft gründete.

Die Antwort auf die Frage nach dem Warum judenfeindlicher Darstellungen ist nicht in der Kunst zu suchen, sondern in der theologischen Programmatik der weströmischen Kirche. Es ging im Mittelalter um die Konsolidierung einer einheitlichen christlichen Religion, ein Prozeß, der sich durch einen imaginären äußeren Gegner gemeinhin beschleunigen läßt. Das Feindbild vom bösen Juden drängte sich als konstituierendes Mittel zur Schaffung einer christlichen Gesellschaft geradezu auf. Durch ständige Wiederholung erfuhr es seine Verselbständigung und verstieg sich schließlich zum Vorwurf der Brunnenvergiftung, des Hostienfrevels und zur Ritualmordbeschuldigung.

Nach der Aufklärung und mit dem Beginn der Säkularisation am Anfang des 19. Jahrhunderts verloren die in einen religiösen Kontext eingebetteten antijüdischen Stereotype ihre Bedeutung. Doch die jahrhundertealte Vorstellung der Juden als einer Sondergruppe war derart verinnerlicht worden, daß rasch neue Antijudaismen ins Bild gesetzt wurden, in Karikaturen, der Genremalerei, den graphischen Arbeiten der jungen Linken bis hin zu den Bildschöpfungen des Nationalsozialismus. Die christliche Kunst des Mittelalters, basierend auf Legenden, Allegorien und pseudohistorischer antiker Überlieferung, hat ohne Zweifel das ihre dazu beigetragen, daß judenfeindliche Klischees aus biblischer Zeit bis ins zwanzigste Jahrhundert überdauert haben.

13 Vgl. Blumenkranz, Bernhard: Juden und Judentum in der mittelalterlichen Kunst, Stuttgart 1965, S. 23-26.
14 Vgl. Schreckenberg, Heinz: Die Juden in der Kunst Europas, hier finden sich diverse Beispiele.

Diethard Aschoff

Ein schwerer Neubeginn – westfälische Juden zwischen Reformation und Dreißigjährigem Krieg

Als Martin Luther 1517 seine Thesen anschlug, hatte sich die westfälische Juden-schaft von den europaweiten Pestverfolgungen 1348/1351 noch nicht erholt. 1517 sind Juden im Raume des heutigen Westfalens nur in den Grafschaften Mark und Lippe, vielleicht auch im Vest Recklinghausen nachzuweisen. Zwi-schen 1550 und 1560 verbesserte sich ihre Lage erheblich. Juden sind in zwölf Orten des Münsterlands nachweisbar, in sechs der Grafschaft Lippe, in vier des Hochstifts Minden, in je drei des kurkölnischen Herzogtums Westfalen, des heu-tigen Sauerlands, und des Hochstifts Paderborn, dazu in Dortmund, Herford, Höxter, Lippstadt, Recklinghausen und Soest, also wohl in 34 Städten West-falens. Damit dürften die damaligen Juden des Landes etwa den Bevölkerungs-anteil ihrer Glaubensgenossen vor der Pest des Jahres 1350 erreicht haben. Juden

Karte: Juden in Westfalen 1550/65

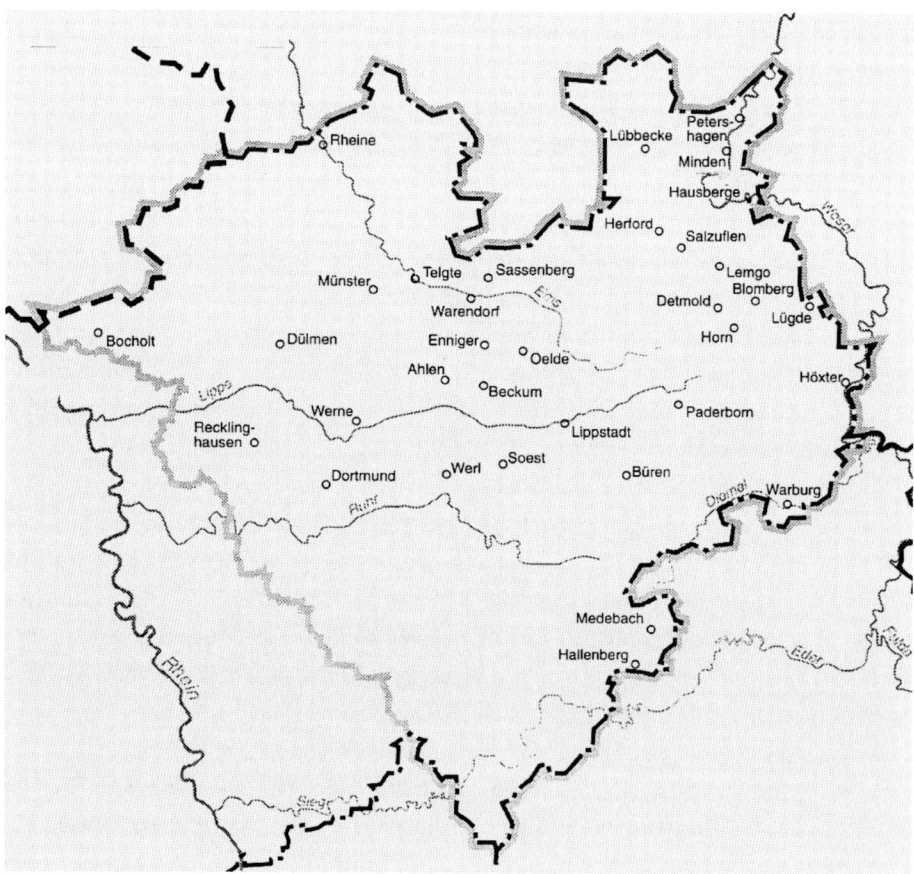

waren um 1560, wenn auch in geringer Zahl, in fast allen Gegenden Westfalens vertreten.

Doch ihre Lebensbedingungen hatten sich seit den Pestverfolgungen erheblich verändert: Während es vor 1350 vier, vielleicht fünf Gemeinden gab mit Synagogen, Friedhöfen, wohl auch Mikwen (rituelle Bäder) und Scharnen (Verkaufsstätten für das Fleisch rituell geschlachteter Tiere), zum Teil wie in Münster auch Rabbinatsgerichte, ist Mitte des 16. Jahrhunderts keine Synagoge nachweisbar, noch weniger Mikwen und Scharnen, und nur im lippischen Blomberg und in Minden Friedhöfe, was sich nachhaltig auf das jüdische Gemeindeleben auswirkte. Schwerwiegender noch war die grundsätzliche Rechtsunsicherheit. Alle Juden hingen unmittelbar und weitgehend von der Gunst der Landesherren ab und den politischen, rechtlichen sowie wirtschaftlichen Umständen, in denen diese sich befanden. So erzwang die Stadt Münster gegen den Willen des Landesherren im Jahre 1554 die Ausweisung der Juden, die Stadt Soest 1564, die Stadt Dortmund 1596 und die Stände der Grafschaft Lippe 1614. Anderswo scheiterten Ausweisungsversuche nur knapp, so im Hochstift Münster, wo die Stände einen Beschluß gefaßt hatten, keine Juden mehr im Lande zu dulden, was aber nie ganz durchgesetzt werden konnte. Wie prekär die Lage der Juden fast überall in Westfalen vor dem Dreißigjährigem Krieg war, soll im folgenden an vier Einzelbeispielen vorgestellt werden.

Salomon von Wasungen Auf seinem Sterbebett hatte Franz von Waldeck, Bischof von Münster, den Bürgermeister der Stadt daran erinnern lassen, daß das, was der Landesherr „den Juden versprochen, guitlich möge gehalten werden". Die politisch Verantwortlichen gingen jedoch bald über die Bitte hinweg. Am 15. Februar 1554, ein gutes halbes Jahr nach dem Tod des Bischofs, beschloß der Rat im Verein mit den Alter- und Meisterleuten der in Westfalen überall und stets judenfeindlichen Gilden, die Juden sollten bis zum 8. März des Jahres ihre Geschäfte abwickeln und „sich darnach in dusser stadt nicht (mehr) finden laten". Dieser Ausweisungsbeschluß bedeutete trotz mehrfacher Verlängerung der Bleibefrist das faktische Ende jüdischer Ansiedlung in Münster bis 1810, als erstmals wieder ein Jude in der Stadt Wohnrecht erhielt. Mit diesem Beschluß von 1554 endete ein nur zwei Jahrzehnte während Zwischenspiel: Nach der Eroberung der Wiedertäuferstadt 1535 hatte der als Sieger einziehende Bischof Franz von Waldeck die Macht, in der entrechteten Stadt Juden wieder ansässig zu machen. Daraufhin siedelten sich vor allem aus seiner Heimatgrafschaft Waldeck stammende Juden in Münster an, soweit heute bekannt, elf Familien. Daß dies gegen den Willen der Stadt geschah, erwies sich als verhängnisvoll, als der Rat 1541 mit seinen alten Privilegien auch das Judenschutzrecht zurückerhielt. Der Rat setzte alles daran, die Juden möglichst bald wieder 'loszuwerden', was ihm nach dem Tod von Bischof Franz und Wiederzulassung der Gestamtgilde, der Vereinigung der Gilden, am 13. Mai 1553 gelang. Davon betroffen war auch Salomon von Wasungen, der seit dem 19. Dezember 1540 in der Stadt ansässig war. Damals hatte er ein Geleit, d.h. eine Aufenthaltsbewilligung, für zehn Jahre gegen sechs Gulden Jahressteuer erhalten.

Salomon[1] stammte aus Wasungen in der thüringischen Grafschaft Henneberg, wo sein Vater, Jakob von Schleusingen, Vorsteher der hennebergischen Judenschaft war. Jakob besaß enge Beziehungen zum Henneberger Grafenhaus, das seinerseits mit den regierenden Grafen von Waldeck mehrfach verschwägert war, denen wiederum der münsterische Bischof als Onkel und Pate lebenslang eng verbunden blieb. Diese Kontakte sind bekannt aufgrund von Fürbittschreiben der Henneberger Grafen für Salomon, als dessen Geleit in Münster 1550 auslief. Salomon durfte aufgrund dieser Schreiben trotz grundsätzlicher Bedenken der Stadt zunächst in Münster bleiben. Hier zahlte er vier Goldgulden Jahrestribut. Das Geld für die hohe finanzielle Belastung – hinzu kamen ja auch noch die sechs Gulden für den Landesherrn – mußte Salomon wie seine Glaubensgenossen aus Zins- und Pfandgeschäften aufbringen. Als Sicherheit für die gewährten Kredite nahmen die Juden in der Regel Pfänder, meist Gegenstände von – nach heutigen Maßstäben – bescheidenem Wert, oft Kleider aller Art und Leintücher, aber auch Betten, Waffen, ja sogar Rosenkränze.

Salomons Kontakte gingen auch über die Stadtgrenzen hinaus, so nach Nienberge, Gievenbeck und Telgte, aber auch ins ostmünsterländische Amt Stromberg. Dort konnte er den erkrankten Sohn des Drosten heilen, was dieser damit vergalt, daß er sich 1552 für ein Weitergeleit Salomons einsetzte. Trotz aller Beziehungen konnte sich Salomon der Ausweisung jedoch nicht entziehen und mußte Münster verlassen. Er verzog nach Telgte, zwei Wegstunden östlich von Münster gelegen. Doch im Februar 1560 faßten auch die Stände des Stiftes den Beschluß, alle Juden bis Sonntag Palmarum (7. April 1560) auszuweisen. Auch

1   Die Belege zu diesen Ausführungen finden sich in meinem Aufsatz: Salomon von Telgte, ein jüdisches Schicksal im Münsterland, Westfälische Forschungen 33/1983, S. 87-103.

der von den Stiftsjuden erwirkte Aufschub bis Michaelis (29. September) reichte für Salomon aus Krankheitsgründen nicht aus, um seine Verhältnisse zu ordnen. Zehn Tage vor Ablauf der Frist traf ein Bittschreiben des angesehenen münsterischen Bürgers Dr. Christian von der Wyk bei Bischof Bernhard ein: Völlig verstört sei Salomon bei ihm vorstellig geworden und habe schreiend geklagt, mit zehn kleinen Kindern könne er den kommenden Winter in der Fremde nicht überstehen. Der Bischof lehnte ab. Ihm seien durch den Ständebeschluß die Hände gebunden. Salomon schaffte es, ohne daß wir wissen wie, in Telgte zu bleiben, starb jedoch schon vor dem 18. Mai 1562. An diesem Tag intervenierte nämlich Georg von Braunschweig-Lüneburg, Erzbischof von Bremen, für Salomons Witwe, auf deren traurige Lage er durch „seinen Juden" Leffmann aufmerksam geworden war. Bis 1568 ist sie danach noch in der kleinen Emsstadt nachweisbar.

Das Leben Salomons dokumentiert beispielhaft die Härte jüdischer Existenz im Jahrhundert der Reformation, die tiefe Unsicherheit und Abhängigkeit, aber auch den Selbstbehauptungswillen der Juden in einer feindlichen Umwelt und die hierfür eingesetzten Mittel des Überlebens.

Simon von Kassel Während die Familie Salomons von Wasungen 1568 spurlos aus der dokumentierbaren Geschichte verschwindet, sind die Nachfahren des Simon von Kassel in einem heute noch blühenden Familienverband vertreten, dem vielleicht berühmtesten nach einem westfälischen Ort benannten Geschlecht, den Warburgs.[2] Von dem am frühesten nachweisbaren Vorfahren hören wir erstmals 1535: In der Kanzlei von Hanau schilderten damals in lebhafter Darstellung Simon von Kassel und ein aus einem oberfränkischen Dorf stammender Glaubensbruder und Schicksalsgenosse, wie sie auf dem Weg zur Frankfurter Frühjahrsmesse unweit von Hanau von drei Reitern überfallen und ausgeraubt worden waren. Was die Klage bewirkte, wissen wir nicht, ebenso wenig, was Simon wenig später veranlaßte, sich dem Schutz der Äbtissin Anna von Herford zu unterstellen. Vielleicht war es die wenig vertrauenerweckende Haltung des in der Judenfrage schwankenden Philipp des Großmütigen von Hessen und die damit unsichere Zukunft der Juden in der Landgrafschaft Hessen.

In Herford kam Simon von Kassel freilich gleichsam vom 'Regen in die Traufe'. Die Fürstäbtissin wurde vom Rat der Stadt Herford bedrängt, der die Machtverhältnisse in der Stadt zu seinen Gunsten verändern wollte. Damals fanden reformatorische Gedanken immer breitere Zustimmung. Gleichzeitig war die Stadt von Fehden bedroht, alles kaum eine gedeihliche Atmosphäre für einen Juden, der Fuß fassen wollte. So wandte sich Simon 1540 ins Stift Münster. Dort erhielt er im selben Jahr und zu denselben Bedingungen wie Salomon von Wasungen in Beckum für zehn Jahre Aufenthaltserlaubnis. Die zur Ausweisung in Münster führende Zuspitzung der Lage 1553/54 wirkte sich auch auf das Stift aus. Simon war davon Ende 1553 betroffen, und sein Besitz wurde vorübergehend beschlagnahmt. Wie in Kassel und Herford zog Simon angesichts der aufziehenden Gefahren rechtzeitig Konsequenzen: 1559, ein Jahr vor dem Ausweisungsbeschluß im Stift Münster, verzog er in die unweit der hessischen Grenze liegende

2 Die Belege zu diesem Abschnitt sind nachzulesen in meinem Aufsatz: Simon von Kassel, ein hessisches Judenschicksal in der Zeit Philipps des Großmütigen, Zeitschrift des Vereins für hessische Geschichte und Landeskunde 91/1986, S. 31-48.

Stadt Warburg, von der die Familie später ihren Namen ableitete. Simon nahm den erneuten Wohnungswechsel schon vor Ablauf seiner Geleitfrist im Stift Münster in Kauf, obwohl sich seine äußeren Geschäftsbedingungen dadurch verschlechterten. Für sein wiederum auf zehn Jahre ausgestelltes Geleit in Warburg mußte er hundert Talergulden Aufnahmegebühr und 25 Gulden Jahressteuer entrichten. Erschwerend kam hinzu, daß die Warburger Zünfte durch die dehnbare Formel, daß Simon und ein Glaubensgenosse „in unsere Ämter nicht greifen oder tasten sollen", besonders geschützt wurden. Des weiteren wurden verfallene Pfänder von den städtischen Dienern, die natürlich dafür bezahlt werden mußten, aufgekündigt, und zudem hatten die Juden bei Tagfahrten dem Rat unentgeltlich ein Pferd zu stellen sowie bei Landsteuern und Brandschatzungen entsprechend ihrem jeweiligen Vermögen Anteil zu tragen – alles Bestimmungen, die für Simon in Beckum nicht gegolten hatten. Außerdem war die Rechtslage unsicher, denn das Geleitrecht war von der Stadt Warburg usurpiert worden. Sie hatte den für den Judenschutz zuständigen Landesherren, Bischof Rembert von Paderborn (1547-1568), völlig übergangen.

Simon von Kassel reagierte rechtzeitig auf die drohenden Gefahren, auch wenn er der allgemeinen Unsicherheit der Zeit selbst seinen Tribut zahlen mußte: Der Überfall vor Hanau war nicht die einzige Gefährdung. So war er 1553 von einem erpresserischen Raubzug des Herzogs Philipp Magnus von Wolfenbüttel betroffen. Hier und auch vor Hanau zeigte sich drastisch die durch das viele Reisen bedingte besondere Gefährdung der Juden. Simon lebte wie wohl viele seiner Glaubensgenossen im Reformationszeitalter ein ungeheuer hartes, gefährdetes und gehetztes Leben.

Freuchen von Hamm Während des münsterischen 'Frühjahrsends' (Jahrmarkt) des Jahres 1603 wurde der Jude Moses von Hamm wegen „betrüglichen Einschleichens" festgenommen und mit einer hohen Geldstrafe belegt.[3] Für den Inhaftierten setzte sich Freuchen ein, seine Ehefrau: „In Demut klagend" brachte sie dem Hammer Rat vor, ihr Mann habe, „dem gemeinen freien Markt vertraut" und darum „aus Unwissenheit, keineswegs aber aus Vorsatz, Trotz und Frevel" um kein besonderes Geleit geworben. Hintergrund für diese Argumentation war der den Juden reichsrechtlich zugestandene freie Zugang zu allen Jahrmärkten. Dies galt auch für die Stadt Münster, auch wenn sie seit 1554 Juden kein Wohnrecht mehr gewährte. Festnahme und Geldbuße des Hammer Juden waren darum ohne Zweifel widerrechtlich. Darauf hob der Hammer Rat in seiner Eingabe an die Stadt Münster freilich nicht ab, sondern übernahm die Argumentation Freuchens und wies darauf hin, Moses habe sich in Hamm niemals etwas zu schulden kommen lassen. Als sich auch der Landrentmeister Höflinger für Moses einsetzte, wurde dieser, nachdem er die Urfehde geschworen und die nun ermäßigte Geldbuße gezahlt hatte, freigelassen.

Moses hatte am 9. Oktober 1594 von Herzog Johann Wilhelm von Jülich-Kleve-Berg das Geleit für die Grafschaft Mark und Hamm erhalten. Der gewaltige Territorialkomplex der Herzöge von Kleve, zu dem auch die Grafschaft Mark

3   Belege vgl. meinen Aufsatz: Juden in Westfalen zur Zeit Philipp Nicolais, in: Die Pest, der Tod, das Leben – Philipp Nicolai – Spuren der Zeit, hg. von Peter Kracht, Unna 1997, S. 156-161.

gehörte, war damals der größte im Gebiet des heutigen Nordrhein-Westfalen. Durch den unheilbaren Wahnsinn Johann Wilhelms (1592-1609) war er jedoch unregierbar geworden. Die daraus resultierenden Schwierigkeiten des Düsseldorfer Hofes wirkten sich indirekt auch auf das Schicksal der märkischen Juden aus, weil die Städte ihnen bisher vorenthaltene Rechte für sich beanspruchten. So wurden am 25. Mai 1604 Moses und ein sonst nicht näher bekannter Glaubensgenosse namens Levi nicht mehr vom Landesherren, sondern von der Stadt Hamm vergleitet. Dieser Vertrag enthält ungewöhnlich detaillierte Angaben über Rechte und Pflichten der beiden jüdischen Familien. Sie waren von Wach-, Bau- und Stadtdiensten befreit, mußten aber „in Brands- und anderen Nöten ... dem Glok-

Memorbuch der jüdischen Gemeinde Hamm, etwa Mitte des 18. Jahrhunderts

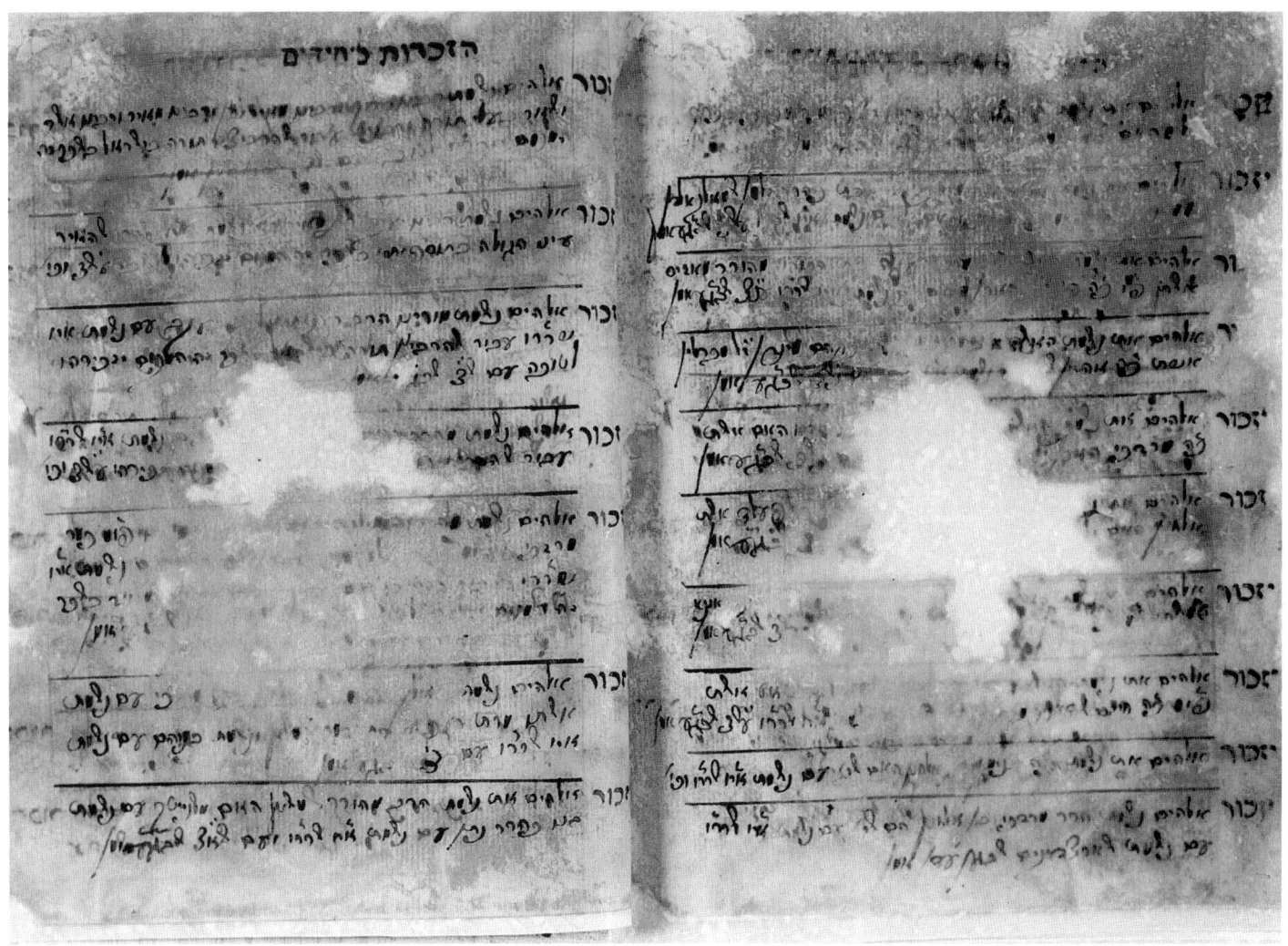

kenschlag folgen und Manneshilfe leisten." Die Geldleihe war genau geregelt, der Zins gestaffelt je nach Höhe des Darlehens, abhängig davon, ob er von Einheimischen oder Auswärtigen in Anspruch genommen wurde. Auch die Pfandleihe wurde näher bestimmt, etwa welche Pfänder ausgeschlossen waren, sowie wann und wie sie verkauft werden durften. Das Geleit enthält auch Abmachungen über den Gerichtsstand, den Ankauf von Korn, das Schächten, den Verkauf der nicht koscheren Teile des Fleisches, und daneben Bestimmungen über den Verkauf versetzter Wolltücher und Krämerwaren ebenso wie über Viehhaltung, Weide- und Gartenpacht.

Trotz der hohen Jahressteuer von annähernd fünfzig Talern bot das Geleit dem Ehepaar offenbar eine gute Basis für ihre wirtschaftliche Betätigung, denn ohne Zweifel waren sie gemeint, als Hammer Juden den mit 600 Talern vergüteten Auftrag erhielten, die Hälfte einer vom Landesherrn auferlegten Bürgschaft von 20.000 Talern zu beschaffen.

Viele, vielleicht die meisten ihrer Finanzgeschäfte wickelten sie in Münster ab. So vermerkt z.B. der Eintrag in ein Protokoll des Domkapitels Münster vom 6. Novembe r 1621, „ein reicher Jud aus Hamm" verkehre häufig in der Stadt. Seit 1592 finden wir Moses und Freuchen immer wieder in Geschäften in der Stiftsmetropole. Im Laufe der Jahre rückte dabei Freuchen stärker in den Vordergrund. So wies ein Emdener Gläubiger des Ehepaares im August 1618 seinen Bevollmächtigten in Münster an, „den Juden Moisen von Hamm oder deßen hausfrau, die Judin, so oftmals hierhin auf Münster zu kommen pflegt mit ihren Gütern, alhier zu arrestieren". Freuchen wurde auch inhaftiert, aber zum Ärger des Gläubigers ohne „genugsame Kaution" wieder freigelassen, obwohl sie „stattliche, ihr und ihrem Mann zuständige Güter an Silberwaren, Goldringen und Kleinodien wie auch versiegelte Briefe und Renten" bei sich führte.

Freuchen von Hamm entstammte einer ungewöhnlichen Familie. Ihr Großvater Salomon Gans, in Lippe geboren und 1561 in Lippstadt nachweisbar, war, soweit bekannt, der erste in Westfalen lebende Jude, der einen Familiennamen trug. Salomon Gans wurde wie Simon von Kassel Stammvater eines bedeutenden jüdischen Geschlechts von Gemeindevorstehern, Rabbinern, Gelehrten, Bankiers und Hofjuden. Zu seinen Nachkommen zählt u.a. auch Heinrich Heine. Salomons Sohn David (1541-1613) verfaßte in Prag den Zemach David (Sproß Davids), eine weit verbreitete jüdische Weltchronik, und stand in Verbindung mit den berühmten Prager Astronomen Tycho de Brahe und Johannes Kepler.

Moses und Freuchen dürften in den achtziger Jahren des 16. Jahrhunderts geheiratet haben und hatten „viele Kinder", wie es in einer jüdischen Quelle heißt. Ab 1585 wird Moses für uns faßbar, schon hier im Zusammenhang mit Münster. Bis 1622 finden wir das Ehepaar immer wieder in der westfälischen Metropole. Der besonders seit Beginn des Dreißigjährigen Krieges zunehmende Verkehr von Juden in Münster war dem ihnen gegenüber stets mißtrauischen Rat der Stadt nicht geheuer. Aus Sorge, sie würden „unterm Schein, sie müßten vorgebliche Rechtsgeschäfte befördern, heimlichen Wucher treiben und auf Pfande Geld austun", beschloß der Rat deshalb am 17. September 1620 für Juden eine erhöhte Gebühr für den Einlaß in die Stadt. Ein halbes Jahr später wurde die Taxe für das Tagesgeleit „auf erwogenes Supplizieren Freuchens, Judin von Hamm, und anderer" aber wieder um die Hälfte reduziert. Es gelang Freuchen offenbar immer wieder, durch Verhandlungsgeschick und energisches Auftreten Eindruck zu machen, selbst auf den Juden gegenüber äußerst restriktiven Rat der Stadt Münster. Mehr noch als ihr durchaus nicht unbedeutender Mann – er vertrat etwa die westfälische Judenschaft auf der Frankfurter Rabbinerversammlung 1603 – besaß Freuchen auch in schwieriger Lage Stehvermögen und Überzeugungskraft.

Isaak von Salzuflen Von besonderer Bedeutung in der Geschichte der Juden in Westfalen ist Isaak von Salzuflen, ein Zeitgenosse Freuchens, der 1594 in die Dienste des Grafen Simon zu Lippe (1563-1613) trat. Hintergrund seiner Karriere am lippischen Hof war der Versuch des Grafen, sein Land in einen frühabsolutistischen Territorialstaat unter weitgehender Ausschaltung der Stände umzugestalten, was die finanzielle Kraft des kleinen Landes überforderte.

Isaak[4] hatte im Sommer 1584 in eine wohlhabende jüdische Familie aus Salzuflen eingeheiratet. Unter den Lipper Juden nahm er bald eine führende Stellung ein. Gestützt auf das Vertrauen des Landesherren war er berechtigt, über seine Glaubensgenossen Geldstrafen zu verhängen und Streitigkeiten zu schlichten, und er war sogar befugt, den Bann auszusprechen. 1603 stellte er der lippischen Judenschaft in Salzuflen eine Synagoge zur Verfügung, die hinter seinem Haus lag, 1607 einen Friedhof. Über die für Juden üblichen Erwerbsmöglichkeiten hinaus betrieb Isaak einen umfangreichen Handel mit Wertgegenständen, Edelmetallen und Luxusgütern und belieferte zudem die gräfliche Münze mit Silber. Simon VI. vertraute ihm sogar die Unterbringung und Steuereinziehung von Heimstättenbewohnern an. Wenn man all dies betrachtet, kann man Isaak von Salzuflen durchaus den Hofjuden Graf Simons VI. von Lippe nennen, auch wenn der Begriff „Hofjude" erst nach dem Dreißigjährigen Krieg gebräuchlich wurde.

Isaaks besondere Stellung innerhalb der lippischen Judenschaft beruhte auf dem an seiner Person orientierten „Salzufler System", wie man es nennen könnte, das Vermittlungen, Bestallungen und Hilfeleistungen ebenso einschloß wie Einflußnahmen und Bestechungen. Seine Position war aber nur unklar umrissen und weit entfernt von gesicherten, einklagbaren Rechten. Die herrschaftsnahe Stellung, für die er neben einem Gehalt auch mit Sachleistungen belohnt wurde, sein Reichtum, Einfluß und Auftreten riefen Unverständnis und Mißgunst hervor. Die Salzufler beschwerten sich denn auch darüber, daß die Juden „Synagog" und Schule mit 'teuflischen Gebeten' hielten, die Christen verfluchten und den Heiland schmähten. Der Pfarrer habe deswegen auch den 'Zorn Gottes' über sie und alle angesagt, die sie schützten, auch die Obrigkeit. 1598 kam es zu Übergriffen auf die Salzufler Synagoge.

Die Drohung der Ausweisung hing wie ein Damoklesschwert bereits seit Anfang des 16. Jahrhunderts über den Lipper Juden. In eine entscheidende Phase traten die städtischen Versuche, sich der Juden zu entledigen, als sich die wirtschaftliche Krise des ausgehenden 16. Jahrhunderts zu Beginn des 17. verschärfte. Durch ihre Ausfallbürgschaften saßen die Städte den Juden gegenüber am 'längeren Hebel'. 1609 auf dem Landtag zu Blomberg deutete Simon VI. die Lösung bereits an: Er brauche die Juden zur Geldbeschaffung; würden die Städte

4 Zu diesem Passus vgl. Faassen, Dina van: Die lippischen Juden zur Zeit Simons VI. und Simons VII, Architektur, Kunst- und Kulturgeschichte in Nord- und Westdeutschland 1/1994, S. 3-13 und 2/1994, S. 43-50; vgl. besonders Pohlmann, Klaus: Juden in Lippe im Mittelalter und früher Neuzeit. Zwischen Pogrom und Vertreibung 1350-1614, in: Panu Derech - Bereitet den Weg, Band 13, 1995.

das Problem lösen, könnten die Juden „abgeschafft werden". Daß eine radikale Entwicklung bevorstand, war sowohl Isaak wie auch Simon VI. bewußt. Letzterer schrieb am 6. Mai 1613, bevor er seine letzte, ihn viele Monate von Lippe fernhaltende Reise antrat, an Isaak: „... sowohl den Juden im allgemeinen als auch sonderlich ihm und seinem Sohn Israel drohe nicht geringe Gefahr." Seinen Sohn, der ihn während der Reise vertreten sollte, ermahnte Simon VI., darauf zu achten, daß an den Juden „keine Gewalt geübt" werde, doch dieser beachtete die Ermahnung nicht. Er ließ Isaak und seinen Sohn Israel in Salzuflen verhaften, zunächst um sie zu erpressen. Fast unmittelbar nach dem Tod seines Vaters im Dezember 1613 veranstaltete sein Sohn Simon VII. einen Schauprozeß. Am 21. Februar 1613 wurden die dreißig Judenfamilien „zu ewigen Zeiten mit Weib und Kindern und Hausgesind" des Landes verwiesen und „ihr Leib und Leben, Hab und Güter" für „verwirkt" erklärt. Isaak und sein Sohn Israel wurden noch monatelang danach in Haft gehalten. Sie erhielten durch den Kaiser zwar Recht, aber keine Entschädigung. Erst 1671, zwei Menschenalter später, zahlte das lippische Grafenhaus in einem Vergleich dem Enkel Isaaks für das eingezogene Vermögen von 12.-13.000 Reichstalern gerade noch 1.400 Taler.

Vier Generationen bevor Süß Oppenheimer in Württemberg nach dem Tod seines Schutzherren 1738 enteignet und vertrieben wurde, verweist das Schicksal Isaaks von Salzuflen bereits auf die mit dem Hofjudenstatus verbundenen hohen persönlichen Risiken.

Diese vier hier knapp umrissenen jüdischen Schicksale zwischen Reformation und Dreißigjährigem Krieg dokumentieren in erster Linie die grundsätzliche Unsicherheit jüdischer Existenz im damaligen Westfalen. Juden erhielten immer nur befristetes Geleit. Nie und an keinem Ort wurde ihnen ein Heimatrecht auf Dauer gegeben. Jeder der hier vorgestellten Persönlichkeiten drohte die Ausweisung. Im Falle Isaaks von Salzuflen und Salomon von Wasungen wurde sie auch vollzogen.

Der Geldhandel war zugleich 'Segen und Fluch' für die Juden. Einerseits war er Voraussetzung für die Aufnahme, andererseits steter Grund für ihre Gefährdung. Hinzu kam die Judenhetze der Geistlichkeit. Die Juden versuchten sich durch verschiedene Mittel und mit unterschiedlichem Erfolg zu behaupten, etwa durch „demütige Klage", öffentlichen Einspruch, oder durch Geldgeschenke, ärztliche Hilfeleistungen, Fürsprecher. Wenn es sich als notwendig erwies, nahmen sie auch die Gerichte in Anspruch. Nicht zu unterschätzen ist auch das überterritoriale Netz jüdischer Solidarität mit gefährdeten Glaubensgenossen. Vor Gericht waren Juden, soweit bekannt, dem allgemeinen Recht unterworfen.

Ohne die elementare existentielle Unsicherheit der in Westfalen zugewanderten Juden und die ihnen stets drohenden Ausweisungen abschwächen zu wollen, war im 'konfessionellen Zeitalter', wie die Epoche zwischen Augsburger Religionsfrieden 1555 und Dreißigjährigem Krieg auch genannt wird, der Umgang der Vertreter der christlichen Konfessionen untereinander kaum freundlicher als der mit den Juden. Zwölf Jahre vor der Ausweisung der Juden aus Lippe wurden aus der Grafschaft die lutherischen Geistlichen vertrieben, 1604 der evangelische

Bürgermeister Liborius Wichart in Paderborn geviertelt und in der gleichen Generation Hunderte von Frauen als angebliche Hexen gefoltert und oft grausam zu Tode gebracht. Hinzu kamen die fast periodischen Pestepidemien. Das ganze Zeitalter mutet uns innerlich sehr fremd und oft fast unwirklich an. Alle Menschen damals waren seinen Unsicherheiten ausgesetzt, Juden als Gruppe und als Einzelpersonen aber wohl noch mehr als ihre christlichen Zeitgenossen.

Jörg Deventer

Das westfälische Land- und Kleinstadtjudentum in der Frühen Neuzeit

Wie für die Geschichte der Juden in Deutschland insgesamt, stellt auch für die der Juden in Westfalen das Jahr 1350 eine gravierende Zäsur dar. In den bis dahin schwersten Pogromen zwischen 1348 und 1350 wurden die Juden beschuldigt, durch Vergiftung der Quellen und Brunnen den „Schwarzen Tod", die zu dieser Zeit in Europa verheerend wütende Pestepidemie, verursacht zu haben. Binnen zweier Jahre wurden durch Ermordung oder Vertreibung wenigstens dreihundert jüdische Gemeinden in Deutschland vernichtet.[1] Dem Gemetzel fielen in den Sommermonaten des Jahres 1350 auch Juden in Westfalen zum Opfer, die bis zu diesem Zeitpunkt in mindestens 30 Städten und kleineren Ortschaften des Landes ansässig waren, und deren Zahl in den Jahrzehnten zuvor durch Zuwanderung aus dem Rheinland deutlich zugenommen hatte. Die Überlieferung zum Verlauf der Verfolgung in Westfalen ist sehr fragmentarisch. In der Bischofschronik des Mindener Domherrn Heinrich Tribbe aus der Zeit um 1460 wird lediglich berichtet, daß die Juden „in Minda et aliis locis more pecorum mactaverunt" („in Minden und anderen Orten wie das Vieh abgeschlachtet wurden") und in einer Chronik des 15. Jahrhunderts heißt es, daß 1350 in Münster „aller wegen de ioden gedodet" wurden. In den jüdischen Geschichtsquellen finden westfälische Orte, in denen Juden verfolgt wurden und den Märtyrertod erlitten hatten, in den sogenannten Memorbüchern Erwähnung: sie enthielten Verzeichnisse der Orte, in denen Juden im Zuge der mittelalterlichen Pogrome verfolgt und ermordet worden waren.[2]

Die Pestpogrome hatten die Siedlungskontinuität der im Vergleich zu den jüdischen Gemeinden und Siedlungen im süd- und südwestdeutschen Raum kleinen Judenschaft in Westfalen jäh unterbrochen. Vermutlich erst im Laufe der 2. Hälfte des 16. Jahrhunderts erreichte sie wieder zahlenmäßig die Stärke, die sie vor der Verfolgung und Vernichtung im Jahre 1350 gehabt hatte.[3] Die anderthalb Jahrhunderte nach dem Einschnitt von 1350 stehen in der Siedlungsgeschichte der Juden Westfalens zunächst im Zeichen von Zuwanderung und Mobilität, dann – in der 2. Hälfte des 15. Jahrhunderts – einer erneuten Unterbrechung der Siedlungskontinuität. Eine Neu- bzw. Wiederansiedlung einzelner Juden und jüdischer Familien ist im letzten Drittel des 14. Jahrhunderts für neun westfälische Städte belegt.[4] Wie überall in Deutschland und anders als in der Zeit vor 1348/50 wurde Juden nunmehr nur ein zeitlich befristetes Wohnrecht gewährt.[5] Diese Praxis war eine Folge der allgemeinen Minderung ihres Rechtsstatus, die sich in diesem Zeitraum im deutschsprachigen Raum beobachten läßt.[6] So wurde

1   Vgl. Deutsch-jüdische Geschichte in der Neuzeit, Bd. I: Tradition und Aufklärung 1600-1780, von Mordechai Breuer u. Michael Graetz, München 1996, S. 51ff.; Haverkamp, Alfred: Die Judenverfolgungen zur Zeit des Schwarzen Todes im Gesellschaftsgefüge deutscher Städte, in: Zur Geschichte der Juden im Deutschland des späten Mittelalters und der frühen Neuzeit, hg. von Alfred Haverkamp, Stuttgart 1981, S. 27-93.
2   Vgl. Brilling, Bernhard/Richtering, Helmut/ Aschoff, Diethard: Westfalia Judaica. Quellen und Regesten zur Geschichte der Juden in Westfalen und Lippe, Bd. 1: 1005-1350, 2. Aufl., Münster 1992, S. 206ff.; die Zitate: S. 207 u. 208; eine Karte mit westfälischen Orten, die vor 1350 im Zusammenhang mit Juden erwähnt werden: S. 312; vgl. auch Aschoff, Diethard: Das Pestjahr 1350 und die Juden in Westfalen, Westfälische Zeitschrift 129/1979, S. 57-67.
3   Vgl. dazu auch den Beitrag von Diethard Aschoff in diesem Band.
4   Vgl. dazu auch den Beitrag von Thomas Schilp in diesem Band.
5   Vgl. Aschoff, Diethard: Die Juden in Westfalen zwischen Schwarzem Tod und Reformation (1350-1530), Westfälische Forschungen 30/1980, S. 78-106, hier S. 88, 94, 105.
6   Vgl. Haverkamp, Alfred: Lebensbedingungen der Juden im spätmittelalterlichen Deutschland, in: Zerbrochene Geschichte. Leben und Selbstverständnis der Juden in Deutschland, hg. von Dirk Blasius u. Dan Diner, Frankfurt/M. 1991, S. 11-31; Battenberg, Friedrich: Das Europäische Zeitalter der Juden, Bd. 1: Von den Anfängen bis 1650, Darmstadt 1990, S. 123ff.

Memorbuch für die Seelenfeier
der jüdischen Gemeinde Minden,
1615-1830

in Dortmund im Jahre 1374 einem Juden aus Lemgo das Wohnrecht für sechs Jahre erteilt, in Höxter stellte der Rat dem Juden Leone und dessen Familie 1384 einen Schutzbrief für die Dauer von viereinhalb Jahren aus.[7] Nimmt in der 1. Hälfte des 15. Jahrhunderts die Zahl jüdischer Siedlungsorte in Westfalen noch einmal deutlich zu, bricht in den folgenden Jahrzehnten an fast allen westfälischen Orten die Siedlungskontinuität erneut ab.[8]

Doch schon im ersten Drittel des 16. Jahrhunderts läßt sich an einzelnen Orten in Westfalen das Wohnen von Juden erneut nachweisen. Da Quellen auch in den folgenden zwei Jahrzehnten weitere Neuaufnahmen jüdischer Familien im westfälischen Raum belegen, die nun vor allem aus hessischen Gebieten zuwanderten,[9] kann die 1. Hälfte des 16. Jahrhunderts als Konstituierungsphase des frühneuzeitlichen westfälischen Land- und Kleinstadtjudentums bezeichnet werden. Südlich der Lippe wohnten Juden in diesem Zeitraum in Hörde, Recklinghausen, Soest und Wattenscheid. Erste Nachrichten über die Siedlung von Juden in der Grafschaft Lippe datieren aus der Zeit um 1500. In der Regierungszeit

7   Vgl. Diethard Aschoff (wie Anm. 5), S. 99; Deventer, Jörg: Das Abseits als sicherer Ort? Jüdische Minderheit und christliche Gesellschaft im Alten Reich am Beispiel der Fürstabtei Corvey (1550-1807), Paderborn 1996, S. 35f.
8   Nach Diethard Aschoff wohnten in diesen Jahrzehnten über die o.g. Orte hinaus nun auch Juden in Kamen, Unna, Lippstadt, Soest, Recklinghausen, Essen und Münster: Diethard Aschoff (wie Anm. 5), S. 105; für Soest wurde die Existenz einer Judenschaft in diesem Zeitraum allerdings in Frage gestellt; vgl. Ries, Rotraud: Ein ambivalentes Verhältnis - Soest und seine Juden in der frühen Neuzeit, in: Soest. Geschichte der Stadt, Bd. 3: Zwischen Bürgerstolz und Fürstenstaat. Soest in der frühen Neuzeit, hg. von Ellen Widder, Soest 1995, S. 549-635, hier S. 553.
9   Vgl. Aschoff, Diethard: Simon von Kassel, ein hessisches Judenschicksal in der Zeit Philipps des Großmütigen, in: Juden-Hessen-Deutsche. Beiträge zur Kultur- und Sozialgeschichte der Juden in Nordhessen, hg. von Helmut Burmeister u. Michael Dohrs, Hofgeismar 1991, S. 1-19, hier S. 9

Simons VI. (1563-1613) lebten dann etwa 30 jüdische Familien in Blomberg, Brake, Detmold, Horn, Lemgo und Salzuflen.[10] Seit 1535 siedelten Juden auch im Stift und in der Stadt Münster. Fürstbischof Franz von Waldeck (Reg. 1532-1553) hatte die politische Schwäche der Bistumshauptstadt nach der gewaltsamen Beseitigung der Täuferherrschaft im Jahre 1535 dazu genutzt, Juden in der Stadt Münster nach der Vernichtung der Gemeinde 1350 erstmals wieder ansässig zu machen. Für die Ausstellung von sogenannten Geleitbriefen an einzelne Juden und jüdische Familien, mit denen ihnen gegen Zahlung eines jährlichen Schutzgeldes zeitlich befristet das Wohnrecht eingeräumt wurde und die Vorschriften für ihre Geschäftstätigkeit vor allem im Bereich der Geldleihe enthielten, gaben wirtschaftliche und finanzielle Interessen des Territorialherren den Ausschlag. Mit Hilfe der Juden konnte er seine Steuereinnahmen steigern sowie Wirtschaft und Handel im Lande fördern. Doch das Wohnen der Juden in der Bischofsstadt war nicht von langer Dauer. Nach der Restitution des Rates im Jahre 1541 drängten vor allem die Zünfte auf die Ausweisung der Juden, deren Aufenthalt in den folgenden Jahren laufend gefährdet war. Als die städtische Judenschaft durch den Tod des Fürstbischofs im Jahr 1553 ihren Protektor verlor, ordnete der Rat unter Berufung auf das „privilegium de non tolerandis judaeis" die Ausweisung der Juden an. Über Jahrhunderte konnte die Stadt dieses Privileg behaupten, und erst 1810 erhielten Juden wieder Wohnrecht in Münster.[11] Demgegenüber konnten sich Juden trotz der notorisch vorgetragenen Forderung seitens der Landstände nach ihrer Vertreibung im Stiftsgebiet halten, da die Fürstbischöfe aus finanziellen Gründen weiterhin Juden in ihr Land holten und ebenso einige Stiftsstädte, die das Mitvergeleitungsrecht für sich in Anspruch nahmen, einzelnen jüdischen Familien das Wohnrecht erteilten. So lebten im Jahre 1579 jüdische Familien in Ahlen, Drensteinfurt, Dülmen, Haltern, Lembeck, Metelen, Nienborg, Olfen, Warendorf, Werne und in der Herrschaft Gemen.[12] Im Rahmen des Ausbaus ihrer Landesherrschaft und der Ausschaltung konkurrierender Gewalten machten dann jedoch die Münsteraner Fürstbischöfe Ernst (Reg. 1585-1612) und Ferdinand von Bayern (Reg. 1612-1650) den Stiftsstädten ihren Anspruch auf das Geleitrecht, das den Inhaber ermächtigte, von den Juden für die Gewährung des Aufenthaltsrechts Abgaben und Steuern einzuziehen, erfolgreich streitig. Nach außen hin zeigten sich die Landesherren gegenüber der Forderung der Landstände nach der Ausweisung oder Reduktion der Juden kompromißbereit. In der Praxis nahmen sie jedoch auf das Verlangen der Städte und des Domkapitels keine Rücksicht und stellten weiterhin Schutzbriefe aus, so daß die Zahl der landesherrlich vergeleiteten Schutzjuden im Münsterland seit dem 17. Jahrhundert langsam zunahm. Im Jahr 1720 wohnten im Gebiet des Fürstbistums 61, im Jahr 1795 schließlich 203 jüdische Familien.[13]

Die geschilderte Judenpolitik der Münsteraner Fürstbischöfe und deren Konflikte mit den Landständen (Domkapitel, Ritterschaft, Städte) um die Aufnahme bzw. Duldung der Juden bestimmte zwischen 1550 und 1650 auch die Geschichte der Judenschaften in den anderen geistlichen Territorialstaaten, die in Westfalen relativ großräumig waren und angesichts der kleineren weltlichen Gebiete

10 Vgl. Diethard Aschoff (wie Anm. 5), S. 105; van Faassen, Dina/Hartmann, Jürgen: „... dennoch Menschen von Gott erschaffen". Die jüdische Minderheit in Lippe von den Anfängen bis zur Vernichtung, Bielefeld 1991, S. 8f.; Rotraud Ries (wie Anm. 7), S. 554f.

11 Vgl. Aschoff, Diethard: Das münsterländische Judentum bis zum Ende des Dreißigjährigen Krieges. Studien zur Geschichte der Juden in Westfalen, in: Theokratia. Jahrbuch des Institutum Judaicum Delitzschianum III (1973-1975), S. 125-184, hier S. 137ff.

12 Vgl. Aschoff, Diethard: Das müsterländische Judentum, a.a.O., S. 153.

13 Vgl. Aschoff, Diethard: Das münsterländische Judentum, a.a.O., S. 162ff.; Rixen, Carl: Geschichte und Organisation der Juden im ehemaligen Stift Münster, Münster 1906, S. 9.

das Erscheinungsbild dieser Region in der Frühen Neuzeit wesentlich bestimmten. So hatten im Hochstift Paderborn Juden seit 1534 bzw. 1554 von den Edelherren von Büren, seit 1559 von der Stadt Warburg Schutzbriefe erhalten. Nachdem an der Wende vom 16. zum 17. Jahrhundert der Paderborner Landesherr, Fürstbischof Dietrich von Fürstenberg (Reg. 1585-1618) erste Vergeleitungen vorgenommen hatte, gelang es auch hier dem Kurfürsten und Erzbischof von Köln, Ferdinand von Bayern, der von 1618 bis 1650 die Stifte Münster und Paderborn in Personalunion regierte, das Judenschutzrecht als alleiniges Privileg des Territorialherrn gegenüber den Landständen durchzusetzen. Indem Ferdinand von Bayern und dessen Nachfolger den steuerlichen und wirtschaftlichen Nutzen des Judenregals zum Primat ihrer Judenpolitik machten, stieg im Hochstift Paderborn die Zahl der vergeleiteten Juden im Laufe des 17. und 18. Jahrhunderts bedeutend an. 1649 lebten hier 67, 1677 144, 1704 165 und im Jahre 1800 schließlich 327 jüdische Familien.[14]

Daß sich in den westfälischen Territorien je nach den Kräfteverhältnissen der Kampf zwischen Landesherren und Städten um die Verfügungsgewalt über die Judenschaft unterschiedlich lange hinziehen konnte, zeigt die Entwicklung in der an der südöstlichen Peripherie Westfalens gelegenen Fürstabtei Corvey. Gestützt durch die Erbschutzmacht Braunschweig, maßte sich die seit der Mitte des 14. Jahrhunderts über ein hohes Maß an politischer Autonomie verfügende Weserstadt Höxter seit der Aufnahme von Juden im Jahr 1550 eine Judenpolitik an, die auf Rechte und Privilegien des Landesherren keinerlei Rücksicht nahm. Als die Juden während des Dreißigjährigen Krieges in die Frontlinie des Konflikts zwischen Territorialherr und Stadt um den Entzug bzw. die Wahrung städtischer Rechte und Privilegien gerieten und der Versuch der politisch ohnmächtigen und zur Aufrechterhaltung ihres Herrschaftsanspruchs auf die Fürsprache auswärtiger Mächte angewiesenen Fürstäbte von Corvey scheiterte, das Judenschutzrecht gegenüber der hartnäckig Widerstand leistenden Stadt durchzusetzen, waren die Juden in den Jahren 1647/48 seitens der städtischen Obrigkeit physischen Pressionen ausgesetzt. Erst im Jahre 1674, als Höxter nach der militärischen Niederschlagung innerstädtischer Tumulte durch den Münsteraner Fürstbischof Christoph von Bernhard von Galen, der von 1661 bis 1678 auch in Corvey regierte, seine politische Autonomie verlor, erkannte die Stadt formal die uneingeschränkte Verfügungsgewalt des Landesherren über die städtische Judenschaft an.[15]

Im Fürstbistum Minden konkurrierten der Rat der Stadt Minden und der evangelische Administrator des Stifts, Christian von Braunschweig-Lüneburg (Reg. 1599-1633) um die Verfügungsgewalt über die städtische Judenschaft. Bis zum Anfall an Brandenburg-Preußen 1648/50 gelang es der Stadt, gegen den Widerstand des Landesherren eine nahezu selbständige Judenpolitik zu betreiben. Seit der Mitte des 16. Jahrhunderts hatte der Rat mehreren jüdischen Familien Geleitbriefe ausgestellt, für die sie der städtischen Obrigkeit zum Teil beträchtliche Summen entrichten mußten. So bezahlte Seligmann Gans, der Ende der 1570er Jahre aus Lippstadt nach Minden gekommen war, dem Mindener Rat für die Geleiterteilung 1.000 Taler.[16]

14 Die Zahlen nach Altmann, Bertold: Die Juden im ehemaligen Hochstift Paderborn zur Zeit des 17. und 18. Jahrhunderts, Phil. Diss. Freiburg/Br. 1923, S. 4ff.; Kraft, Hildegard: Die rechtliche, wirtschaftliche und soziale Stellung der Juden im Hochstift Paderborn, Westfälische Zeitschrift 94/2, 1938, S. 101-204, hier S. 112f.; zur Judenpolitik der Paderborner Fürstbischöfe im 17. Jahrhundert vgl. auch Herzig, Arno: Berührungspunkte und Konfliktzonen von jüdischer Minderheit und christlicher Gesellschaft im 18. Jahrhundert am Beispiel der beiden westfälischen Kleinstaaten Paderborn und Limburg, in: Gedenkschrift für Bernhard Brilling, hg. von Peter Freimark u. Helmut Richtering, Hamburg 1988, S. 150-189, hier S. 151 f.
15 Vgl. Jörg Deventer (wie Anm. 7), S. 56 ff. u. 85ff.
16 Vgl. Linnemeier, Bernd-Wilhelm: „Waßgestalt meine Eltern und Voreltern alhie in dieser loblichen Stadt Minden ihre Wohnung gehabt ...“ Die jüdische Familie Gans aus Lippstadt und Minden und ihr verwandtschaftlicher Umkreis vom 16. bis zum ausgehenden 18. Jahrhundert, Beiträge zur westfälischen Familienforschung 53/1995, S. 323-341, hier S. 324ff.

Im Gegensatz zu den geistlichen Territorien brach in einigen weltlichen Gebieten Westfalens die Siedlungskontinuität durch Ausweisungen erneut ab. In der zur Grafschaft Mark gehörenden Stadt Soest kündigte der Rat im Jahre 1564 den beiden Juden Nathan und Bernd das Geleit auf und sie mußten die Stadt verlassen. Erst kurz vor Ende des Dreißigjährigen Krieges gewährte die städtische Obrigkeit Juden dann erneut das Wohnrecht.[17] Nach ihrer Wiederaufnahme im Jahre 1543 wurden die Juden im Jahre 1596 erneut aus der Reichsstadt Dortmund vertrieben und erhielten hier bis ins 19. Jahrhundert hinein kein Wohnrecht mehr.[18] Schließlich gab im Jahre 1614 Graf Simon VII. von Lippe-Detmold der Forderung der Landstände nach der Vertreibung der Juden nach, und rund 30 jüdische Familien mußten das Land verlassen. Drei Jahrzehnte später wurde das Wohnrecht wieder gewährt, woraufhin die Zahl der Juden seit dem ausgehenden 17. Jahrhundert bedeutend zunahm. Im Jahre 1767 lebten in der Grafschaft schließlich 142 Schutzjuden.[19]

Die politisch-rechtlichen, wirtschaftlichen und sozialen Rahmenbedingungen und den jeweiligen Entfaltungsspielraum der landesherrlichen Schutzjuden steckten in den einzelnen Territorien seit der Mitte des 17. Jahrhunderts zunächst die sogenannten Generalgeleite ab (seit 1649 in Paderborn, 1650 Lippe, 1651 Münster, 1661 Kleve-Mark), mit denen die namentlich aufgeführten Mitglieder der Judenschaft das Wohnrecht im Territorium erhielten, und die Bestimmungen über die Wirtschaftstätigkeit und die Ausübung des Kultus enthielten. Ausgestellt für die Dauer von zehn Jahren mußten sie nach ihrem Ablauf – wie auch bei jedem Regierungswechsel – erneuert werden, wofür die Judenschaften dem Landesherren eine beträchtliche Renovationsgebühr und jedes Jahr einen Tribut entrichten mußten. Überdies wurden in diesen Generalgeleiten minutiös alle weiteren Steuern und Abgaben aufgelistet, die die Juden an ihre geldhungrigen Territorialherren abführen mußten.[20] An die Stelle der Generalgeleite traten später die Judenordnungen (Minden 1621, Münster 1662, Corvey 1678, Paderborn 1719/20), die insofern ein höheres Maß an Rechtssicherheit bedeuteten, als daß sich die Juden nun bei Angriffen und Konflikten unter Berufung auf die Schutzverpflichtung ihres Territorialherrn an diesen direkt oder an die landesherrlichen Gerichte wenden konnten.

Die Regelungs- und Ordnungsbestrebungen der Landesherren im 17. und 18. Jahrhundert brachten für die Juden jedoch auch neue Einschränkungen mit sich. Getragen von der Angst vor einer Bekehrung der Christen durch die Juden, versuchten die Bestimmungen der Judenordnungen soziale Kontakte im Alltag zu unterbinden. So befahl die Münsteraner Ordnung den Juden, „mit keinen Christen zugleich in einem hauße [zu] wohnen noch darvon saugammen oder gesinde bey sich zu haben".[21] Desweiteren enthielten die Judenordnungen zahlreiche Beschränkungen im wirtschaftlichen Sektor. Sie zielten darauf ab, die ökonomischen Interessen der christlichen Bevölkerung und die Monopolstellung der städtischen Gilden und Kaufleute, die aus Konkurrenzneid ständig über die Juden und deren Handelspraktiken klagten, zu schützen. Da jedoch die Landesfürsten von der Wirtschaftstätigkeit der Juden im Lande finanziell gehörig profitierten,

17 Vgl. Rotraud Ries (wie Anm. 8), S. 555ff.
18 Vgl. Diethard Aschoff (wie Anm. 5), S. 89.
19 Vgl. Guenter, Michael: Die Juden in Lippe von 1648 bis zur Emanzipation 1858, Detmold 1973, S. 12 ff.
20 Vgl. Behr, Hans-Joachim: Judenschaft, Landstände und Fürsten in den geistlichen Staaten Westfalens im 18. Jahrhundert, in: Gedenkschrift für Bernhard Brilling, hg. von Peter Freimark u. Helmut Richtering, Hamburg 1988, S. 121-135, hier S. 121ff.
21 Abdruck der Judenordnung bei Diethard Aschoff (wie Anm. 11), S. 181-184; das Zitat: S. 182.

Spottblatt auf jüdische Kaufleute,
zwei Händler auf dem Jahrmarkt,
Lithographie, aus: Düsseldorfer
Monatshefte, Bd. 9, Nr. 17, 1855.
Westfälisches Landesmuseum für
Kunst und Kulturgeschichte Münster

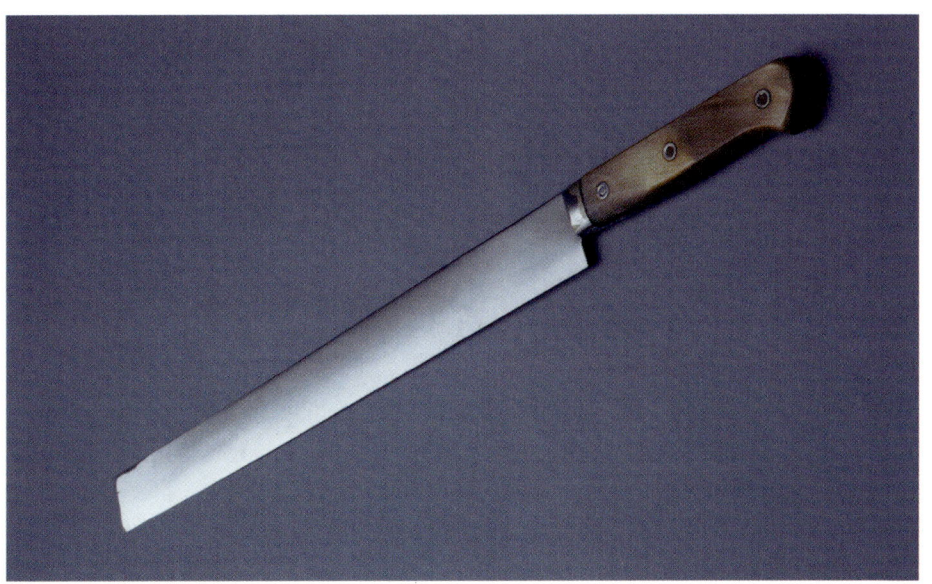

Schächtmesser,
Anfang des 20. Jahrhunderts,
Edelstahl, Griff: Elfenbein,
Hellweg-Museum Unna

Medaille „Der Kornjude",
1694, Schlesien, Ø 3,6 cm, Silberguß,
Jüdisches Museum Westfalen in Dorsten

wurde diese Politik kaum konsequent verfolgt, so daß sich den Juden im Wirtschaftsleben durchaus Freiräume eröffneten, die sie erfolgreich zu nutzen verstanden.

Konzentrierte sich die wirtschaftliche Tätigkeit der Juden zunächst auf die Vergabe von Kleinkrediten und den Pfandhandel, wandten sie sich im Laufe des Dreißigjährigen Krieges verstärkt dem Warenhandel zu. Sie trieben Handel u.a. mit Eisenwaren und Metallen, Nahrungs- und Genußmitteln wie Tabak, Wein und Branntwein, mit Öl, Malz, Holz, Stoffen und Kleidung. Als Mittler zwischen Stadt und Land handelten sie des weiteren in bedeutendem Umfang mit Getreide, Pferden, Vieh und Fleisch. Jüdische Metzger versorgten ihre Glaubensgenossen unter Beachtung des religiösen Gebots des Schächtens mit koscherem Fleisch, an die christliche Bevölkerung verkauften sie das rituell verbotene Fleisch.[22] Von Dorf zu Dorf und von Stadt zu Stadt ziehend, verkauften sie als Klein- und Hausierhändler auch Kram- und Kurzwaren. Die kleine Gruppe der Hofjuden, die seit dem frühen 17. Jahrhundert als Kreditvermittler und Hoflieferanten im Dienst westfälischer Territorialherren stand, handelte mit Edelmetallen, mit Luxuswaren wie Schmuck, Silberwaren und Porzellan und belieferte die Landesfürsten mit Gütern des täglichen Bedarfs wie Tabak, Wein, Fisch und Fleisch.[23]

Wie in weiten Teilen Deutschlands siedelten auch die Juden in den westfälischen Kleinstaaten im 17. und 18. Jahrhundert überwiegend stark zerstreut, in Dörfern und Flecken auf dem Lande oder in Klein- und Landstädten. Hier wohnten sie in unmittelbarer Nachbarschaft der christlichen Bevölkerung in kleinen Gemeinschaften, die mehrheitlich aus nur etwa zwei bis sieben Familien bestanden. Größere jüdische Gemeinschaften mit 10 (Höxter, Paderborn) oder 15 Familien (Warburg) bilden in Westfalen vom Ende des Dreißigjährigen Krieges bis zur Mitte des 18. Jahrhunderts die Ausnahme.[24] Angesichts der geringen Zahl und fehlender finanzieller Mittel bestanden nur an wenigen westfälischen Orten funktionstüchtige jüdische Gemeinden, die über die notwendigsten Einrichtungen und Institutionen – Synagoge, Ritualbad, Friedhof – für die Erfüllung des jüdischen Gesetzes und die Ausübung des religiös-sozialen Brauchtums verfügten. So wurde an den meisten Orten der Gottesdienst nicht in Synagogen, sondern in kleinen Beträumen abgehalten, die sich in den Wohnungen oder Häusern von Privatleuten befanden. Da gemäß des Religionsgesetzes die Abhaltung eines Gottesdienstes die Anwesenheit von zehn männlichen Betern im Alter von mindestens 13 Jahren erfordert, konnte vielerorts der „minjan" ohnehin nur mit Hilfe von durchreisenden oder in benachbarten Orten diesseits oder jenseits der Landesgrenzen wohnender Juden gebildet werden. Überdies unterhielten Juden aus mehreren Dörfern und Ortschaften gemeinsam einen Begräbnisplatz für die Bestattung ihrer Toten.

Seit Mitte des 17. Jahrhunderts gelang es dann allerdings durch den Aufbau autonomer Organisationsformen auf der Ebene des Territoriums, das gemeindliche und religiöse Leben zu festigen. Mit Zustimmung der Landesherren, die sich bis ins frühe 18. Jahrhundert hinein um die jüdischen Interna wenig kümmerten, gleichzeitig aber an einer effektiven Besteuerung der Juden interessiert waren,

22 Vgl. Faassen, Dina van: Vom Schächten und Schlachten. Die Entwicklung der jüdischen Metzgerei in Lippe, Lippische Mitteilungen 63/1994, S. 85-129.
23 Vgl. Herzig, Arno: Jüdische Geschichte in Deutschland, München 1997, S. 106ff. u. 114ff.; Schnee, Heinrich: Stellung und Bedeutung der Hoffinanziers in Westfalen, Westfalen 34/1956, S. 176-189.
24 Vgl. Jörg Deventer (wie Anm. 7), S. 67; Bertold Altmann (wie Anm. 14), S. 182.

schlossen sich die übers Land verstreut wohnenden Juden eines Herrschaftsgebiets in sogenannten Landjudenschaften zusammen, die einen großen Teil der Funktionen übernahmen, die früher die Lokalgemeinde erfüllt hatte. Alle drei Jahre versammelten sich auf den Landtagen alle Familienoberhäupter, um über alle die Judenschaft betreffenden Angelegenheiten zu beraten. Im Mittelpunkt der Zusammenkünfte stand zunächst die Taxierung des Vermögens jedes Einzelnen, auf dessen Grundlage dann die Aufteilung der an den Landesherren zu entrichtenden Schutzgelder vorgenommen wurde. Darüber hinaus wählte der Landtag die Beamten (Landschreiber oder -sekretär, Landbote), Vermögensschätzer, Almosenverwalter und Steuerkollektoren. Die führende Rolle nahmen in den Landjudenschaften die „Vorsteher" und an ihrer Spitze der „Obervorsteher" (auch „Vorgänger" oder „Befehlshaber" genannt) ein. Vom Landesherren ernannt, mußten sich die Obervorsteher gegenüber dem Fürsten verpflichten, für die pünktliche und vollständige Entrichtung der Schutzgelder sowie aller Steuern und Sonderabgaben Sorge zu tragen. Zu ihrem Aufgabenbereich gehörte es weiterhin, ihren Glaubensgenossen landesherrliche Verordnungen bekannt zu machen. Darüber hinaus erließen sie aber auch selbst das wirtschaftliche und soziale Leben berührende Befehle und Gebote, die allerdings von der landesherrlichen Regierung bestätigt werden mußten.[25] Das mitunter anmaßende und kompromißlose Auftreten der Vorsteher gegenüber zahlungsunwilligen oder zahlungsschwachen Glaubensgenossen führte hin und wieder zu heftigen internen Konflikten, die vor allem in Zeiten eines erhöhten Steuerdrucks und der daraus folgenden wachsenden Verarmung innerhalb der Judenschaft offen zum Ausbruch kamen. Derlei interne Streitigkeiten ereigneten sich in den westfälischen Territorien besonders häufig nach dem Siebenjährigen Krieg, als die verschuldeten Territorialherren von den Juden deutlich höhere Tributgelder und Abgaben forderten und die Judenschaften Geld aufnehmen mußten, um die Steuern bezahlen zu können. In diesen Zeiten öffnete sich die Schere zwischen Arm und Reich innerhalb der Judenschaften immer weiter, und die wachsenden sozialen Gegensätze begannen das jahrhundertelang geltende Prinzip der solidarischen Haftung zu untergraben. Während die Vermögenderen immer weniger bereit waren, die zusätzlichen finanziellen Lasten für ihre unbemittelten Glaubensgenossen mit zu übernehmen, beschwerten sich die verarmten Mitglieder der Judenschaft über die steuerliche Begünstigung der Reicheren, die bei der Steuerveranlagung nur einen Teil ihres realen Vermögens anzeigen mußten.[26]

Neben den korporativen Vereinigungen auf Landesebene waren die in den westfälischen Territorien ansässigen Juden über ein Beziehungsnetz in Form von familiären, verwandtschaftlichen und organisatorischen Verbindungen eng miteinander und untereinander verknüpft. Letzteres zeigt sich vor allem in Gestalt der Landesrabbiner. Ausgebildet an Talmudhochschulen, übten sie als religiöse Führer der Judenschaft und Vorsitzende des jüdischen Gerichts bei innerjüdischen Streitigkeiten und Klagen die Jurisdiktion aus und beaufsichtigten die Einhaltung des Religionsgesetzes.[27] Da es den Judenschaften für die Anstellung und Besoldung eines eigenen Rabbiners an den nötigen Mitteln fehlte, übten die-

25 Die Landjudenschaften in Deutschland als Organe jüdischer Selbstverwaltung von der frühen Neuzeit bis ins neunzehnte Jahrhundert. Eine Quellensammlung, hg. von Daniel J. Cohen, Bd. 1, Jerusalem 1996, S. xiii-xx.
26 Vgl. Jörg Deventer (wie Anm. 7), S. 178ff.; Arno Herzig (wie Anm. 14), S. 162ff.
27 Vgl. Deutsch-jüdische Geschichte in der Neuzeit (wie Anm. 1), S. 195ff.

Jüdischer Viehhändler, Kupferstich, 1811

se die Jurisdiktion in mehreren Ländern gleichzeitig aus. So fungierte seit 1650 der Hildesheimer Rabbiner Samuel Hameln als Landesrabbiner sowohl im Fürstentum Minden als auch in der Grafschaft Ravensberg und im entfernten Halberstadt. Die Judenschaft im Fürstbistum Münster unterstand seit 1683 der Gerichtsbarkeit des Landesrabbiners im Erzstift Köln. Schließlich übte der in Warburg ansässige Landesrabbiner des Hochstifts Paderborn die Jurisdiktion dort seit 1674 und seit 1681 auch in der Fürstabtei Corvey und in der Grafschaft Lippe aus.[28]

Durch den Aufbau autonomer Organisationsformen in Gestalt der Landjudenschaften gelang es den in der Frühen Neuzeit zerstreut in zahllosen Dörfern und Kleinstädten und meistenteils in kleinen Gemeinschaften lebenden Juden Westfalens, trotz aller Schwierigkeiten an den überlieferten Formen religiösen und gemeindlichen Lebens festzuhalten. Im Rahmen der napoleonischen Emanzipationsgesetzgebung, die den westfälischen Juden im Jahre 1808 die zeitweilige politische und rechtliche Gleichstellung brachte, wurden die Landjudenschaften abgeschafft.[29] Dieser gesetzgeberische Akt bildet in der Geschichte der Juden Westfalens nicht nur den Ausgangspunkt eines langwierigen Emanzipationsprozesses, der im Jahre 1869/70 mit der vollen rechtlichen Gleichstellung der Juden zum Abschluß kam, sondern auch den Beginn für die Neubestimmung jüdischer Existenz und Identität in einer modernen bürgerlichen Gesellschaft.

28 Vgl. Deventer, Jörg: Organisationsformen der Juden in einem nordwestdeutschen Duodezfürstentum der Frühen Neuzeit, in: Jüdische Gemeinden und Organisationsformen von der Antike bis zur Gegenwart, hg. von Robert Jütte u. Abraham P. Kustermann, Wien/Köln/Weimar 1996, S. 151-172, hier S. 168ff.; Hildesheimer, Esriel: Die Rabbiner Halberstadts (Juden in Halberstadt, Bd. 4), Halberstadt 1993, S. 6.
29 Vgl. Herzig, Arno: Judentum und Emanzipation in Westfalen, Münster 1973.

Annette Weber

Jüdische Kultgegenstände aus westfälischen Gemeinden des 18. und 19. Jahrhunderts

Abb. 1: Bessamimbüchse, 18. Jh., versilbertes Messing, ehemals in der Synagoge verwendet, Museum für Kunst und Kulturgeschichte Dortmund

„Vier Haushaltungen, blos mit Handel, nicht verpfändet. Zu starkem Wucher fehlt's hier an Gelegenheit." So antwortete der Bürgermeister von Nümbrecht im ostbergischen Land 1809 auf die Anfrage der napoleonischen Behörden, wie es denn mit den Juden in seinem Orte wirtschaftlich und sozial bestellt sei.[1] Ähnlich bescheiden dürfte die Situation vieler jüdischer Familien in Westfalen zu Anfang des 19. Jahrhunderts gewesen sein. Die meisten Juden Westfalens lebten damals in kleinen Gruppen weitverstreut in Dörfern und Kleinstädten. Selten erreichte ihre Anzahl mehr als 10 Familien in einem Ort.[2]

Wie konnte also in solch kleinen Gemeinschaften überhaupt religiöses Leben stattfinden, zumal wenn bei vielen Zeremonien die Präsenz von mindestens zehn erwachsenen männlichen Gemeindemitgliedern vorgeschrieben war? Am Schabbat konnte nur dann aus der Torarolle vorgetragen werden, wenn diese Zahl erreicht war, ebenso konnten nur dann eine Beschneidung des männlichen Säuglings und die Aufnahme eines 13jährigen Jungen in die Gemeinschaft, die Bar Mitzwa, erfolgen. Wie konnten außerdem so kleine Gemeinden eine Synagoge unterhalten und einen Rabbiner bezahlen, der die Hochzeitsverträge unterschrieb und die Einhaltung der Speisegesetze, der Kaschrut überwachte? Das bedeutet, daß nach den Maßstäben einer traditionsorientierten jüdischen Gesetzesfrömmigkeit die zahlenmäßig so kleinen Familienverbände, wie sie seit Ende des 17. Jahrhunderts in vielen Landgemeinden Westfalens belegt sind, eigentlich kaum eine Chance hatten, ihre jüdische Identität zu bewahren. Dennoch hat es das Landjudentum Westfalens bis zur Schoa gegeben, und jahrhundertelang hat es diese Landschaft wirtschaftlich und sozial mitgeprägt.

Die trotz aller Widerstände über Jahrhunderte bewahrte religiöse Identität des westfälischen Landjudentums konnte also nicht auf einer institutionalisierten Religionsausübung beruhen, weil die strukturellen Voraussetzungen dafür fehlten. Ebensowenig waren Zusammenhalt und Kontinuität allein dadurch gewährleistet, daß jüdischen Familien auf dem Dorf, auch wenn man mit ihnen ein gutes, nachbarliches Verhältnis pflegte, von christlicher Seite immer wieder die Außenseiterrolle zugewiesen wurde. Vielmehr wurden viele Landjudenfamilien von einer tiefen Frömmigkeit getragen, die auf einem stark ritualisierten Traditionsbewußtsein basierte und das gesamte Leben umschloß. Der Rhythmus der Woche wurde unabänderlich durch den Schabbat als dem gesetzlichen Ruhetag bestimmt. Die Feiertage Pessach, Wochenfest (Schawuot), Neujahr (Rosch Haschana) und Versöhnungstag (Jom Kippur) sowie das Lichterfest (Chanukka)

1 Pracht, Elfie: Jüdisches Kulturerbe in Nordrhein-Westfalen, Teil 1: Regierungsbezirk Köln, Köln 1997, S. 457.
2 Vgl. Dartmann, Anna: Die soziale und kulturelle Entwicklung der jüdischen Gemeinde in Hamm 1327-1943. Tatsachen und Berichte (Schriftenreihe der Stadt Hamm, Nr. 24), Hamm o.J., S. 16. – 1766 sind in Hamm sieben Schutzjuden registriert.

und Purim gliederten den Jahreslauf. Im Unterschied zur stark institutionalisierten Religionspraxis der christlichen Kirche bildete die gemeinschaftliche Ausübung der Riten in der Synagoge und im Haus die Lebensgrundlage der jüdischen Gemeinden vor der Emanzipation. Nicht nur die gemeinsame Lesung der Tora in der Synagoge war wichtig, sondern ebenso, daß der Schabbat als ein geheiligter Tag mit absolutem Arbeitsverbot begangen und durch besondere Zeremonien zu Hause eingeleitet und abgeschlossen wurde. Am Freitagabend eröffneten ihn die Hausfrau und der Hausherr gemeinsam durch die Zeremonie des Lichteranzündens und den Segen über Wein und Brot und ließen ihn am darauffolgenden Samstagabend mit einer Abschiedszeremonie ausklingen, bei der eine geflochtene Kerze entzündet und eine Büchse mit wohlriechenden Gewürzen herumgereicht wurde. Deshalb besaß früher wirklich *jede* Landjudenfamilie die dafür notwendigen Gerätschaften wie Leuchter, Weinbecher und Gewürzbüchse, die auch nur dazu verwendet wurden. Da die meisten Familien nicht reich genug waren, um sich diese Gerätschaften aus Silber zu leisten, geschweige denn sie extra anfertigen zu lassen, griff man auf vorhandene Objekte aus bescheidenen Materialien wie Zinn oder Messing zurück. Während ein Becher einfach zu beschaffen war, funktionierte man immer wieder Zuckerstreuer oder Salzfässer zu Gewürzbüchsen um, da ihre feinen Öffnungen den Gewürzduft austreten lassen, ohne daß die Gewürze selbst verschüttet werden. Eine solche Gewürzbüchse aus einem Zuckerstreuer aus versilbertem Messing hat sich im Museum für Kunst und Kulturgeschichte Dortmund erhalten. (Abb. 1)

Zu einem richtigen Schabbat auf dem Land gehörte auch das besonders reichliche Essen, das an diesem Tag, und oft nur an diesem Tag der Woche, „fleischig" war, d.h. Fleisch enthielt. Am Freitagabend gehörten zur festlichen Mahlzeit zwei geflochtene Brote mit Mohn, Berches oder Challe genannt. Am Samstagmittag nach der Synagoge gab es in allen Haushalten des deutschen Landjudentums unweigerlich den von Heinrich Heine besungenen „schönen Götterfunken", den Schalet, einen Eintopf, der schon am Freitag in den heißen Dorfbackofen gestellt worden war und bis zur Mittagszeit am darauffolgenden Tag gegart hatte. In allen Gegenden, in denen Juden Viehhandel betrieben und selbst schlachteten, also auch in Westfalen, gehörten daher „Supp', Gemüs' und Fleisch" zu den notwendigen Bestandteilen eines „echten" Schabbat. Und wenn man dann noch nicht satt war, gab es 'Kugel', meist ein Auflauf mit Obst, der manchmal aber auch nur, vor allem wenn die Familien arm waren – und das waren viele –, aus Kartoffeln und Hühnerfett bestand, und dann alles andere ersetzen mußte. Im 19. Jahrhundert gehörte wie überall in Deutschland am Wochenfeiertag Kaffee und Kuchen zum festen Ritual am Nachmittag, wohingegen die Abendmahlzeit aus den Resten des reichlichen Mittagessens bestand.[3]

Dieses kulinarische „Schabbat-Jahresprogramm" bestimmte das Bewußtsein einer eigenen religiösen Identität mindestens ebenso intensiv wie die häuslichen Zeremonien und der Synagogenritus. Genauso wichtig war es aber auch, daß dieser festgelegte Speiseplan aus religiösen Gründen zu bestimmten Feiertagen seine Abweichungen erfuhr, wobei Pessach die deutlichste Zäsur darstellte. Nicht von

3   Die Auskünfte über die Schabbatmahlzeiten verdanke ich Abraham Frank, der aus einer Landjudengemeinde bei Limburg stammt, dort noch seine Jugend verbracht hat, und dessen Familie jahrhundertelang auf dem Land ansässig war.

ungefähr spielen in den Erinnerungen der christlichen Landbevölkerung an ihre jüdischen Nachbarn die Mazzen, die ungesäuerten Brote, eine herausragende Rolle. Sie dienen geradezu als Metapher, wenn es darum geht, das Anderssein der Nachbarn zu definieren und gleichzeitig die gute Nachbarschaft zu dokumentieren, denn angeblich waren die Mazzen die Lieblingsspeise der gesamten Dorfjugend, gleich ob christlich oder jüdisch.[4] Die Erinnerung an die Mazzen als die besondere Speise der Juden mag aber auch noch durch einen anderen Umstand mitbedingt sein. Gerade das Mazzebacken war in den kleinen, nur aus wenigen Familien bestehenden jüdischen Gemeinschaften auf dem Dorf eine wichtige gemeinsame Angelegenheit: man buk sie zusammen. D.h. die Frauen kneteten den Teig und walzten ihn zu dünnen Teigfladen aus, während die Kinder mit einem eisernen Roller, dem Mazzerad oder einem Kratzer die Mazzen perforierten, um jegliches Säuern des Teiges zu vermeiden. Die dafür notwendigen besonderen Gerätschaften, die nur zu diesem Zweck benutzt werden durften, wie z.B. kupferne Backtröge oder die Rollhölzer zum Auswalzen des Teiges, wurden entweder bei einem Gemeindemitglied deponiert oder sogar in der Synagoge selbst aufbewahrt wie es z.B. in Siegburg der Fall war.[5] D.h. die Gemeinschaft erfuhr ihre religiöse Identität durch die gemeinsame Festvorbereitung besonders intensiv und das Ereignis wiederum spiegelte sich in der Erinnerung der christlichen Nachbarn, die dadurch diese Familien immer wieder als „anders" erfuhren, aber gleichzeitig daran teilhatten, indem sie die ungewohnte Speise kosten durften.

In diesem Zusammenhang scheint es deshalb nicht verwunderlich, wenn es besonders Pessachgerichte sind, an die sich die wenigen Überlebenden des Landjudentums, die zumeist ihre Gemeinde in jugendlichem Alter verlassen haben, noch erinnern können. Für den einen ist die Hühnersuppe mit den für Pessach typischen Mazzeklößchen zum Inbegriff der westfälisch-jüdischen Küche geworden,[6] für den anderen die gepökelte Rinderzunge zu Pessach, von der es immer nur hauchdünne Scheiben gab.[7] Der von den rituellen Speisegesetzen bestimmte Alltag und seine Traditionen erhielten jüdisches Bewußtsein auch fernab von rabbinischer Gelehrsamkeit lebendig.

Diese auf das Haus und die familiäre Gemeinschaft bezogenen Riten wurden über Jahrhunderte vor allem von den Frauen übermittelt, und es ist deshalb verständlich, daß in so vielen Berichten aus dem Landjudentum die von der Mutter vermittelte Frömmigkeit und die meist von der Großmutter ererbte Küche immer wieder dann genannt werden, wenn es darum geht, die eigene religiöse Identität anhand spezifischer Erlebnisse zu beschreiben. Die Rolle der Frau als der Vermittlerin der religiösen Traditionen wurde zu Schabbat besonders deutlich, denn der Hausfrau obliegt es, die Schabbatlichter zu entzünden und den Lichtersegen zu sprechen. Vom Mittelalter bis in das 19. Jahrhundert hinein gab es dafür in Deutschland eine spezielle Lampe in Sternform aus gegossener Bronze oder Messing mit 4-12 sternförmigen Tüllen und hohem, balusterähnlichem Schaft. (Abb. 3) Diese Lampe, von der 1984 in der westfälischen Gemeinde Höxter ein mittelalterliches Exemplar geborgen wurde[8], hing an einer Säge, so daß sie herauf- oder heruntergelassen werden konnte. Zu Schabbat ließ man sie herab, und dieser

4 Vgl. dazu Daxlmüller, Christoph. Jüdische Kultur in Franken, Würzburg 1988, S. 21.
5 Vgl. Pracht, Elfie: Jüdisches Kulturerbe, a.a.O., S. 557.
6 Vgl. Arie, Walter/Sternheim, Goral: Porta Westfalica Judaica, in: Juden in Lemgo und Lippe, hg. vom Forum Lemgo (Schriften zur Stadtgeschichte, Bd. 3), Bielefeld 1988, S. 199.
7 Beim Handel mit Schlachtvieh fiel Rinderzunge immer wieder an, sie war aber früher so begehrt, daß Juden sie wie eine Geldleistung der Schutzherrschaft abliefern mußten. Daher gab es Rinderzunge nur zu besonderen Festtagen wie eben Pessach.
8 Das Lampenfragment, Stern mit vier Dochtschnauzen und Tropfschale wurde in einem Abortschacht im Areal der mittelalterlichen Judensiedlung von Höxter gefunden, dessen Verfüllung aus der zweiten Hälfte des 16. und ersten Hälfte des 17. Jh. stammt (Angaben von Andreas König, Stadtarchäologie Höxter).

Abb. 2: Schabbatlampe, 18. Jh., Messing,
Mindener Museum für Geschichte,
Landes- und Volkskunde

Abb. 3: Fragmente einer Schabbatlampe
aus Höxter, um 1600, Kupferlegierung

Vorgang wurde sprichwörtlich für die Bedeutung des Tages: Lamp herunter, Sorg' hinauf, d.h. alle Sorgen waren zu Schabbat aufgehoben. Als sich ab der Mitte des 19. Jahrhunderts auch im Landjudentum die Verwendung von zwei einzelnen Kerzen in Standleuchtern zu Schabbat durchsetzte, wurden die alten Sternleuchten in sehr vielen Familien als Symbol der eigenen Tradition weiterhin sorgsam bewahrt. Manchmal sind solche schweren Schabbatlampen aus Messing das einzige übriggebliebene Objekt von während der nationalsozialistischen Gewaltherrschaft deportierten und ermordeten Familien.

Damit waren nicht nur die häuslichen Zeremonien und ihre Atmosphäre wesentliche Träger des religiösen Selbstverständnisses, sondern ebenso das dazu verwendete besondere Gerät. Für jeden Feiertag, ja jede Mahlzeit gab es, je nachdem ob sie „fleischig" oder „milchig" war, besonderes Geschirr. Der Schabbat wurde gewissermaßen schon durch den festlich gedeckten Tisch und seine Kultgegenstände präsentiert. Zentrales Objekt neben den Leuchtern war der Becher für den Weinsegen (Kiddusch). Der Eindruck der festlich gedeckten Tafel als ein atmosphärisches Sinnbild für den Festtag trifft auch auf Pessach zu, das Fest, das mit einer Mahlzeit eingeleitet wird, die an das letzte Mahl der Israeliten vor dem Auszug aus Ägypten erinnert. Typisch für diese Mahlzeit sind die symbolischen Speisen wie Bitterkraut, das Mus Charoset und der geröstete Lammknochen. Sie werden auf einem besonderen Teller präsentiert. Im 18. Jahrhundert hatten viele Landjudenfamilien dafür einen besonderen Zinnteller, dessen gravierte hebräische Beschriftung den Ablauf dieser feierlichen Mahlzeit stichpunktartig festhält. (Abb.) Mit zu diesem Teller gehörte wiederum die Verwendung besonderen Geschirrs, das nur für diese Periode des Mazzot-Essens bestimmt war und nicht für andere Speisen verwendet wurde. Damit war die jüdische Hausfrau gerade in denjenigen Regionen und zu solchen Zeiten, in denen der gemeinschaftliche Gottesdienst und das religiöse Studium nicht intensiv betrieben werden konnten, im besonderen Maß für die Aufrechterhaltung religiösen Lebens zuständig und es scheint, daß die auf die Praxis und den Alltag ausgerichtete Frömmigkeit der Frauen ein wesentlicher Faktor bei der Bewahrung jüdischer Identität auf dem Land war.

Den Männern waren traditionell die Riten in der Synagoge vorbehalten, deren korrekte Ausführung jedoch oft genug an der fehlenden notwendigen Anzahl der männlichen Mitglieder scheiterte, bzw. man war auf die Anwesenheit von durchreisenden Wander- oder Handelsjuden angewiesen. Zum gemeinsamen Gottesdienst versammelten sich daher oft Familien aus mehreren Dörfern an einem zentralen Ort. So hatte längst nicht jedes Dorf, in dem Juden lebten, eine Synagoge. In der Regel war dies vor der Emanzipation auch kein eigener Bau, sondern den bescheidenen wirtschaftlichen Möglichkeiten des westfälischen Landjudentums entsprechend, bestanden die Dorfsynagogen entweder aus einem schlichten Raum innerhalb eines Wohnhauses oder einem Anbau oder auch nur aus einer umgebauten Scheune.[9] Nur in den größeren westfälischen Gemeinden wie Warburg gab es bereits im 18. Jahrhundert extra errichtete Synagogengebäude.[10] Erst als die Landjudengemeinden Westfalens in der 2. Hälfte des 19. Jahrhunderts einen gewissen Wohlstand erreicht hatten, kam es in den 1860er Jahren vor allem in den Kleinstädten zu zahlreichen Synagogen-Neubauten. Das traditionelle Einrichtungsschema einer solchen Landsynagoge bestand aus einer schreinähnlichen leicht erhöht stehenden Lade für die Torarollen an der Ostwand und einem großen Lesepult in der Raummitte, das von einzelnen Gebetpulten bzw. Bänken umgeben war. Für die Frauen gab es entweder eine Empore oder eine eigene Frauenabteilung in einem angrenzenden Nebenraum. Solche Synagogen wurden selten während der Woche genutzt, es sei denn, um eine Beschneidung oder eine Hochzeit durchzuführen. In der Regel traf man sich hier am Schabbat und an Festtagen zur Toralesung, wozu im 19. Jahrhundert auch die gelegentliche Ansprache des Rabbiners gehörte. Die Synagoge war damit nicht nur religiöser Mittelpunkt für die verstreut auf den Dörfern lebenden jüdischen Familien, sondern ebenso Nachbarschaftstreffpunkt und Nachrichtenbörse – das manchmal so sehr, daß der Schabbatnachmittagsgottesdienst schlicht mit „der Schwätz" gleichgesetzt wurde.[11]

Den Gottesdienst leitete fast immer der Vorbeter, ein Gemeindemitglied, das die religiösen Melodien zum Vortrag aus der Torarolle beherrschte. Nicht selten war der Vorbeter der einzige Gemeindeangestellte, der zudem die Synagoge betreute, dafür sorgte, daß die Kinder hebräisch schreiben und lesen lernten, die rituellen Texte verfaßte und nebenbei außerdem noch schächtete (d.h. koscher schlachtete) und das Amt des Beschneiders (Mohel) versah.[12] Gerade in den kleinen westfälischen Landjudengemeinden kommt diese 'Ämterhäufung' oft vor, da man nicht nur auf durchreisende Rabbiner, Toraschreiber und Beschneider angewiesen sein wollte, die von der christlichen Obrigkeit nur sehr eingeschränkt

9 Vgl. Pracht, Elfie: Jüdisches Kulturerbe, a.a.O. über Synagogenbauten des 18. Jahrhunderts.
10 Vgl. Muhs, Rudolf: Zwischen Schutzherrschaft und Gleichberechtigung – Die Juden im Hochstift Paderborn um 1800 (Heimatkundliche Schriftenreihe, 16/1985), Paderborn, S. 20f.
11 Fritzler, Max: Erinnerungen an Anröchte und Wanne-Eickel, in: Meyer, Hans Ch.: Aus Geschichte und Leben der Juden in Westfalen, Frankfurt/M. 1962, S. 111.
12 Salomon Franck ist ein Beispiel für einen solchen Gemeindeangestellten, der zwischen 1824-1835 für die Gemeinde Linnich Toraschreiber, Schochet, Vorsänger und Mohel gewesen ist. Sein Mohelbuch, heute im Jüdischen Museum Frankfurt/M., ist abgebildet bei Pracht, Elfie: Jüdisches Kulturerbe, a.a.O., Abb. 74, S. 152.

geduldet wurden.[13] Auf dem Land haben daher solche Männer, die sowohl Kantor als auch Schochet und Mohel waren, immer wieder das Überleben des Judentums gesichert, indem sie drei grundlegende Notwendigkeiten der Gemeinschaftsexistenz garantierten: die wöchentliche Toralesung, die Beschneidung der männlichen Kinder und die rituelle Schlachtung.

Nicht zwingend erforderlich ist dagegen ein eigener Rabbiner für jede Gemeinde, da er nicht notwendig bei der Toralesung, dem eigentlichen Zweck des synagogalen Gottesdienstes, dabei sein muß. In Westfalen wählten die Gemeinden daher Landesrabbiner, die entweder in den größeren Gemeinden wie z.B. Höxter, Warburg und Paderborn amtierten, oder sogar mehrere Länder zugleich betreuten, wie z.B. der in Warburg ansässige Rabbiner des Hochstiftes Paderborn, der Ende des 17. Jahrhunderts auch die Judenschaft des Klosters Corvey und der Grafschaft Lippe mitbetreute.[14] Die Rabbiner waren für die Auslegung der religiösen Gesetze zuständig, entschieden bei internen Streitigkeiten, die Ritus und Kultus betrafen. Daher war ein solcher Landesrabbiner oft viel unterwegs und die Gemeinden bekamen ihn in der Regel nur an hohen Feiertagen und bei Hochzeiten zu sehen, wenn er den für die Eheschließung notwendigen Vertrag zwischen den Traupartnern unterschrieb, oder bei Todesfällen und religiösen Rechtsstreitigkeiten. Die religiöse Leitung der kleinen Gemeinden lag somit de facto in den Händen des Vorsängers, eines Mannes, der vor allem die praktische Seite des Gottesdienstes, das Lesen aus der Tora beherrschte, nicht aber unbedingt immer ihre geistig anspruchsvolle Auslegung und Deutung. War die religiöse Bildung des Vorsängers und der übrigen Gemeindemitglieder bescheiden, was im 18. und frühen 19. Jahrhundert durchaus vorkommen konnte, denn der Erwerb von religiöser Bildung erforderte zeitaufwendiges Studium womöglich an einer weit entfernten Hochschule wie etwa Fürth, dann drohte der Gottesdienst zu einem reinen Hersagen von Gebetsformeln und standardisierten Texten zu werden, die keiner mehr richtig verstand, was wiederum den Kern der Gemeindeidentität bedrohte. Einer solchen Erstarrung des Gottesdienstes wirkten im 18. Jahrhundert vor allem die prächtigen Zeremonien entgegen, die zur Lesung aus der Torarolle gehören. Wochentags werden die Rollen geschlossen und mit einem Mantel bedeckt in der Heiligen Lade aufbewahrt. Am Schabbat hebt man eine oder je nach Anlaß auch mehrere Rollen vor der Lesung mit ihrem ganzen Schmuck aus der Lade und trägt sie feierlich durch die Gemeinde, bevor man sie zum Pult zur Lesung bringt. Das Umtragen sowie das Aus- und Einkleiden der Rollen und das Lesen der Textabschnitte gelten als besondere Ehrungen, die an die einzelnen Gemeindemitglieder vergeben werden. Bei kleinen Landgemeinden mit geringen Mitgliederzahlen ergab es sich, daß dabei nahezu alle männlichen Gemeindemitglieder aufgerufen wurden und somit einen aktiven Part im Gemeindegottesdienst übernehmen mußten. Diese Ehrungen waren außerdem in der Regel mit einer Spendenverpflichtung des geehrten Mitglieds für die sozialen Institutionen der Gemeinschaft wie der Armen- und Hinterbliebenenfürsorge verbunden, so daß gerade in diesem zeremoniellen Teil des Ritus die Gemeinschaftsverpflichtung besonders deutlich zum Ausdruck kam.

13 Die Aufnahme fremder Juden auf der Durchreise war z.B. im Schutzbrief des Fürstentums Lippe Ende des 18. Jahrhunderts streng geregelt „Keinen fremden Juden bey 5 Gfl. Strafe aufnehmen und logieren, er habe denn der Obrigkeit des Orts, oder auf dem platten Lande dem Bauerrichter von der Ankunft, dem Zwecke und der Dauer seines Aufenthalts Nachricht gegeben. Diese Anzeige ist insbesondere auch in Absicht aller Knechte, Schulmeister, Vorsinger, Rabbiner und dergleichen judenschaftlichen Bedienten, welche von den einländischen Schutzjuden und Judengemeinden in Dienst genommen werden ... erforderlich ...", vgl. Dartmann, Anna: Die soziale und kulturelle Entwicklung, a.a.O., S. 9.
14 Vgl. Deventer, Jörg : Organisationsformen der Juden in einem nordwestdeutschen Duodezfürstentum der Frühen Neuzeit, in: Jüdische Gemeinden und Organisationsformen von der Antike bis zur Gegenwart, hg. von Robert Jütte/Abraham P. Kustermann, Wien, Köln, Weimar 1996, S. 168ff; Faassen, Dina van: Vom Schächten und Schlachten. Die Entwicklung der jüdischen Metzgerei in Lippe, Lippische Mitteilungen, Bd. 63/1994.

Abb. 6: Die Synagoge in Vreden wurde
1808 erbaut. Wegen der Brandgefahr für
die umliegenden Gebäude wurde sie während
des Novemberpogroms von 1938 nicht ange-
zündet. Sie wurde durch alliierte Bomben
zerstört und 1944 abgetragen. Modell der
Synagoge, Guido Leeck, Vreden.

Es galt darüber hinaus als eine besondere Ehre, der Heiligen Lade einen Vorhang oder der Torarolle einen Mantel bzw. Zierrat zu stiften. Dadurch besaßen
selbst die allerärmsten Landgemeinden Toraschmuck. Der Schmuck war nicht
immer kostbar, die meisten Gemeinden besaßen nur einige verschiedenfarbige
Toramäntel und Vorhänge meist aus Baumwolle[15], oft gab es nur einen Torazeiger, und selbst der war nur aus Messing.[16]

Wenn Silberschmuck vorhanden war, handelte es sich immer um die gleichen
Objekttypen, die auch heute noch verwendet werden. Der Schmuck einer Torarolle besteht aus einem Zeiger in Form einer weisenden Hand, der benutzt wird,
um den Text beim Lesen nicht zu berühren, einem Toraschild, das die Tage
angibt, an denen die Rolle benutzt werden soll, und silbernen Aufsätzen für die
beiden Stäbe, um welche die Rolle gewickelt ist oder sogar einer Krone. Im zusam-
mengerollten Zustand wurde die Rolle in deutschen Gemeinden früher durch
ca. 320-360 cm lange Bänder zusammengehalten, die aus den Beschneidungswin-
deln gefertigt und mit dem hebräischen Namen und dem Geburtsdatum des
jeweiligen Knaben bestickt waren. Dieser Schmuck, der mit Ausnahme des
Zeigers nicht unmittelbar für den Ritus benötigt wurde, hatte sich seit dem Spät-

15   Vgl. Pracht, Elfie: Jüdisches Kulturerbe, a.a.O.,
Inventar von Siegburg und Hennef-Geistigen.
16   Vgl. Gustav Lübcke-Museum, Hamm: Jad,
Messing, 16 cm lang, Inv.-Nr. 10799; ich danke der
Kustodin Frau Dr. Maria Perrefort für die Möglich-
keit, die Objekte in Hamm untersuchen zu können.

Abb. 7: Toraschild aus der ehemaligen jüdischen Gemeinde Hamm, Rankengitter von zwei gedrehten Säulen gerahmt, Laubkrone von Löwen gehalten, Gesetzestafel und Kästchen für die Namen der Feiertage von Bernsteinmuscheln eingefaßt, Stein- und Glasflußbesatz, Glöckchen und Kartuschen als Anhänger, hebr. Chronogramm (5)488 = 1768. Jüdische Kultusgemeinde Dortmund

mittelalter in den Synagogen des deutschsprachigen Judentums zu einem festen Brauch entwickelt.

Nur wenige Angehörige der Landjudengemeinden waren im 18. Jahrhundert in der Lage, einer Torarolle Silbergerät zu stiften. Oft waren die Stifter dieser Objekte die Gemeindevorsitzenden, die manchmal auch die Synagoge und den Rabbiner unterhielten wie z.B. Anschel Hertz aus Hamm, der zugleich Obervorsteher der Märkischen Judenschaft war und als solcher sein Amt uneigennützig und umsichtig ausübte.[17] Aus seiner Zeit als Vorsteher hat sich aus der Synagoge in Hamm nicht nur das Siegel der Märkischen Judenschaft erhalten[18], sondern auch ein Toraschild[19], das durch ein Chronogramm auf das Jahr 1768 datiert ist. (Abb. 7) Es besteht aus durchbrochenem silbernen Rankenwerk, das seitlich von zwei vergoldeten Säulen eingefaßt wird. Auf das Rankenwerk sind gefaßte Farbsteine und Glasflüsse aufgesetzt. Im Zentrum sitzt ein Dreipaß mit Muschelornamenten aus Bernstein, der das Kästchen mit der Angabe der Feiertage einfaßt. Darüber stehen die Gesetzestafeln. Den oberen Abschluß bilden zwei steigende Löwen, die eine Krone tragen. Das kleine Format des Toraschildes läßt vermuten, daß es für eine kleine Synagoge, eher eine Betstube gedacht war. Außerdem sollen aus der Synagoge aus Hamm in der Pogromnacht noch ein weiteres Toraschild und zwei Paar silberner Aufsätze geborgen worden sein, die nach

17 Vgl. Dartmann, Anna: Die soziale und kulturelle Entwicklung, a.a.O. S. 25, 43.
18 Gustav Lübcke-Museum, Hamm, Inv.-Nr. 3226.
19 Vgl. Brand, Mechthild: Die jüdische Gemeinde in Hamm, in: Der Märker 25/1976, H.1, S. 11.

Abb. 8: Torarolle mit Zubehör aus der
Synagoge der Jüdischen Kultusgemeinde
Dortmund

Abb. 9: Toraschild, 1775, aus der ehemaligen Synagoge Werl, Silber, Tremulierstich, Platte mit großem Ausschnitt für Plättchen mit Feiertagsnamen, unten Kartuschen mit Datum, originaler Glöckchenbesatz. Auf dem Ausschnittrahmen gravierte hebräische Inschrift (Psalm 19,8-10), auf der Platte Stifternamen, hebr.: Der hiesige Parnass, der ehrenwerte Lima(n) (Lehmann?) aus Leinen, Vorgeher hier in Werl, Kartusche: im Jahr (5)535 = 1775, Doppelmedaillon mit der Abkürzung KT, Keter Tora (Krone der Tora). Jüdische Kultusgemeinde Dortmund

dem Krieg der Kultusgemeinde Dortmund übergeben wurden.[20] Vielleicht handelt es sich hierbei um die zwei Paar kleiner Bügelkronen mit hohem Reif, die unmittelbar auf einem silbernen Schaft aufsitzen und stilistisch gleichfalls aus dem 18. Jahrhundert stammen. (Abb. 8)

Fast ebenso eindrucksvoll ist der silberne Toraschmuck der jüdischen Landgemeinde aus Werl. Die beiden silbernen Toraschilder zeigen ein reich getriebenes Rankenwerk, das ein rechteckiges Mittelfeld umgibt, in dem wiederum die Schildchen für die Feiertage sitzen. (Abb.) Das eine Schild mit geschweiftem Rankenwerk wurde der Gemeinde von ihren Vorstehern 1775 gestiftet. Das andere,

20 Vgl. Brand, Mechthild: Die jüdische Gemeinde in Hamm, a.a.O.

Abb. 10: Toraschild, 1807, aus der ehemaligen
Synagoge Werl, Silber, teilvergoldet,
Adlermarke – Dortmund (?), aus einem
Stück Silberblech getrieben, zentrale Platte,
umgeben von breiter durchbrochener
spätbarocker Blumenranke, Steinbesatz,
zwei nachträglich geschaffene Kartuschen
mit Stifterinschriften als Anhänger,
hebr. Inschrift auf der Platte:
Nathan, Sohn des Nachen,
hebr. Stifterinschrift auf den Anhängern:
Dies ist gewidmet der Synagoge Werl,
5. Adar (5)567 = 13.2.1807.
Jüdische Kultusgemeinde Dortmund

Abb. 11: Torazeiger aus der ehemaligen
Synagoge Werl, 18. Jh., Silber, Marke
verschlagen, hebr. Stifterinschrift:
Dies ist gewidmet von Moses, Sohn des
Simon Katz, zusammen mit seiner Frau
Serche, Tochter des Naphtali als Geschenk
zur Vollendung der Synagoge Werl
im Jahr (5)580 = 1820.
Jüdische Kultusgemeinde Dortmund

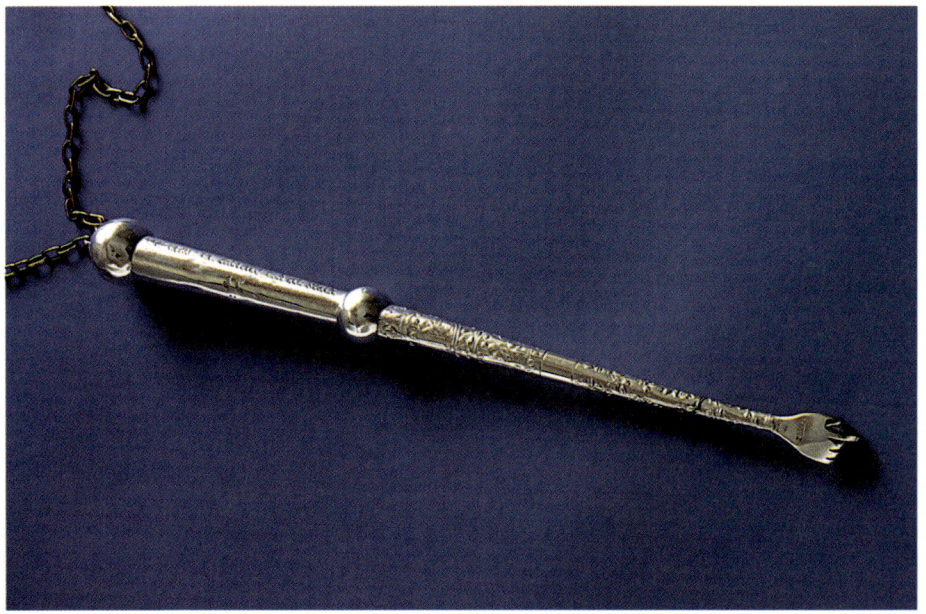

Abb. 12: Toravorhang aus der ehemaligen Synagoge Menden, 1785, Seide, Damast, versilberte und vergoldete Stickereien auf Samt und Seide, Seidenapplikationen, Inschrift: Dies ist ein Geschenk des großen und geachteten Leiters, und des Gemeindevorstehers, des hochgeschätzten David, lange möge er leben, und hochgeschätzten Frau, Hebe, lange möge sie leben – ein Gesang steigt auf zu David (545) hier ... in der heiligen Gemeinde Menden". Skirball Museum, Los Angeles, Kalifornien

noch in der ersten Hälfte des 18. Jahrhunderts vielleicht in Dortmund gearbeitete Toraschild mit vergoldetem Mittelfeld und durchbrochenem Rankenwerk wurde der Gemeinde 1807 gestiftet. (Abb. 10) Außerdem besaß die Gemeinde Werl einen silbernen Torazeiger, der 1790 gestiftet worden war. (Abb. 11)

Das prachtvollste Ausstattungsobjekt einer Synagoge waren im 18. Jahrhundert die Toravorhänge aus aufwendigen Seidenstoffen und goldgestickten Samtapplikationen, deren Stiftung sich nur die reichsten Mitglieder einer Landjudenschaft, meistens Vorsteher, die zugleich Hofagenten waren, leisten konnten. Ein herrliches Exemplar hat sich aus der Gemeinde Menden bei Dortmund erhalten, es befindet sich heute im Skirball Museum Los Angeles. (Abb. 12)[21] Laut Inschrift wurde der Vorhang aus Seidendamast mit Goldstickerei und Samtapplikation der Gemeinde Menden 1785 vom Landes- und Gemeindevorsteher David (Romberg) und seiner Frau Chewe (Evchen) gestiftet.

x21 Vgl. Hirschler, Gertrude (Hg.): Askenaz, The German Jewish Heritage, New York 1988, S. 238-239.

69

links: Abb. 13: Rassel, Ende 18. Jh., Silber, verziert mit Girlanden, Elfenbeinknauf, vermutlich
Spielzeug zur Ablenkung bei der Beschneidung.
Westfälisches Landesmuseum für Kunst
und Kulturgeschichte Münster

rechts: Abb. 14: Mohelbuch aus dem Besitz
des Landrabbiners Michael Meyer Breslauer,
Warendorf, 1731, Westfälisches Landesmuseum für Kunst und Kulturgeschichte
Münster

Diese Stiftungen lassen eine paternalistische Gemeindefürsorge durch wohlhabende Mitglieder erkennen. Sie geschahen andererseits auch nicht vollkommen
uneigennützig, sondern waren sowohl Ausdruck von Prestige als auch eine Geste
der Verbundenheit gegenüber der Gemeinde. Diese Geste konnte im 18. Jahrhundert sehr notwendig werden, da die Vorgeher von der christlichen Obrigkeit
verpflichtet wurden, die Schutzgelder und Steuern ihrer Gemeindemitglieder ein-
zutreiben. Das führte immer wieder zu Streitigkeiten, da nicht jeder Vorsteher seine Aufgabe uneigennützig durchführte, sondern die eingesammelten Gelder vor
der Ablieferung gewinnbringend „zwischennutzte". Die Fürsorge der wohlhabenden und gewissenhaften Vorsteher der Landjudenschaften ihren Gemeinden
gegenüber drückt sich jedoch nicht nur in materiellen Stiftungen für die Synagoge
aus, sondern auch darin, daß sie als Vorsteher die Verwaltung übernahmen, die
Synagoge unterhielten, und selbst religiöse Ämter wie das des Beschneiders
(Mohel) oder eines Rabbiners ausübten. Eindrückliche Beispiele sind der Hof-

faktor Moses Jacob aus Detmold[22], der Ende des 17. Jahrhunderts als Vizerabbiner für Lippe amtierte und die Mitglieder der bedeutenden westfälischen Hofffaktorenfamilie Breslau(er), wie der Mohel Michael Meyer und sein Nachkomme David Michel, die beide im 18. Jahrhundert als Landesrabbiner für das Stift Münster amtierten.[23] Von Michael Meyer Breslauer hat sich das Mohelbuch mit den Einträgen der Beschneidungen erhalten. Die Gebetstexte des Büchleins wurden 1731 in Altona geschrieben.[24] (Abb. 14)

Die rituellen Gegenstände einer Synagoge und ihre Stifterinschriften sind im 18. Jahrhundert dadurch, daß sie nicht nur zeremoniellen Pomp darstellen, sondern auch der Memoria einzelner herausragender Mitglieder und dem inneren Zusammenhalt jüdischer Gemeinschaften dienen, multifunktional zu verstehen. Dieses Phänomen dokumentiert eindrücklich ein Levitenbecken aus der Gemein-

Abb. 15: Levitenbecken, 1781, wird vor der Segnung der Gemeinde zur rituellen Händewaschung des *Kohanim* durch den *Leviten* genutzt, gravierte Darstellung: Rabbiner vor der Heiligen Lade, Kantor beim Schofarblasen in der Synagoge; hebr. Umschrift: Gemeinde Detmold (5)541=1781.
Lippisches Landesmuseum Detmold

de Detmold von 1781, das einmal jährlich zur rituellen Handwaschung vor der Zeremonie des Priestersegens verwendet wurde.[25] Dieser Segen wird der ganzen Gemeinde in der Synagoge zu den Hohen Feiertagen von Neujahr und Versöhnungstag durch die Nachkommen der Priesterfamilien, den Cohanim, erteilt. Die im Spiegel gravierte Szene des Tellers (Abb. 15) zeigt den Innenraum einer Synagoge, in der gerade die Torarollen ausgehoben worden sind. Der Rabbiner steht mit der Torarolle vor der Heiligen Lade, während der Kantor am Lesepult das zu den Hohen Feiertagen vorgeschriebene Widderhorn (Schofar) bläst. D.h. der Teller dient nicht nur der bereits in der Bibel festgelegten Zeremonie, bei der die ganze Gemeinde für das neue Jahr gesegnet wird, sondern stellt den Ritus auch dar. Somit dokumentiert die Darstellung die Kontinuität der biblischen Gebote und der Gemeinschaft, für die sie gelten.

In einer Synagoge des 18. Jahrhunderts kann daher Kultgerät von größerer Bedeutung sein als ihre bauliche Ausstattung. Das zeigt sich immer wieder in

22 Vgl. Rülf, Moritz: Geschichte der Juden in Lippe, in: Juden in Lemgo und Lippe (Forum Lemgo 3), Bielefeld 1988, S. 19.
23 Vgl. Brilling, Bernhard: Beiträge zur Biographie des letzten Landesrabbiners von Münster, Abraham Sutro 1784-1869, Udim III/1972, S. 32 zur Familie Breslau, S.48-49 zu David Michel Breslau.
24 Westfälisches Landesmuseum Münster, Inv.-Nr. JG 9=Msc.435.
25 ovales Zinnbecken, graviert, auf der Fahne die hebräische Inschrift Gemeinde Detmold '541 n(ach) der k(leinen) Z(ahl) = 1781, Lippisches Landesmuseum Detmold, Inv.Nr. 268/97.

einem erstaunlichen Kontrast, der zwischen aufwendig geschmückten Torarollen und dürftiger Einrichtung besteht. Die bescheidene Erscheinung vieler Landsynagogen vor der Emanzipation hängt sowohl mit der wirtschaftlichen und rechtlichen Situation der damaligen jüdischen Gemeinden zusammen als auch mit der besonderen religiösen Auffassung von der Bedeutung der Synagoge als Gebäude. Die einfache Ausstattung von Synagogen und ihre unauffällige Plazierung erklärt sich zum einen aus der tatsächlichen Armut, zum anderen aus den restriktiven Bauauflagen seitens der christlichen Obrigkeit, die eine Dorfsynagoge oft nur widerwillig duldeten, und zum dritten aus der Auffassung von der Synagoge als einem schlichten Versammlungsort zur Toralesung, die prinzipiell überall stattfinden konnte. Heilig war deshalb nicht das Gebäude, das gelegentlich auch als Schlafplatz für Wander- und Betteljuden diente, sondern nur die darin befindliche Torarolle. Sie war die Königin, die durch ihre Gesetze über die Gemeinde herrschte und deren Lebensgrundlage bildete. Die geschmückten Torarollen in den Landsynagogen dienten eben auch als visuelle Metaphern dem geistigen Zusammenhalt der Gemeinde.

Mit dem Einsetzen der Emanzipation im 19. Jahrhundert war dieses Lebensgefüge Veränderungen unterworfen. In Westfalen bildeten sich vor allem in den Kleinstädten wie Lemgo, Hamm und Werl liberale Gemeinschaften, die den Gottesdienst z.T. in deutsch abhielten und den Chorgesang durch das Harmonium unterstützten, so daß die Musik wesentlicher Ausdrucksträger des Gottes-

Abb. 17: Chanukkaleuchter aus Detmold, 1739, Silber, ovale Rückwand mit Cäsarenkopf, Stifterinschrift um den Kopf: Mosche, Sohn des Schmuel und Datum (5)509. Lippisches Landesmuseum Detmold

dienstes wurde, wobei auch Frauen mitsangen.[26] Mit fortschreitender Konfessionalisierung, die durch den geregelten Religionsunterricht und die Predigttätigkeit festangestellter Rabbiner unterstützt wurde, trat das Einhalten der Riten in den Hintergrund. So war es in vielen Landgemeinden nicht mehr üblich, morgens die Gebetsriemen (Tefillin) anzulegen, was zur Folge hatte, daß ein jüdischer Lehrjunge aus dem Lemgoschen sie einmal irrtümlich als Schnürsenkel benutzte[27]. Längst nicht mehr überall wurden die Schabbatlichter gezündet, in manchen Gegenden waren sogar die Läden samstags geöffnet, weil es ein Haupteinkaufstag für die Landbevölkerung war.[28] Am längsten hielten sich die Rezepte als kulturelle Besonderheit in jüdischen Familien, wenn auch jetzt der Mazzeklößchensuppe von Pessach die dabei eigentlich nicht gestatteten Nudeln und saure Sahne zugegeben wurden.[29]

26 Vgl. Gumpel, Mordechai: Ich sage Ihnen die Wahrheit und nur die Wahrheit..., in: Juden in Lemgo und Lippe, a.a.O., S. 170.
27 Vgl. Hochfeld, Willy: Erinnerungen eines 18jährigen, in: Juden in Lemgo und Lippe, a.a.O., S. 130.
28 Vgl. Raveh, Karla: Jüdisches Kleinstadtleben in Deutschland und Polen, in: Juden in Lemgo und Lippe, a.a.O., S. 154; zum Lichterzünden vgl.: Scheffler, Jürgen: Zwischen ständischer Ausschließung und bürgerlicher Integration, Juden in Lemgo im 19. Jahrhundert, in: Juden in Lemgo und Lippe, a.a.O., S. 47.
29 Vgl. Arie, Walter/Sternheim, Goral: Porta Westfalica Judaica, a.a.O.

Abb. 18: Chanukkaleuchter, 19. Jahrhundert,
Holz, Glas, Metall, in der Rückwand:
Gebet beim Lichteranzünden zu Chanukka.
Lippisches Landesmuseum Detmold

Kurz vor der Jahrhundertwende gab es auch in Westfalen orthodoxe Bestrebungen, eine traditionelle jüdische Lebensführung wiederaufleben zu lassen, um
das Bewußtsein für die religiöse Eigenheit des Judentums zu erhalten. Eine Generation später hatte sich diese Auffassung so weit etabliert, daß der bereits in vielen
jüdischen Haushaltungen übliche Weihnachtsbaum wieder abgeschafft, oder
doch wenigstens ins Kinderzimmer verbannt wurde, und die Kinder sich den
Chanukkaleuchter aus einer Zigarrenkiste bastelten,[30] da ein solcher Leuchter,
den es früher in jedem jüdischen Haushalt gab – und sei es aus Altmetall und
Glasresten, nicht mehr vorhanden war.

Im frühen 20. Jahrhundert liefen die liberale und die orthodoxe Strömung in
jüdischen Familien als unterschiedliche Lebensentwürfe nebeneinander her, aber
das Landjudentum, das Westfalen durch seine ritusbetonte Religion so lange
mitgeprägt hatte, war in der Auflösung begriffen und wurde dann durch die Schoa
ganz ausgelöscht.

30   Vgl. Scheffler, Jürgen: Zwischen ständischer
Ausschließung und bürgerlicher Integration, a.a.O.

74

Arno Herzig

Von der Aufklärung zur Emanzipation

Die jüdische Minderheit in Westfalen im 19. Jahrhundert

Seit dem Hochmittelalter waren die Juden aus der europäischen Gesellschaft herausgedrängt worden. Ihre Position in den frühneuzeitlichen deutschen Staaten wurde bestimmt durch die Institution der Schutzjudenschaft, die nichts anderes bedeutete als die Ausgrenzung aus dem allgemeinen Kultur- und Gewerbeleben

Bessamimbüchse, 18. Jh., Silber, ehemals im häuslichen Bereich verwendet.
Museum für Kunst und Kulturgeschichte Dortmund

der Gesellschaft. Von Interesse für die Landesherren waren sie nur aufgrund ihrer Tributzahlungen, im merkantilistischen Wirtschaftssystem eventuell noch durch ihren Einsatz als Manufakturunternehmer. Gedrängt von dem zünftisch bestimmten Gewerbe und Handel hatten im Laufe des 18. Jahrhunderts die meisten Landesherren, allen voran Preußen, auf der einen Seite die jüdischen Erwerbs- und Handelssparten immer stärker eingeengt, auf der anderen die Tributleistungen jedoch erheblich heraufgesetzt, so daß das Gros der jüdischen Einwohner unter das Existenzminimum geriet und seine Tributleistungen nicht mehr aufbringen konnte. Die Regierungen mußten einsehen, daß das Tributsystem für den Staat nicht mehr effektiv war.

Die durch das Tributsystem bedingte Sonderstellung der jüdischen Minderheit ermöglichte dieser jedoch eine weitgehende Autonomie und damit eine Identität, die selbst von den absolutistisch regierten Staaten nicht in Frage gestellt wurde. Durch die Bestimmung der Solidarhaftung, nicht nur bei Tributzahlungen, sondern auch bei kriminellen Vergehen einzelner Mitglieder, gewann für die meisten Juden diese Autonomie einen Zwangscharakter, von dem man sich gern befreit hätte.[1] Die Problematik dieses jüdischen 'Sonderstatus' wurde der Öffentlichkeit zum ersten Mal während der Aufklärung bewußt. In seiner progressiven Schrift *Ueber die bürgerliche Verbesserung der Juden* forderte 1781 der preußische Kriegs- und Domänenrat Christian Wilhelm von Dohm aus Detmold, im Juden nicht nur den Juden, sondern den Menschen zu sehen. Er verlangte deshalb für sie den Zugang zu allen Berufen, auch den bisher verschlossenen handwerklichen und landwirtschaftlichen. Dohm erwartete dadurch eine allmähliche Anpassung der spezifischen jüdischen Sozialstruktur an die allgemeine. Die von ihm vorgetragenen Verbesserungsvorschläge waren nicht liberal, sondern aufgeklärt absolutistisch: Die Entwicklung sollte nicht in das Belieben des einzelnen Juden gestellt werden, sondern der Staat sollte den Umerziehungsprozeß in die Hand nehmen und damit eine sittliche Verbesserung der jüdischen Minderheit herbeiführen. Die Schuld an dem Zustand der jüdischen Minderheit schrieb Dohm eindeutig der Gesamtgesellschaft zu, die im Verlauf der verflossenen Jahrhunderte die jüdische Minderheit aus dem Gesamtverband herausgedrängt hatte, indem sie die Erwerbsmöglichkeiten dieser Gruppe fast ausschließlich auf den niederen Handel beschränkte. Er plädierte keineswegs dafür, der jüdischen Gruppe ihre Autonomie zu nehmen, sondern setzte sich sogar dafür ein, den Rabbinern das Ausschließungsrecht für die Gemeindemitglieder zu belassen.[2]

Dohms historische Reflexionen und seine Vorschläge für die Zukunft bildeten einen ersten Höhepunkt im aufgeklärten Diskurs, der seit den 1750er Jahren den Status der Juden in der Gesamtgesellschaft neu zu bestimmen suchte. Ausgelöst wurde dieser durch die Belletristik, so Gellerts *Das Leben der schwedischen Gräfin von G**** (1746) und Lessings Lustspiel *Die Juden* (1749), die den Juden nicht mehr als das Zerrbild der Gesellschaft, sondern als moralische Persönlichkeit charakterisiert. Sie stellten sich damit gegen eine Öffentlichkeit, deren Bild vom Juden noch weitgehend durch das von Eisenmenger fixierte Vorurteil geprägt war. Dohm ging es freilich nicht nur um humanitäre Aspekte. Als aufgeklärter

1 Vgl. Breuer, Mordechai: Frühe Neuzeit und Beginn der Moderne, in: Deutsch-jüdische Geschichte in der Neuzeit, hg. von Michael A. Meyer: Bd. I, München 1996, S. 85ff.; Arno Herzig: Jüdische Geschichte in Deutschland. Von den Anfängen bis zur Gegenwart, München 1997, S. 97ff.
2 Die Schrift erschien 1781 bei Friedrich Nicolai in Berlin und Stettin; die 2. Auflage, in der Dohm auf die Rezeption der 1. Auflage einging, ebd. 1783. Beide Auflagen in: Christian Konrad Wilhelm von Dohm: Über die bürgerliche Verbesserung der Juden (Reprint), Hildesheim/New York 1973; Möller, Horst: Aufklärung, Judenemanzipation und Staat. Ursprung und Wirkung von Dohms Schrift „Über die bürgerliche Verbesserung der Juden", in: Grab, Walter (Hg.): Deutsche Aufklärung und Judenemanzipation, Tel Aviv 1980, S. 119-149; Jacob Katz: Aus dem Ghetto in die bürgerliche Gesellschaft. Jüdische Emanzipation 1770-1870, Frankfurt/M. 1986, S. 70ff.; Volkov, Shulamit: Die Juden in Deutschland 1780-1918, München 1994, S. 9ff.

Beamter sah er auch, daß das überkommene Tributsystem nicht mehr effektiv war und der soziale und ökonomische Status der Juden sich immer mehr verschlechterte, ohne daß die merkantilistisch bestimmte Wirtschaft davon einen Nutzen haben konnte. Dohms Vorschlag zielte deshalb darauf ab, den Juden im aufgeklärten Wirtschaftssystem den Sonderstatus zu nehmen, sie im Staat allmählich zu gleichberechtigten Wirtschaftsbürgern zu erziehen, ihnen aber ihre Autonomie zu belassen. Es dauerte in Preußen dann freilich noch dreißig Jahre, bis Hardenberg 1812 Dohms Vorschlag zu einem Gesetz machte und damit für die nächsten fünfzig Jahre die Entwicklung bestimmte, die die Juden als Wirtschaftsbürger zwar gleichstellte, ihnen aber als politischen Bürgern die in Preußen ohnehin eingeschränkten politischen Rechte eines Untertanen nicht gewähren wollte.

Der aufgeklärte Diskurs zur Stellung des Juden in der Gesellschaft schloß die jüdische Minderheit von diesem Diskurs nicht aus. Es gab im Judentum eine nicht unbedeutende Gruppe, die die Ideen der deutschen Aufklärung aufgriff und diese für das Judentum fruchtbar zu machen suchte. Diese Gruppe setzte sich v. a. aus Ärzten und Kaufleuten zusammen. Das Medizinstudium bot jüdischen Studenten in Deutschland als einzige akademische Disziplin den Zugang zur Universität. Da die philosophischen Fächer gleichsam als Grundstudium dienten, konnten sie ebenfalls von jüdischen Studenten belegt werden. Die Ärzte waren deshalb die einzigen Akademiker in der Judenheit. Die jüdischen Kaufleute, die der Aufklärung zuneigten, betätigten sich entweder als Hoffaktoren oder kamen aus Hoffaktorenfamilien. Der Kontakt mit den Höfen der Landesherren machte sie empfänglich für die europäische Kultur. Es gab unter den Kaufleuten aber auch Autodidakten, die die zeitgenössische Philosophie verinnerlichten und dann selbst philosophische Werke verfaßten. Der bekannteste unter ihnen war Moses

Misrachtafel, 19. Jh., Haussegen, Tusche, koloriert, Papier, Hellweg-Museum Unna

Mendelssohn (1729-1786). Diese Gruppe der jüdischen Aufklärer, Maskilim genannt, stand in heftiger Kontroverse zu den Rabbinern, denen sie vorwarfen, die jüdischen Gemeinden bewußt dumm zu halten und den Kontakt zur europäischen Kultur zu unterbinden. In der Tat hatten die meisten Rabbiner, die weitgehend in östlichen Ländern ausgebildet worden waren, kaum eine Beziehung zur westlichen Kultur; vielfach verstanden sie die deutsche Sprache nicht und sprachen jiddisch. Ihre Gelehrsamkeit bezog sich auf die Kenntnisse rabbinischer Schriften. Sie verstanden sich als Fachleute für das jüdische Gesetz, jedoch nicht als Seelsorger. Sie sahen keine Notwendigkeit, sich der europäischen Kultur zu öffnen, da die jüdische Kultur ihrer Ansicht nach keiner Entwicklung bedurfte. Die Maskilim dagegen waren bestrebt, das Judentum zu einer aufgeklärten Religion weiterzuentwickeln, da sie die Glaubenswahrheiten des Judentums nicht im Widerspruch zur modernen Philosophie sahen. Trotz aller akkulturellen Bestrebungen blieb z. B. Mendelssohn zeitlebens ein gesetzestreuer Jude. Dohm, der den Rabbinern Stellung und Einfluß belassen wollte, wurde deshalb von den Maskilim heftig angegriffen.

Nicht primär durch die Auffassung der Maskilim war das Judentum in eine essentielle Krise geraten, auch wenn die meisten Juden sich weiterhin an der Tradition orientierten. Die lokalen religiösen Bräuche (Minhagim) bestimmten das Alltagsleben, doch war dies weitgehend nur auf dem Land und in den kleinen Städten möglich, wo man auch noch jiddisch sprach. Die jüdische Schule, den Cheder, kritisierten nicht nur die Maskilim. Auch die Regierungen verlangten eine moderne Ausbildung des jüdischen Lebens und wandten sich gegen das planlose Auswendiglernen von hebräischen Texten oder gegen das Jiddische als Unterrichtssprache. Auch sonst griffen die aufgeklärte Regierungen in die Autonomie der Gemeinden ein; vor allem im Bereich der Rechtsprechung zogen sie, selbst bei Verstößen gegen den jüdischen Glauben oder das Ritualgesetz, die Kompetenz an sich. Die jüdischen Körperschaften wurden aufgelöst, die rabbinische Rechtsprechung damit beendet. Die Rabbiner büßten dadurch erheblich an Bedeutung ein; ihnen blieb fast nur noch die Überwachung der Ritualgesetze. Für die meisten Gemeinden amtierten sie nur noch als Koscher-Wächter. Der Besuch des jüdischen Gottesdienstes ließ erheblich nach; unter den städtischen Juden war für viele die jüdische Religion und Lebensweise nicht mehr zeitgemäß. Angeregt durch die von Dohm ausgelöste Debatte suchten sie nach neuen Formen jüdischen Lebens und auch des jüdischen Gottesdienstes.[3]

In der zweiten Auflage seines Buches, das Dohm 1783 herausbrachte, konnte er auf die zahlreichen, zum größten Teil zustimmenden Reaktionen aus dem aufgeklärten Bildungsbürgertum verweisen. In Westfalen war es vor allem der Prediger Schwager aus Jöllenbeck bei Bielefeld, der in seiner Stellungnahme im *Mindener Intelligenzblatt* Dohms Gedanken zustimmend aufgriff. Als aufgeklärter Publizist hoffte Schwager, die verachtete Stellung der Juden durch Aufklärung der Christen zu überwinden. Auch für ihn stand fest, daß der angebliche Wucher der Juden nur dadurch entstehe, daß die christliche Gesellschaft sie zum Wucher zwinge, um ihnen das Erworbene als Tribut wieder abzunehmen. Vor allem aber

3 Vgl. Meyer, Michael A.: Jüdische Gemeinden im Übergang, in: Deutsch-jüdische Geschichte, Bd. II, München 1996, S. 96ff.

kritisierte der lutherische Prediger Schwager die christliche Gesellschaft, wenn sie für die eigenen Schwächen, unter denen die Juden zu leiden hätten, Gott verantwortlich mache. „Ja sagt Ihr" – so schreibt er – „aber Gott drückt sie auch um ihres Herzens Härtigkeit willen? Nein, Freunde" – so fährt er fort – „das thut nicht Gott, sondern Menschen thun es, und viele unter ihnen meinen, daß sie Gott einen Dienst daranthun." Freilich kann auch Schwager nicht daran glauben, daß sich die Juden „als eine völlig fremde Nation" in die deutsche Gesellschaft integrieren ließen. Er hält die ablehnende Haltung der christlichen Gesellschaft für gravierender, als Dohm dies tut, und bezweifelt letztlich, daß die seit Jahrhunderten tradierte Rollenzuweisung sich einfach überwinden lasse: „So sehr uns die Juden von den ersten Beinkleidern an in der Handlungsindustrie übertreffen", meint Schwager, „so sehr übertreffen unsere Bauernjungen wieder sie in dem, was zum Ackerbau erfordert wird." Und sein Fazit: „Jeder also in seinem Fache. Wir müssen die Menschen nehmen, wie sie sind, und nicht wie wir sie uns wohl modeln mögten, und da wird es wohl kein Bauer in einem christlichen Staate, in dem er einheimisch, und der älteste Einwohner ist, einem Juden vergeben, wenn er das Erbe auch eines entferntesten Verwandten an sich brachte."

Bei aller Einsicht, die der aufgeklärte Pfarrer Schwager aufbrachte, letztlich scheiterte schon 1782 die Integration an der Formel, die bis zur endgültigen bürgerlichen Gleichstellung der Juden 1870/71 diese Gleichstellung immer wieder verhindern sollte, die Formel von dem christlichen Staat. Diese meinte, daß nur Christen obrigkeitliche Ämter ausführen durften, die Juden also zu keinen Ämtern zugelassen werden sollten.[4]

Dohm wandte in seiner Auseinandersetzung mit Schwager dagegen ein, daß der Begriff vom christlichen Staat „der Natur der bürgerlichen Gesellschaft widerspricht". Eine Staatsreligion gehöre nicht zum Wesen des Staates, denn in einem bürgerlichen Staate müsse es möglich sein, daß mehrere auch nicht-christliche Religionen nebeneinander existierten, ohne daß eine die andere majorisiere. Der aufgeklärte Staatstheoretiker Dohm entwickelte hier freilich ein Konzept, das in den nächsten hundert Jahren noch auf seine Realisierung warten sollte.

Obwohl in den 1790er Jahren bis 1806 manches staatliche Gutachten auf Dohms Analysen basierte, so war doch keiner der Staaten bereit, das alte System des Judengeleits abzuschaffen und die Juden den übrigen Einwohnern gleichzustellen. Dafür bildeten die Tributgelder in fast allen Staaten einen zu wichtigen und sicheren Einnahmeposten, als daß man darauf hätte verzichten können, was die notwendige Folge einer Gleichstellung gewesen wäre.

Nach der Niederlage Preußens von 1806 ordnete Napoleon die westfälischen Territorien neu. Neben den Territorien, die er dem französischen Kaiserreich angliederte wie Münster, schuf er im Westen das Herzogtum Berg, dem die ehemalige preußische Grafschaft Mark zugeordnet wurde. Im Osten bildete er das Königreich Westfalen mit Kassel als Hauptstadt, das trotz seines Namens bis an die Elbe reichte. Napoleon brachte das neue Recht der Revolution, die bürgerliche Freiheit für alle, schränkte sie aber bald für Juden durch das sogenannte „schändliche Dekret" im französischen Kaiserreich wieder ein. Jüdische Bürger

4 Dohm II, S. 8ff. Hier auch die Zitate.

mußten hier nach wie vor ein gutes Leumundszeugnis mitbringen, wenn sie sich in einer Stadt niederlassen wollten, und sich jährlich von der Stadtbehörde ihr einwandfreies Geschäftsgebaren bestätigen lassen. Zurecht protestierten die jüdischen Bürger entschieden gegen dieses Edikt, das sie fast wieder in den Status der alten Schutzjudenschaft herabdrückte. Das Herzogtum Berg, das sich unter Napoleons Schwager Murat nicht gänzlich dem Einfluß Napoleons entziehen konnte, setzte die „allmähliche Gleichstellung" durch. Napoleons Bruder Jerôme allerdings, der häufig verspottete König „Lustick", führte nach einer heftigen Kontroverse mit seinem Bruder 1808 als einziger die völlige Gleichstellung der Juden durch. Nur im Königreich Westfalen gab es während dieser kurzen Napoleonischen Phase (1808-1813) die völlige bürgerliche Gleichstellung der Juden. In Frankreich hatte Napoleon das jüdische Gemeindeleben hierarchisch gegliedert. Eine Zentralbehörde in Paris war für alle jüdischen Angelegenheiten zuständig. Nach diesem Vorbild richtete Jerôme in Kassel ein jüdisches Konsistorium ein, dessen Struktur von einer Versammlung jüdischer Abgesandter festgelegt wurde. Präsident dieses „Konsistoriums der Israeliten" wurde Israel Jacobson (1768-1828), ein erfolgreicher Hoffaktor, der eine rabbinische Ausbildung genossen hatte und an der Verbesserung seiner Glaubensgenossen interessiert war.[5]

Hatte die Aufklärung im westfälischen Judentum kaum Spuren hinterlassen, so führte die Einrichtung des Kasseler Konsistoriums zumindest strukturell zu einer Veränderung der Situation. An Stelle der alten Landrabbinate bestimmten nun geistliche Beamte in Kassel das jüdische Gemeindeleben, lösten die alten Schulen auf, um neue zu etablieren, und versuchten nach der Vorstellung von Israel Jacobson den Gottesdienst zu reformieren. In den einzelnen, vor allem dörflichen Gemeinden blieb man damit zunächst relativ erfolglos. Beklagt wurden die hohen Kosten, die das neue System mit sich brachte. Die Einflüsse des Kasseler Konsistoriums wirkten sich verstärkt in Westfalen nach 1815 aus, als der Obervorsteher der ehemaligen Grafschaft Mark, Lazar Levi Hellwitz (1786-1860), in Soest eine Reformgemeinde einrichtete und die Reform auch in den anderen Gemeinden zu etablieren bestrebt war.[6]

Die Qualität der Juden als Bürger wurde nach 1815 an dem Maßstab ihrer Integration gemessen, was für die Öffentlichkeit gleichbedeutend war mit ihrer Qualifikation in handwerklichen und agrarischen Berufen. Der Staat hatte nach Ansicht der Beamten die „Erziehung" der Juden in die Hand zu nehmen. Mit dieser Forderung konnten sie sich auf Dohm berufen. Doch auch unter den westfälischen und lippischen Juden gab es Stimmen, die sich gegen die bürgerliche Gleichstellung aussprachen. Sie befürchteten den Verlust ihrer Abgeschlossenheit und damit ihrer Identität.

Für die Öffnung trat in Westfalen eine Gruppe jüdischer Intellektueller ein, die diesen Prozeß als einen Austausch zwischen zwei Kulturen, der christlichen und der jüdischen, verstand. Ihr Wortführer war der Münsteraner Arzt und zeitweilige Professor an der dortigen Medizinischen Akademie, Alexander Haindorf (1782-1862). Im Ancien régime – so schrieb er 1827 an den westfälischen Oberpräsidenten von Vincke – hätten „beschränkende Gesetze und Verordnungen (die

5 Vgl. Herzig, Arno: Die erste Emanzipationsphase im Zeitalter Napoleons, in: P. Freimark/ A. Jakowski/ I. Lorenz (Hg.): Juden in Deutschland, Hamburg 1991, S. 130-147, vgl. auch Meyer, M. A.: Jüdische Gemeinden im Übergang, a.a.O., S. 113f.
6 Vgl. Herzig, Arno: Judentum und Emanzipation in Westfalen, Münster 1973, S. 30ff.

Juden, A.d.A.) von der Teilnahme an dem allgemeinen Kulturstande ausgeschlossen". Die Folge sei das Zurückbleiben der jüdischen Kultur gewesen.

Mit der Akkulturation sollte nach Meinung dieser Intellektuellen eine Angleichung der jüdischen Minderheit an die allgemeine Sozialstruktur einhergehen. Sie dachten dabei durchaus wie C. W. Dohm, wenn sie diese Angleichung zwar durch eigene Initiative, aber auch mit Unterstützung des Staates herbeiführen wollten. 1825 hatte deshalb der jüdische Arzt Dr. David Heilbronn (1798-1870) in Minden einen „Verein zur Beförderung von Handwerkern unter den Juden" gegründet. Alexander Haindorf schuf nur wenige Monate später mit dem „Verein zur Errichtung einer Schulanstalt für jüdische Schullehrer" ein Institut auf Provinzialebene, in dem der Mindener Verein aufging. Wenn auch dieses Institut zur Ausbildung jüdischer Lehrer und zur Vermittlung jüdischer Lehrlinge in Handwerksberufe keine tiefgreifende berufliche Umschichtung der jüdischen Einwohner Westfalens brachte, so unterstützten doch die zahlreichen Lehrer, die hier im Laufe des 19. Jahrhunderts ausgebildet wurden, die allgemeine Akkulturationsbereitschaft der jüdischen Einwohner Westfalens.[7]

In der preußischen Provinz Westfalen wurden die nach Auflösung des Königreichs Westfalen verordneten Einschränkungen erst ganz allmählich aufgehoben. 1843 hatte der siebte Rheinische Landtag von der Regierung gefordert, die völlige Gleichstellung der Juden herbeizuführen. Zum ersten Mal hatte sich damit ein politisches Gremium Preußens für die uneingeschränkte Integration ausgesprochen. Daraufhin meldeten die konservativen Kreise Widerstand an. In Minden mobilisierte der Regiments-Auditeur Marcard die Bauern auf dem Lande und die Gastwirte, Handwerker und kleinen Ladenbesitzer in der Stadt gegen die Emanzipation der Juden. Religiöse Motive wurden vorgeschoben, und ein läppischer Vorfall in einem jüdischen Geschäft zum Anlaß für ein Pogrom gegen jüdische Kaufleute genommen. Auch in anderen Städten Westfalens und auf dem Land kam es zwischen 1843 und 1848 zu wiederholten tätlichen Angriffen auf die Juden.

Für die Provinz Westfalen brachte 1847 der Allgemeine Preußische Landtag die „Freizügigkeit" für Juden innerhalb der preußischen Grenzen, ferner das aktive und passive Wahlrecht für die kommunalen Magistrate, hob darüber hinaus alle einschränkenden Gewerbegesetze auf, schloß die jüdischen Bürger aber weiterhin von allen Staatsämtern, ständischen Rechten und der akademischen Laufbahn, von einigen Fakultäten abgesehen, aus. In der Revolution von 1848 sahen die meisten auch religiös bestimmten Juden eine „Wende" gekommen. Sie kämpften nun nicht mehr nur für die eigene Sache, sondern für die Allgemeinheit. „Unsere Sache", so schrieb damals der Frankfurter Rabbiner Leopold Stein, „ist eins mit der Sache des Vaterlandes, sie wird mit ihr siegen und fallen". Junge jüdische Intellektuelle, wie der später in der Pädiatrie weltbekannte Mindener Arzt Abraham Jacobi (1830-1917) kämpften für die radikale Demokratie und wurden, wie auch andere westfälische Glaubensbrüder, nach dem Sieg der Reaktion eingekerkert. Auch wenn das Paulskirchenparlament nach einer fulminanten Rede des Hamburger Juristen Gabriel Riesser (1806-1863) die Gleichstellung der

7 Vgl. Herzig, Arno: Politische Zielvorstellungen jüdischer Intellektueller aus dem Rheinland und aus Westfalen im Vormärz und in der Revolution 1848, in: W. Grab/J. Schoeps (Hg.): Juden im Vormärz und in der Revolution 1848, Bonn 1983, S. 272-311 u. S. 274ff.

Juden offiziell beschloß, so folgten dem die einzelnen Länderregierungen keineswegs. Die oktroyierte Verfassung von 1849 bestimmte zwar: „Der Genuß der bürgerlichen und staatsbürgerlichen Rechte ist unabhängig von dem religiösen Bekenntnisse", doch setzte die preußische Regierung, unterstützt von Konservativen, diesen Verfassungsanspruch nicht in die Verfassungswirklichkeit um. Gegen alle Versuche der Konservativen, diesen Verfassungsanspruch per Gesetz wieder rückgängig zu machen, wehrten sich die jüdischen Einwohner Westfalens in einem Petitionssturm an den preußischen Landtag. Wie sie in ihren Eingaben betonten, fühlten sie sich als „Theil des großen Volkes", als „Preußen mit Gut und Blut", als „Juden der Kirche, jedoch als Preußen dem Staat gegenüber". Erst durch das Gesetz des Norddeutschen Bundes vom 3.7.1869, das aus einem einzigen Artikel bestand, wurden „alle noch bestehenden, aus der Verschiedenheit des religiösen Bekenntnisses hergeleiteten Beschränkungen der bürgerlichen und staatsbürgerlichen Rechte ... aufgehoben". Seit 1871 galt diese Bestimmung für das Deutsche Reich. Die Emanzipation, das meint die bürgerliche Gleichstellung, war damit erreicht.[8]

Das traditionelle westfälische Judentum des Ancien régime erlebte im 19. Jahrhundert in zwei entscheidenden Umbruchphasen einen gravierenden Wandel. Die erste Umbruchphase erfolgte in der napoleonischen Ära und der Dekade danach (ca. 1806-1830), die zweite in der Hochindustrialisierungsphase (ca. 1870-1890). Die erste Phase war geprägt durch die Auflösung des traditionellen Judentums, die zeitweilige politische und rechtliche Gleichstellung, durch einen ersten Urbanisierungsschub, eine weitgehend freie Gewerbeordnung und den Versuch, sich der allgemeinen Kultur und der allgemeinen Sozialstruktur anzupassen. Die zweite Phase bedingte durch die Hochindustrialisierung einen weiteren Urbanisierungsschub und eine Anpassung an die sich stärker differenzierende Berufsstruktur. Wie verhielten sich die Juden als Gruppe in diesem Prozeß? Inwieweit sind sie um 1900 überhaupt noch als eine eigene Gruppe mit einem spezifischen Traditionsbewußtsein und einer spezifischen Berufsstruktur in Westfalen auszumachen?

Zählten die westfälischen Juden im 19. Jahrhundert weitgehend zu den liberalen in Deutschland und war deshalb bei den Orthodoxen diese Provinz als „trefenes" Westfalen verschrien, so verhielten sie sich in ihrer ökonomischen und sozialen Entwicklung eher konservativ. Verglichen mit den Bedingungen der kurzen Gleichstellungsphase (1808-1813), die die jüdische Bevölkerung Westfalens für einen ersten Urbanisierungsschub genutzt hatte, versuchte die preußische Provinzregierung die durch Gesetz garantierte Freizügigkeit auf dem Verwaltungsweg wieder einzuschränken und die Juden in eine Sonderstellung abzudrängen. Sie wurde dabei von weiten Kreisen der Bevölkerung, vor allem auf dem Land, unterstützt. Für die bäuerliche Bevölkerung wurden die jüdischen Einwohner zum „Antisymbol"; ihr wirtschaftlicher Aufstieg kontrastierte mit dem eigenen Abstieg, der durch die hohen Abgaben infolge der preußischen Agrarreform und die fallenden Getreidepreise bedingt war. Doch waren bei dem „Güterschacher"

8 Vgl. Herzig, Arno: Jüdische Geschichte, a.a.O., S. 169ff.

weniger die jüdischen Kaufleute die Gewinner, vielmehr der Adel, der mit dem Vorwurf vom „jüdischen Wucher" die Konkurrenz der jüdischen Kaufleute zu beseitigen versuchte, als diese ihm beim ungehinderten Erwerb bäuerlichen Landbesitzes, der nach 1820 bei öffentlichen Versteigerungen angeboten wurde, in die Quere kamen. Der Oberpräsident von Vincke hatte in Berlin eine Kabinettsorder (20.9.1836) durchgesetzt, die den Juden in den westfälischen Kreisen Paderborn, Büren, Warburg und Höxter den Erwerb bäuerlicher Grundstücke verbot, „wenn dieselben nicht selbst und mit jüdischem Gesinde bewirtschaftet werden".

Erinnerungstuch an den Gottesdienst zu Jom Kippur (Versöhnungstag) vor Metz 1870, während des deutsch-französischen Krieges, Baumwolle, bedruckt. Im Spiegel Darstellung des Gottesdienstes, darüber in hebr. und dt. „Haben wir nicht alle einen Vater? Hat uns nicht Alle ein Gott geschaffen?" In den vier Eckrondellen ein Hymnus über den Gottesdienst, an dem 1.200 deutsch-jüdische Soldaten teilnahmen. Mindener Museum für Geschichte, Landes- und Volkskunde

Der Erwerb bäuerlichen Grundbesitzes zur Selbstbewirtschaftung durch Juden unterblieb in Zukunft; doch das war nicht allein durch diese Kabinettsorder bedingt, sondern widersprach der eigenen ökonomischen Tradition. Eine Ausnahme bildete hier der Steinheimer Kaufmann Lippmann Lilienthal, der 1839 in dieser Gemeinde den sogenannten Paradieshof für 6.700 Taler erwarb und ihn mit einem Knecht bewirtschaftete. Daneben behielt er sein Geschäft bei und gab schließlich 1861 die Landwirtschaft wieder auf. Zum Landaufkauf durch jüdische Händler zwecks Weiterverkauf kam es erst wieder nach 1855, als das Gesetz aufgehoben wurde. Auch aus anderen Teilen Westfalens ist der Erwerb von Grund und Boden durch jüdische Geldleiher aufgrund von Konkursen bäuerlicher Besitzer nachweisbar. Wiederholt kam es in Westfalen in der ersten Hälfte des 19. Jahrhunderts zu antijüdischen Protesten, für die immer wieder religiöse Motive vorgeschoben wurden, wie 1843 in Minden. Hier nutzte der Regiments-Auditeur Marcard die antijüdische Stimmung, um zum ersten Mal ein judenfeindliches Programm zu verfassen, das die Juden aus dem christlichen Staat ausschließen sollte. Zu seinen Anhängern zählten Handwerker, Gastwirte, Krämer und Bauern.[9]

Unter diesen politischen und gesellschaftlichen Vorgaben verlief die soziale und ökonomische Entwicklung der westfälischen Juden in der ersten Hälfte des 19. Jahrhunderts unter gewissen Schwierigkeiten. Um so bemerkenswerter ist der Aufstieg dieser Minderheitsgruppe aus ihrer ökonomischen und sozialen Marginalexistenz zu mehrheitlichem Wohlstand.

Die preußische Provinz Westfalen erfuhr zwischen 1821 und 1925 eine Bevölkerungszunahme um 430 %, während die Zunahme des jüdischen Bevölkerungsteils nur ca. 208 % betrug (0,9 % : 0,45 %). Den größten Anstieg hatte der Regierungsbezirk Arnsberg zu verzeichnen, was auf die Industriestädte des Ruhrgebiets zurückzuführen ist. Bis 1910 hatte der jüdische Bevölkerungsanteil in der Provinz eine höhere Abwanderungs- als Zuwanderungsrate, so daß der Zugewinn, der trotzdem zu verzeichnen ist (1825: 11.142 – 1910: 21.036), durch Geburtenüberschuß erzielt worden sein muß; der Anteil der westfälischen an der preußischen Gesamtjudenschaft blieb mit 3,37 % (1871) und 3,52 % (1900) ziemlich konstant.

Der Urbanisierungsgrad des jüdischen Bevölkerungsanteils lag im 19. Jahrhundert konstant über dem der übrigen Einwohner, und zwar für 1858 im Hinblick auf die Einwohnerzahl für Städte über 5.000 Einwohner; für Gesamteinwohner: 12,5 %; für jüdische Einwohner: 18,2 %.

Während in der entscheidenden Urbanisierungsphase 1871 bis 1895 der allgemeine Bevölkerungsanteil der westfälischen Stadtgemeinden um 575 % (497.315 auf 2.686.379 Einwohner) anwächst, erlebt der Anteil der jüdischen Stadtbewohner nur einen Anstieg um 30,75 % (10.955 auf 14.323 Einwohner). Dagegen erfuhr er in dieser Phase in den Landgemeinden eine Abnahme um ca. 20 %, während die allgemeine Bevölkerungszunahme hier bei plus 34 % liegt (1.276.347 auf 1.713.138; Juden: 6.290 auf 5.036 Einwohner).

9 Vgl. Herzig, Arno: Die westfälischen Juden im Modernisierungsprozeß, in: Volkov, Shulamit (Hg.): Deutsche Juden und die Moderne, München 1994, S. 95-118 u. S. 98ff.

Betroffen von dem Rückgang sind die Landgemeinden, in denen nur vereinzelt jüdische Einwohner lebten, während die kleinen Landstädte mit einer traditionellen jüdischen Gemeinde, in denen die Juden im Wirtschaftsleben eine wichtige Rolle spielten, nicht so stark betroffen waren. Die gesamte Entwicklung der westfälischen Juden blieb dennoch, trotz des westfälischen Urbanisierungsschubs, hinter dem preußischen Durchschnitt zurück. Die jüdischen Einwohner erwiesen sich als relativ bodenständig, wechselten aber von den Dörfern in die Klein- und Mittelstädte.[10]

In ihrer ökonomischen Entwicklung blieb die jüdische Bevölkerung Westfalens im allgemeinen Modernisierungsprozeß des 19. Jahrhunderts der traditionellen Berufsstruktur treu. Alle Versuche, die in der ersten Hälfte des Jahrhunderts zum Beispiel durch die Marks-Haindorf-Stiftung unternommen wurde, ihre Sozialstruktur der allgemeinen anzupassen, scheiterten und wurden schließlich aufgegeben. Mit den Berufszielen, die hierbei angestrebt wurden, hätten sie auch kaum eine Qualifizierung im modernen Industrialisierungsprozeß erreicht. Es war durchaus sinnvoller, daß sie ihre in Jahrhunderten erworbenen ökonomischen Fähigkeiten in den Entwicklungsprozeß des 19. Jahrhunderts einbrachten und damit den Modernisierungsprozeß eher förderten, als dies auf dem Umweg über eine Anpassung an die traditionelle allgemeine Sozialstruktur möglich gewesen wäre. Diese Anpassung unterblieb also. Um 1900 glich die Berufsstruktur der westfälischen Juden deshalb der aller anderen Juden in Deutschland, nicht aber der Gesellschaft in Westfalen. Hier ist noch am ehesten so etwas wie die Konsistenz einer jüdischen Gruppe auszumachen, auch wenn es von den einzelnen Juden so nicht gesehen wurde.

Was die Entwicklung der westfälischen Juden in der modernen Industrie- und Dienstleistungsgesellschaft in der zweiten Hälfte des 19. Jahrhunderts betrifft, so verhielten sie sich trotz des „Vorsprungs" ebenfalls wieder recht konservativ. Sie behielten ihre traditionellen Handelsberufe bei, entwickelten sie aber entsprechend den neuen Gegebenheiten weiter und begründeten damit ihren angemessenen Wohlstand. Das gilt für den Geldhandel, den Kleider- und Manufakturhandel und auch für den Vieh- und Kornhandel.

Infolge der schlechten Verkehrsbedingungen und damit zusammenhängend der fehlenden größeren Spedition- und Kommissionsgeschäfte blieb bis 1850, verglichen mit dem Rheinland, das Bankgewerbe in Westfalen relativ unbedeutend. Wo es vorhanden war, ging es weitgehend auf jüdische Initiative zurück. Die Privatbanken jüdischer Besitzer in Westfalen haben erheblich zur Infrastruktur- und Industriefinanzierung der Region beigetragen: so das Bankhaus Romberg in Iserlohn beim Ausbau des Bahnnetzes, die Hammer Kaufleute und Bankiers Meyer und Bacharach beim Ausbau der Gasbeleuchtung. Das Hammer Bankhaus Gerson war der Hauptfinanzier der dortigen Industrie und des Handels, das Wittener Bankhaus Hanf trug zur Finanzierung des Bergbaus bei. Moritz Hanf ist als einziger jüdischer Zechenbesitzer in Westfalen bekannt. In Minden gründete der Bankier Salomon Philip Wolfers die Mindener Gaskompagnie und wurde um 1850 Präsident des Gewerberates. Die „christliche" Umgebung ver-

10 Vgl. Herzig, Arno: Die westfälischen Juden im Modernisierungsprozeß, a.a.O., S. 101f.

mochte die Leistungen jüdischer Bankiers kaum gerecht einzuschätzen, sondern versuchte, die jüdischen Unternehmen zu boykottieren, vor allem in den katholischen Gebieten während der Kulturkampfzeit, vorab in Münster/Westfalen.

Ein weiterer Bereich, in dem Westfalens Juden ihre traditionellen Geschäftserfahrungen im Modernisierungsprozeß des 19. Jahrhunderts verwerten und weiterentwickeln konnten, war der Getreide- und Viehhandel. Mit der Heraus-

Großviehmarkt in Dortmund,
Fotografie von 1927,
von links: Erich Simon, Siegmund Simon,
Lazarus Ludwig Cohen aus Quakenbrück;
Meyer Schwarz, Freren; eine Melkerin,
Eduard de Levie, Bersenbrück;
rechts dahinter: Gerd von Drehle,
Badbergen; rechts: Viehtransportbegleiter.

bildung des Ruhrgebiets verlagerte sich der Vieh- und Kornhandel jüdischer Kaufleute aus den kleinen Landgemeinden nach Münster, Soest, Hagen und vor allem nach Dortmund, das seit 1888 das Zentrum des westfälischen Kornhandels bildete. Der bedeutendste Vertreter dieser Branche war der Dortmunder Kaufmann Isidor Goldschmidt, Mitinhaber eines Agenturgeschäfts in Landprodukten. Goldschmidt war der Initiator der westfälischen Getreidebörse in Dortmund, die seit 1888 das Ruhrgebiet mit Getreide versorgte. Verglichen mit dem Wohlstand der jüdischen Bankiers Westfalens waren die Getreidehändler als Gruppe nicht so gut gestellt. Sie fungierten weitgehend als Aufkäufer auf lokalen Märkten; unter den nicht-jüdischen Bürgern galten sie als „gute und solide Familien". Ähnliches gilt auch für die zahlreichen jüdischen Viehhändler Westfalens, die nicht im Exporthandel tätig waren, sondern die Verbindung zwischen dem lokalen Viehhandel (weitgehend auf den Dörfern) und den städtischen Schlachthäusern, auch denen des Ruhrgebiets, herstellten.

Ein dritter traditioneller jüdischer Geschäftszweig, in dem sich die jüdischen Kaufleute Westfalens der modernen Entwicklung öffneten, war der Konfektions- und Manufakturwarenhandel. In den meisten größeren Städten Westfalens stellten jüdische Unternehmer die führenden Konfektions- und Manufakturwarengeschäfte. Dabei handelte es sich weitgehend nicht um große Warenhäuser, sondern um die sogenannten „führenden Geschäfte am Platz". Vom Textilhandel und

-verlag aus gelang jüdischen Kaufleuten auch der Einstieg in die industrielle Produktion, während dergleichen im Kohle- und schwerindustriellen Sektor nicht erfolgte. Vor allem in Bocholt belegten in der zweiten Hälfte des 19. Jahrhunderts jüdische Industrielle Spitzenpositionen in diesem Industriezweig. Firmengründungen jüdischer Unternehmer in anderen Städten blieben dagegen eher Einzelfälle. Fast allen gemeinsam war jedoch die Herkunft aus dem Textilhandel.

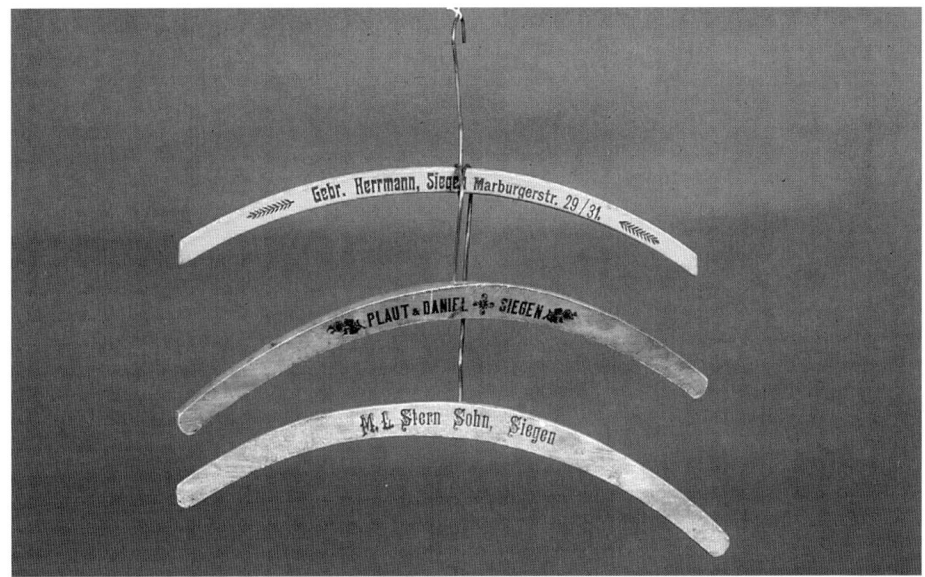

Kleiderbügel des Konfektionsgeschäfts Gebr. Herrmann, des Manufaktur- und Modegeschäfts Plaut und Daniel, des Manufaktur- und Modewarengeschäfts M.L. Stern in Siegen, Aktives Museum Südwestfalen Siegen

Insgesamt lag 1907 der Anteil der in Industrie und Gewerbe tätigen Juden Westfalens mit 20,54 % um 3,5 % unter dem preußischen Durchschnitt (24,5 %), dagegen in der Sparte Handel und Verkehr mit 10 % deutlich über dem preußischen Mittel (59 % zu ca. 49 %). Die traditionelle Haltung der westfälischen Juden hinsichtlich ihrer Berufsstruktur zeigt sich auch darin, daß die zukunftsträchtigen Dienstleistungsberufe – trotz des starken Ausbaus dieses Sektors in dieser Provinz – nur von 3,8 % der westfälischen Juden gegenüber 6,84 % im preußischen Durchschnitt ausgeübt wurden. Sie bildeten damit das Schlußlicht in der jüdischen Statistik Preußens. Wie bei den anderen jüdischen Familien in Deutschland, so ist auch in Westfalen eine starke Hinwendung zu akademischen Berufen festzustellen. Diese Entwicklungstendenz kündigte sich in Minden schon in der ersten Hälfte des 19. Jahrhunderts an.[11]

Fragen wir zusammenfassend nach den Verhaltens- und Reaktionsweisen der jüdischen Einwohner Westfalens im Emanzipations- und Modernisierungsprozeß, so zeigt sich ein sozialer Aufstieg in ein liberal geprägtes Bürgertum. Im religiösen Bereich findet diese Einstellung ihre Entsprechung in einer weitgehenden Übereinstimmung mit dem Reformjudentum. Im ökonomischen Beruf bleiben die Juden Westfalens ihren traditionellen Berufssparten treu: der Geldleihe, dem Korn-, Vieh-, Textil- und Manufakturwarenhandel. Die Erfahrung, die jüdische Kaufleute in diesen Branchen seit Jahrhunderten gesammelt hatten, zahlte

11 Vgl. Herzig, Arno: Die westfälischen Juden im Modernisierungsprozeß, a.a.O., S. 103ff.

sich bei dem ersten Modernisierungsschub zu Beginn des 19. Jahrhunderts aus. Trotz der Hindernisse, die ihnen auch jetzt noch in den Weg gelegt wurden, gelang ihnen in der ersten Hälfte des 19. Jahrhunderts der Aufstieg zum wohlsituierten Mittelstand, teilweise auch zum Großbürgertum (Banken, Textilfabrikation). Weniger flexibel reagierten die jüdischen Bürger Westfalens – von den Textilfabrikanten und den Kornhändlern abgesehen – dagegen auf den zweiten Modernisierungsschub, der in den 1870er Jahren mit der Hochindustrialisierung einsetzte. Eine gewisse Stagnation ist nicht zu verkennen. Neue Chancen, die die Diversifikation des Handels durch die Industrialisierung brachte, wurden kaum genutzt. Man versuchte sich weitgehend als Ladeninhaber in den herkömmlichen Branchen zu behaupten. Als besonderes Zeichen für Mobilität ist auch nicht das sich verstärkende Überwechseln in akademische Berufe anzusehen.

Innovative Leistungen der jüdischen Minderheit im Hinblick auf die Hochindustrialisierung in Westfalen sind vor allem im tertiären Sektor auszumachen, so in der Kreditbeschaffung für die Industrie und das Verkehrswesen, für die modernen Stadttechniken in den Mittel- und Großstädten, ferner in der Versorgung der industriellen Großmärkte mit Getreide und Vieh. Während im Getreidehandel dabei von bahnbrechenden Innovationen gesprochen werden kann (Gründung der Dortmunder Getreidebörse weitgehend durch jüdische Mitglieder), entwickelte sich der Viehhandel nicht über die herkömmliche Vermittlung zwischen Produzenten und dem städtischen Schlachthof hinaus.

Kaum ein Engagement jüdischer Bürger ist in den neuen Branchen der Schwer- und Kohleindustrie zu verzeichnen, es sei denn vereinzelt als Mitglieder in Aufsichtsräten, wo vor allem jüdische Bankiers zu finden sind. Im sekundären Sektor engagierten sich jüdische Bürger vor allem in der Textilindustrie, was wohl weitgehend in dem traditionellen Textilhandel begründet liegt.

Die Mehrzahl der Juden Westfalens war um 1900 ökonomisch und sozial arriviert. Am gesellschaftlichen Leben, dem Vereins- und Sozietätswesen nahmen sie voll teil, worauf in Lebenserinnerungen und Gemeindechroniken immer wieder stolz hingewiesen wird. Desgleichen am politischen Leben in den Stadtversammlungen und Magistraten. Es bleibt abschließend die Frage, inwieweit die jüdischen Bürger Westfalens neben der Teilnahme am kulturellen System des Bürgertums ein eigenes kulturelles System behaupteten.

Versuchte die kleine Gruppe der orthodoxen Juden Westfalens ein relativ geschlossenes kulturelles System des Judentums zu bilden, so war für die liberalen eher typisch, in mehreren kulturellen Systemen zu leben. Neben Positionen in den bürgerlichen Gesellschaften, Vereinen und politischen Gremien nahm man durchaus auch Funktionen in den jüdischen Gemeindevorständen wahr und engagierte sich für spezifisch jüdische Stiftungen. 1932 gab es bei ca. 21.600 jüdischen Einwohnern Westfalens, die in 117 Orten lebten und in 72 Verbandsgemeinden (ohne Austrittsgemeinden) zusammengeschlossen waren, nur noch 22 jüdische Volksschulen, in denen nur noch 952 Kinder unterrichtet wurden. Das Gros jüdischer Kinder erhielt an den öffentlichen Schulen Religionsunterricht.

Die Entwicklung einer modernen Industriegesellschaft hatte die alte jüdische Autonomie zerstört und auch die Intensivierung des jüdischen Gemeinde- und Familienlebens erschwert. Die moderne Gesellschaft erforderte und ermöglichte ein Leben in mehreren Kulturen. Nur die wenigsten Juden Westfalens sahen zu Beginn des 20. Jahrhunderts darin einen Widerspruch. Kaum einer glaubte das jüdische Leben in Gefahr. Die jüdischen Bürger Westfalens lebten in dem Bewußtsein, wie es programmatisch der aus Westfalen stammende Dichter Jakob Loewenberg (1856-1929) 1914 in seinem autobiographischen Roman kennzeichnete: „Aus zwei Quellen"[12]. Die geistige und kulturelle Existenz der Juden in Westfalen wurde bestimmt durch die liberale jüdische Tradition wie durch die Kultur der Gesamtgesellschaft.

Die nicht-jüdische Gesellschaft hatte der jüdischen Minderheit – so kann man rückblickend feststellen – die Emanzipation nicht leicht gemacht. In zahlreichen Protestaktionen des Vormärz sperrten sich dörfliche Gemeinden oder bürgerliche

Max und Emil Frankenthal aus Schmallenberg als Soldaten im Ersten Weltkrieg

12   Loewenberg, Jakob: Aus zwei Quellen, Berlin 1914.

Chanukkaleuchter aus der ehemaligen
Synagoge Menden, Anfang 20. Jh.,
Messing, Stadtmuseum Menden

13 Vgl. Rohrbacher, Stefan: Gewalt im Bieder-
meier. Antijüdische Ausschreitungen im Vormärz
und Revolution (1815-1848/49), Frankfurt/M.
1993, S. 86 u. S. 248ff.

Vereine gegen die Gleichstellung und damit gegen die Integration. Es gab aber
auch Anerkennung für die akkulturativen Bemühungen der jüdischen
Minderheit. Hierzu sind die finanziellen Unterstützungen der Bemühungen
Haindorfs durch christliche Bürger zu rechnen wie auch die Petitionen der
Stadtparlamente in Bielefeld, Paderborn und Hamm/W. für die bürgerliche
Gleichstellung. In den 1860er Jahren waren dann die Stimmen in der
Minderheit, die die Gleichstellung zu verhindern suchten. Der Durchbruch war
gelungen. Doch schon bald drohte ein erneutes Infragestellen der bürgerlichen
Gleichstellung der Juden, die in Westfalen ihre Wurzeln im katholischen
Antisemitismus der Kulturkampfzeit und im protestantischen Antisemitismus
der Stoecker- Bewegung hatte.[13]

Susanne Freund

Jüdisches Schul- und Ausbildungswesen in Westfalen im 19. Jahrhundert

Die jüdischen Schulen in Westfalen befanden sich Anfang des 19. Jahrhunderts, wie es der Oberpräsident Ludwig von Vincke in seinem Gutachten 1826 formulierte, „fast durchgehend in dem allerelendsten Zustande"[1]. Der preußische Staat sah in der jüdischen Religionsgemeinschaft eine erlaubte Privatgesellschaft, die für die Organisation und den Unterhalt ihrer Schulen selbst zu sorgen hatte.[2] Jüdische Lehrer erhielten keinen festgesetzten Lohn, sondern wurden von den

Alexander Haindorf und seine beiden Enkelkinder, Gemälde von Caspar Görke, 1854, Öl auf Leinwand, Westfälisches Landesmuseum für Kunst und Kulturgeschichte Münster

1   Stam OP Nr. 2627,1. Vgl. Brilling, Bernhard: Das jüdische Schulwesen in Westfalen im 19. Jahrhundert, UDIM H. 5, 1974/75, S. 11-45.
2   Vgl. Rönne, Ludwig von/Simon, Heinrich: Die früheren und gegenwärtigen Verhältnisse der Juden in sämmtlichen Landestheilen des Preußischen Staates; eine Darstellung und Revision der gesetzlichen Bestimmungen über ihre staats und privatrechtlichen Zustände, Breslau 1843, S. 158.

3   Vgl. Richarz, Monika: Jüdische Lehrer auf dem
Lande im Kaiserreich, in: Sozialgeschichte der Juden
in Deutschland, hg. von Shulamit Volkov und
Frank Stern, Gerlingen 1991, S. 181f.
4   Cheder (hebr.): Schulzimmer, Grundstufe der
Unterweisung im Judentum, vor allem im Erzie-
hungssystem der osteuropäischen Juden verbreitet.
Der Unterricht beschränkte sich ausschließlich auf
das Auswendiglernen und die Wiederholung der
Tora, der fünf Bücher Moses im hebräischen Urtext.
Vgl. Trepp, Leo: Das Judentum. Geschichte und
lebendige Gegenwart, Reinbek bei Hamburg
(3. Aufl.) 1983, S. 239.
5   Vgl. Carlebach, Julius: Deutsche Juden und der
Säkularisierungsprozeß in der Erziehung – Kritische
Bemerkungen zu einem Problemkreis der jüdischen
Emanzipation, in: Das Judentum in der Deutschen
Umwelt 1800-1850, hg. von Hans Liebeschütz und
Arnold Paucker, Tübingen 1977, S. 58ff.
6   Moses Mendelssohn konzipierte das Unterrichts-
programm für die 1778 in Berlin von Isaak Daniel
Itzig (1750-1806) und David Friedländer (1750-
1834) gegründete „Freyschule für Knaben", in der
gleichermaßen jüdische und christliche Lehrer
Deutsch, Französisch, Schreiben, Rechnen, Buch-
haltung, Zeichnen, Geographie, Mathematik und
Hebräisch unterrichteten, und stellte damit erstmals
profane Fächer der traditionellen religiösen Bildung
voran. Vgl. Bruer, Albert A.: Geschichte der Juden
in Preußen (1750-1820), Frankfurt/ M., New York
1991, S. 129f. Dietrich, Peter/ Lohmann, Uta: „Daß
die Kinder sich Confessionen sich kennen, ertragen
und lieben lernen". Die jüdische Freischule in Berlin
zwischen 1778 und 1825, in: Dialog zwischen den
Kulturen. Hg. von Ingrid Lohmann und Wolfram
Weiße, Münster und New York 1994, S. 37-47.
7   Vgl. Lazarus, Felix: Das Königlich Westphälische
Konsistorium der Israeliten, Monatsschrift für
Geschichte und Wissenschaft des Judentums,
NF H. 22/1914, S. 81-96, S. 347-351.
8   Vgl. Ballin, Gerhard: Die Jacobson-Schule in
Seesen. Ein Beitrag zu ihrer Geschichte, in: Tausend
Jahre Seesen. Beiträge zur Geschichte der Stadt
Seesen am Harz 974-1974, Seesen 1974, S. 349-401.
9   Zu Haindorf vgl. Beckmann, Wolfgang:
Alexander Haindorf (1782-1862). Leben und
Wirken eines jüdischen Arztes, Schriftstellers,
Kunstsammlers, Professors und Philantrophen,
(Diss. Msch.) Münster 1960; Freund, Susanne:
Jüdische Bildungsgeschichte zwischen Emanzipation
und Ausgrenzung. Das Beispiel der Marks-Haindorf-
Stiftung in Münster (1825-1942), Paderborn 1997,
S. 13-35; Herzig, Arno: Alexander Haindorfs
Bedeutung für die Pädagogik in Westfalen, in:
Westfälische Forschungen 23/1971, S. 57-74;
Schoeps, Hans-Joachim: Alexander Haindorf, ein
früher Vertreter des liberalen Judentums, in: Ein
weites Feld. Gesammelte Aufsätze, hg. von dems.,
Berlin 1980, S. 147-162.
10   Vgl. STAM Reg. Münster Nr. 9356.
11   Der Verein wirkte zunächst nur in den
Regierungsbezirken Arnsberg und Münster, ab 1832
in der gesamten Provinz Westfalen und ab 1836
auch in der Rheinprovinz. Vgl. STAM Reg. Münster
Nr. 9356; LHAK OPR Abt. 403, Nr. 10204.

Synagogengemeinden vergütet, die in der Regel das Gehalt in Naturalien auszahlten und kostenlosen Wohnraum zur Verfügung stellten.[3]

Die allgemein vorherrschende „Cheder-Erziehung"[4], d.h. der ausschließlich religiös intendierte Unterricht unter Ausschluß deutscher Sprache und Literatur, sowie das niedrige Niveau und die unzulänglichen Unterrichtsmethoden wurden aber schon Ende des 18. Jahrhunderts von jüdischen Reformern um Moses Mendelssohn nachhaltig kritisiert.[5] Sie forderten eine Erweiterung des Fächerkanons, insbesondere Deutsch anstatt Jiddisch als Unterrichtssprache, um die soziale und kulturelle Integration der Juden im Hinblick auf die bürgerliche und politische Emanzipation voranzutreiben.[6]

In Westfalen sind die ersten Ansätze reformorientierter Bildungspolitik auf Israel Jacobson (1768-1828) zurückzuführen, der während der französischen Herrschaft im Königreich Westfalen in seiner Funktion als Präsident des Kasseler „Konsistoriums der Israeliten" für die Einrichtung öffentlicher jüdischer Elementarschulen, an denen nur ausgebildete Lehrer unterrichten sollten, und für die Reorganisation der bestehenden jüdischen Schulen eintrat.[7] Bereits im Jahre 1801 eröffnete Jacobson in Seesen eine jüdische Elementarschule, die erstmals den gemeinschaftlichen Unterricht von Schülern und Schülerinnen christlichen und jüdischen Glaubens einführte;[8] neun Jahre später, am 1. Oktober 1810, erfolgte auf seine Initiative hin die Gründung des jüdischen Lehrerseminars in Kassel.

Dem Vorbild Jacobsons folgend setzten sich der Vorsteher der jüdischen Gemeinde Soest, Lazar Levi Hellwitz (1786-1860), und der jüdische Mediziner, Schriftsteller und Pädagoge Alexander Haindorf (1784-1862)[9] in Münster gleichfalls für eine Reorganisation des jüdischen Schulwesens in Westfalen ein. Haindorf, der in die Münsteraner Stadtgesellschaft voll integriert war und von dem Oberpräsidenten Ludwig von Vincke unterstützt wurde, gründete am 28. November 1825 in Münster den „Verein zur Beförderung von Handwerken unter den Juden und zur Errichtung einer Schulanstalt, worin arme und verwaiste Kinder unterrichtet und künftige jüdische Schullehrer gebildet werden sollen". Aus diesem Verein ging 1866 die überregional bekannt gewordene „Marks-Haindorf-Stiftung" hervor.[10] Der Haindorfsche Verein vermittelte einerseits jüdischen Jungen eine Handwerkerausbildung, um den stereotypen Vorurteilen gegen jüdische Händler und Kaufleute entgegenzuwirken und ihnen ein breites Berufsspektrum zu eröffnen, andererseits unterhielt er ein Lehrerseminar, um das jüdische Schulwesen in Westfalen und der Rheinprovinz langfristig zu reformieren.[11] In der dem Verein ebenfalls angeschlossenen jüdischen Elementarschule wurden Schülerinnen und Schüler, ungeachtet der sozialen Schicht und der Glaubenszugehörigkeit, koedukativ nach für die damalige Zeit fortschrittlichen pädagogischen Ansätzen wie zum Beispiel der Spieltriebtheorie Friedrich Fröbels oder der Ganzheitsmethode von jüdischen und christlichen Lehrkräften unterrichtet. Die Elementarschule wies zeitweise mehr christliche als jüdische Schulkinder auf. So wurde sie im Jahre 1836 von 61 evangelischen, 25 katholischen, aber nur von 23 jüdischen Schülern und Schülerinnen besucht. Insbesondere die unzureichenden Bedingungen der 1802 zunächst als Garnisonsschule gegründeten Schule der evangelischen Kirchengemeinde in Münster führten dazu, daß die in der Regel relativ vermögenden protestantischen Familien die jüdische Schule bevorzugten. Das interkonfessionelle Konzept der jüdisch-christlichen Gemeinschaftsschule wurde jedoch jäh durchbrochen, als das Kultusministerium im Zuge der öffentlich-rechtlichen Anerkennung der Elementarschule am 31. Mai 1839 die weitere Aufnahme christlicher Kinder grundsätzlich verbot.[12]

Haindorf postulierte im Gegensatz zu der von radikalen jüdischen Reformern geforderten einseitigen Anpassung der jüdischen Minorität an die christliche Gesellschaft die gegenseitige Annäherung der jüdischen und christlichen Kultur und bezeichnete diesen Prozeß bildsprachlich mit dem aus der Naturwissenschaft entlehnten Begriff *„Amalgamierung"*, der mittels schulischer Bildung forciert werden sollte.[13] Da dazu an erster Stelle kompetente jüdische Lehrkräfte notwendig waren, konzentrierte sich der Münsteraner Verein vorrangig auf die Ausbildung von jüdischen Elementarschullehrern. Das Haindorfsche Seminar legte das Schwergewicht auf den fremdsprachlichen und naturwissenschaftlichen Unterricht; die praktische Ausbildung erfolgte in der angeschlossenen Elementarschule, wo die Seminaristen zu Übungszwecken Unterrichtsstunden abhielten. Aufgrund des hohen Bildungsniveaus bewarben sich nicht nur Kandidaten aus Westfalen und der Rheinprovinz (seit 1836), sondern auch aus anderen preußischen Provinzen stammende jüdische Lehramtsanwärter für die Seminarausbildung in Münster.[14] In dem Zeitraum 1826 bis 1871 traten insgesamt 276 Kandidaten (186 aus Westfalen, 80 aus der Rheinprovinz und 10 aus anderen Provinzen) in das Seminar ein, davon legten insgesamt 244 (170 aus Westfalen, 67 aus der Rheinprovinz, 7 aus anderen Provinzen) die wissenschaftliche Lehrerprüfung ab.[15] Der hohe Anteil der westfälischen Seminaristen erklärt sich zum einen dadurch, daß der Anschluß der Rheinprovinz erst 1836 erfolgte. Zum anderen ist zu bedenken, daß seit 1867 das orthodoxe Lehrerseminar in Düsseldorf zur Verfügung stand, welches von nun an von traditionsbewußten Juden frequentiert wurde.[16]

Das Haindorfsche Seminar etablierte sich aber relativ schnell als Zentrum der jüdischen Lehrerbildung in Westfalen und der Rheinprovinz. Da die Absolventen zu den besten Lehrkräften zählten, wurde es allgemein üblich, in Münster anzufragen, wenn ein jüdischer Lehrer benötigt wurde. Diese Anfragen kamen nicht nur aus Westfalen und der Rheinprovinz, sondern auch Synagogengemeinden aus dem Königreich Hannover, aus den Fürstentümern Waldeck, Schaumburg-Lippe, Lippe, Rheinhessen, den Provinzen Oberhessen und Starkenburg und sogar aus den Niederlanden (Amsterdam, Leyden, Zwolle) baten hin und wieder um Empfehlung eines Lehrers; auch in der Jacobsonschen Schule in Seesen wurden einige im Haindorfschen Seminar ausgebildete Lehrer angestellt.[17]

Das Haindorfsche Seminar hat zweifellos zur Entschärfung der Lehrermisere beigetragen und zahlreiche Schulgründungen in Westfalen, in beschränktem Maße auch in der Rheinprovinz motiviert, so daß bereits in der ersten Hälfte des 19. Jahrhunderts eindeutig eine aufsteigende Tendenz der jüdischen Schulen in diesen beiden Provinzen festzustellen ist. Besuchten beispielsweise in den Regierungsbezirken Münster und Arnsberg 1841 nur 10% bzw. 25% aller jüdischen

12 Vgl. Freund, Susanne: Jüdische Bildungsgeschichte, a.a.O., S. 126-135.
13 Das interkonfessionelle Konzept wurde von dem katholischen Vikar Josef Annegarn, der an der Haindorfschen Lehranstalt unterrichtete, im 4. Verzeichnis der Lehrgegenstände der Haindorfschen Vereinsschule (Münster 1830, S. 13) erläutert.
14 Diese mußten für die Zeit des Seminarbesuchs die Aufenthaltsgenehmigung bei der Regierung Münster beantragen. Vgl. SAM Streg. Fach 36, Nr. 3; 16. Mai und 15. Juni 1829. – Ferner wurde das Seminar in Ausnahmefällen auch von Christen frequentiert. Im Schuljahr 1836/37 besuchten beispielsweise zwei Protestanten aus Münster das Seminar. Vgl. 11. Verzeichnis der Lehrgegenstände des Haindorfschen Lehrerseminars, Münster 1836/37, S. 15.
15 Vgl. 1.-25. Jahresbericht des „Vereins zur Beförderung von Handwerken unter den Juden und zur Errichtung einer Schulanstalt" bzw. der „Marks-Haindorf-Stiftung", Münster 1826-1871. Die übrigen Seminaristen gaben die Ausbildung wieder auf.
16 Das 1867 auf Initiative des Düsseldorfer Rabbiners Dr. Wolf Feilchenfeld gegründete orthodoxe rheinische Seminar bildete einen Gegenpol zu der Münsteraner jüdischen Lehrerbildungsanstalt. Vgl. Lehmann, Tatjana: Beiträge zu einer Geschichte des jüdischen Lehrerseminars in Köln, (unveröffentlichte Examensarbeit Msch. Köln 1985) und LHAK OPR Abt. 403, Nr. 10206.
17 Vgl. Friedländer, Salomon: Der Verein für Westfalen und Rheinprovinz zur Bildung von Elementarlehrern und zur Beförderung von Handwerken und Künsten unter den Juden zu Münster. Historische Denkschrift zu der am Mittwoch den 21. August 1850 stattfindenden Feier des fünf und zwanzigjährigen Bestehens der Anstalt, nebst einer Biographie des Stifters und Dirigenten, Brilon 1850, S. 54.

Moritz Meier-Spanier (1864-1942)   Jacob Loewenberg (1856-1929)

18 Vgl. Toury, Jacob: Soziale und politische
Geschichte der Juden in Deutschland 1847-1871.
Zwischen Revolution, Reaktion und Emanzipation,
Düsseldorf 1977, S. 169f.
19 Vgl. Fehrs, Jörg H.: Von der Heidereutergasse
zum Roseneck. Jüdische Schulen in Berlin
1712-1942, Berlin 1993, S. 111-118.
20 Vgl. Meyer, Hans Chanoch: Aus Geschichte
und Leben der Juden in Westfalen, Frankfurt/M.
1962, S. 265f.
21 Zu Loewenberg vgl. Freund, Susanne: Jüdische
Bildungsgeschichte, a.a.O., S. 198ff und Wacker,
Bernd/Kempf, Winfried: Jakob Loewenberg
1856-1929. Erinnerung an sein Leben und Werk,
Salzkotten 1992.
22 Moritz Meier-Spanier übernahm am 1. Oktober 1900 die Leitung der Marks-Haindorfschen
Lehranstalt. Am 1. Oktober 1911 folgte er seinem
Amtsvorgänger Joseph Gutmann nach Berlin und
wurde an dessen Stelle Direktor der jüdischen Mäd-
chen(-mittel)schule. Vgl. STAM Dep. Marks-Haindorf-Stiftung Nr. 36. Zur Biographie Meier-Spaniers
vgl. Freund, Susanne: Jüdische Bildungsgeschichte,
a.a.O, S. 338-341.
23 Vgl. Wacker, Bernd/Kempf, Winfried: Jakob
Loewenberg, a.a.O., S. 18.

Kinder jüdische Elementarschulen, so waren es 1861 in Münster bereits 65%, in Arnsberg sogar 79%.[18] Vor allem zum Ende des 19. Jahrhunderts absolvierten viele der ehemaligen Seminaristen nach Abschluß der Ausbildung ein Univer-sitätsstudium, promovierten und profilierten sich als herausragende Pädagogen, so beispielsweise Joseph Gutmann in der jüdischen Mädchen(-mittel)schule Berlin,[19] Siegfried Braun in der jüdischen Elementarschule Köln[20] oder Jakob Loewenberg in der jüdischen Höheren Töchterschule in Hamburg.[21]

Loewenberg exponierte sich jedoch nicht nur als Lehrer, sondern auch als Dichter. Er war mit einem der Leiter der Marks-Haindorfschen Lehranstalt, Moritz Meier-Spanier,[22] befreundet, der seine literarischen Ambitionen unter-stützte. Auf die nationalzionistischen Bestrebungen jüdischer Gruppierungen im Kaiserreich reagierte er mit der Forderung nach einer eigenen, originär jüdischen Literatur und hielt an den Hoffnungen des 'akkulturierten' Judentums fest.[23] Loewenberg war ebenso wie Meier-Spanier Mitglied des „Centralvereins deut-scher Staatsbürger jüdischen Glaubens". Meier-Spanier schätzte ihn nicht nur als Lehrer und Freund, sondern vor allem als Schriftsteller, der mit seinen Werken dem latent vorhandenen und immer wieder spürbar werdenden Antisemitismus entgegentrat und mit dessen literarischem Engagement sich die Schüler- und

Das jüdische Lehrerseminar
in Münster, Herbst 1883

Lehrerschaft der „Marks-Haindorf-Stiftung" identifizierte.[24] Beispielhaft für die Übereinstimmung mit Loewenbergs Abwehrhaltung gegenüber den Antisemiten ist das in der Festrede zum fünfundsiebzigjährigen Bestehen der Stiftung am 27. Dezember 1900 von Meier-Spanier rezitierte patriotische Gedicht Loewenbergs „Mein Vaterland", dessen letzter Vers lautet:

> „Und schallt es nun aus Red'und Schriften:
> 'Du Fremdling, fort, was suchst du hier?'
> Das Leben könnt ihr mir vergiften,
> Rein bleibt und treu die Seele mir.
> Ihr könnt mir das Gefühl nicht rauben,
> das freudigstolz die Brust mir schwellt;
> Trotz euer: *Deutschland über alles,*
> Ja, über alles in der Welt!"[25]

Im Marks-Haindorfschen Lehrerseminar wurden in einem Zeitraum von hundert Jahren etwa 430 jüdische Lehrer ausgebildet, die den von der Stiftung propagierten 'Akkulturationsanspruch' mit Multiplikatorenwirkung in die westfälischen, zum Teil auch in die rheinischen jüdischen Schulen trugen.[26] Das Lehrerseminar ist als erfolgreichste Stiftungsabteilung anzusehen, die sowohl in der reform-

24   Loewenberg widmete Meier-Spanier und Fritz von Borstel seinen 1914 in Berlin erschienenen autobiographischen Roman „Aus zwei Quellen", in welchem er in fiktionaler Form u.a. seine Ausbildungszeit im Marks-Haindorfschen Seminar (S. 88-92) beschrieb. Vgl. Loewenberg, Jakob: Aus zwei Quellen. Die Geschichte eines deutschen Juden, Berlin 1914 (Neudruck hg. von Peter Frielingsdorf und Karl-Martin Flüter, Paderborn 1993).
25   Das Fest des 75jährigen Bestehens der Marks-Haindorf-Stiftung zum Münster am 27. Dezember 1900. Festrede und Ansprachen, in: Beilage zum 40. Bericht der Marks-Haindorf-Stiftung 1899-1901. Der vollständige Gedichttext ist abgedruckt in: Loewenberg, Jakob: Aus jüdischer Seele. Gedichte, Hamburg (2. Aufl.) 1903, S. 1 (Hervorhebung im Original).
26   Vgl. Freund, Susanne: Jüdische Bildungsgeschichte, a.a.O., S. 192ff, S. 274f, S. 282.

27   Vgl. zum Beispiel: Allgemeine Zeitung des Judenthums, hg. von Ludwig Philippson, Jg. 50, Nr. 15, 6. April 1886. Berichte des Provinzial-Schulkollegiums Münster vom 17. Dezember 1906 und 30. Dezember 1909, in: GStA Rep. 76 VII neu – Sekt. 20 C-I.

28   GStA Rep. 76 – VII neu sekt. 20 C-I, 24. Mai 1905 (Hervorhebung im Original).

29   Seit der Vereinsgründung 1825 begannen bis 1871 aufgrund der Vermittlung durch den Münsteraner Verein insgesamt 346 Lehrlinge eine handwerkliche Ausbildung, die sie aber oftmals nicht beendeten. In Gesamtpreußen waren 1852 immerhin noch 51,8%, in Westfalen 57,2%, in der Rheinprovinz 50,9% der Juden weiterhin im Handel tätig. Als Erfolg ist aber sicherlich anzusehen, daß es dem Verein insofern gelungen ist, tradierte jüdische Lebensformen und -muster aufzubrechen, als die Handwerkerexistenz in der jüdischen Bevölkerung mehr akzeptiert wurde und vor allem Juden unterer Sozialschichten (Tagelöhner oder Hausbedienstete) eine Perspektive des sozialen Aufstiegs eröffnete. Vgl. Barkai, Avraham: Jüdische Minderheit und Industrialisierung. Demographie, Berufe und Einkommen der Juden in Westdeutschland 1850-1914, Tübingen 1988, S. 41; Freund, Susanne: Jüdische Bildungsgeschichte, a.a.O., S. 65-84.

30   In einem Zeitraum von dreißig Jahren (von 1871 bis 1901) bewarben sich bei der „Marks-Haindorf-Stiftung" insgesamt nur 21 Anwärter für eine Lehrstelle in einem handwerklichen Berufszweig. Vgl. Freund, Susanne, Jüdische Bildungsgeschichte, a.a.O., S. 202-216.

31   Vgl. Freund, Susanne: Jüdische Bildungsgeschichte, a.a.O., S. 259ff.

32   In einigen wenigen traditionsbewußten Gemeinden führte die religiös-liberale Haltung der in der „Marks-Haindorf-Stiftung" ausgebildeten Lehrer zu Streitigkeiten mit den Synagogenvorständen. Vgl. STAD M1 II B Nr. 3968, 21. Mai 1852; Freund, Susanne: Jüdische Bildungsgeschichte, a.a.O., S. 152f.

gesinnten „Allgemeinen Zeitung des Judenthums" als auch von der Schulaufsichtsbehörde des Provinzial-Schulkollegiums – mit Ausnahme einer vorübergehenden Stagnationsphase in den 1870er und 1880er Jahren – durchweg positiv beurteilt wurde:[27] „Um nur eine günstige Folge dieser Lehrerbildung hervorzuheben, so wird auch in der kleinsten und entlegensten jüdischen Gemeinde Westfalens der früher vorherrschende Jargon nicht mehr gesprochen; auch haben die Zöglinge der hiesigen Anstalt die Abgangsprüfung an den Seminaren, deren sie zugewiesen waren, in den letzten Jahren stets und mehrfach besonders gut bestanden."[28]

Der durch den 'Assimilationsdruck' des preußischen Staates Anfang des 19. Jahrhunderts extern forcierte Auftrag der Berufsumschichtung der Juden vom kommerziellen Handels- in den Handwerkssektor hingegen scheiterte zum einen an den wirtschaftlichen und strukturellen Rahmenbedingungen, zum anderen aber an dem intern von Haindorf vorgegebenen humanistischen Bildungsideal.[29] Bereits wenige Jahre nach der Vereinsgründung zeichnete sich ab, daß die Handwerkerausbildung nur bedingt auf Resonanz stieß. Junge Juden nahmen das Vermittlungsangebot des Vereins für eine Lehrstelle in einem Handwerksberuf nur relativ zögernd wahr bzw. brachen die Ausbildung teilweise noch vor Abschluß wieder ab. Das vorindustriell gedachte Konzept, jüdische Jungen in die verschiedenen Sparten des Handwerks einzuführen, stagnierte schließlich endgültig, als zu Beginn der Industrialisierung das Handwerk allgemein in eine Krise geriet. Die jüdische Minorität drängte jetzt entweder in industrielle Berufszweige, wo sie mehr Entfaltungsmöglichkeiten als im kommerziellen Handwerk hatte, oder blieb dem Handels- oder Kreditgeschäft treu, das weiterhin finanzielle Anreize bot.[30]

Darüber hinaus sind die Gründe für das Scheitern der Handwerkerausbildung auch im Vereins- bzw. Stiftungsprogramms selbst zu suchen. Denn in die Handwerkerausbildung wurde von Beginn an – im Vergleich zu den Bildungsabteilungen Elementarschule und Lehrerseminar – kaum investiert, so daß die Tatsache, daß sich ab 1900 kein jüdischer Junge mehr für den Handwerksberuf bei der Stiftung anmeldete, vielleicht nur allzu gelegen kam, um diese ohnehin nur halbherzig betriebene Abteilung stillschweigend einzustellen.

Die ehemals als Verein gegründete „Marks-Haindorf-Stiftung" legte von Beginn an den Schwerpunkt ihrer Arbeit auf die Ausbildung von jüdischen Elementarschullehrern, um so unmittelbar auf den Ausbau des jüdischen Schulwesens in Westfalen sowie in der Rheinprovinz Einfluß zu nehmen. Der Unterrichtsplan im Lehrerseminar orientierte sich – abgesehen von den spezifisch religiösen Inhalten – an den vom preußischen Kultusministerium vorgegebenen Richtlinien.[31] Den Synagogengemeinden Westfalens standen somit in ausreichendem Maße qualifizierte Lehrer zur Verfügung, die einen fundierten Unterricht der Kinder garantierten, aber auch Kantor- und Kultusfunktionen übernahmen.[32]

Als im Zuge der Reformierung und Überweisung der Volksschullehrerbildung an Pädagogische Akademien 1925/26 sämtliche Volksschullehrerseminare geschlossen werden mußten, wurde der Seminarbetrieb der „Marks-Haindorf-

Stiftung" am 31. März 1926 eingestellt.[33] In den folgenden Jahren konzentrierte sich die Stiftung ausschließlich auf die letzte verbliebene Stiftungsabteilung der jüdischen Volksschule, in der nachweisbar noch bis Dezember 1941 jüdische Kinder unterrichtet werden konnten. De jure endete die Geschichte der „Marks-Haindorf-Stiftung" bereits am 14. März 1940 mit der Zwangsauflösung und -überweisung in den Kompetenzbereich der „Reichsvereinigung der Juden in Deutschland" durch die Nationalsozialisten. De facto erteilte der letzte Schulleiter Dr. Julius Voos jedoch vermutlich noch bis zu seiner Zwangsübersiedlung am 31. März 1942 nach Bielefeld in dem Stiftungs- und Schulgebäude, dem letzten sogenannten „Judenhaus" in Münster, Unterricht. Wenige Monate später – am 31. Juli 1942 – erfolgte dann die vierte und letzte Deportation der in Münster verbliebenen Jüdinnen und Juden, kurz nachdem am 1. Juli 1942 jegliche Beschulung jüdischer Kinder grundsätzlich verboten worden war.[34]

33   Vgl. STAM Reg. Münster Nr. 9247, 15. April 1926.
34   Vgl. Freund, Susanne: Jüdische Bildungsgeschichte, a.a.O., S. 294, S. 319ff.

Thomas Kollatz

Westfälisches Judentum zwischen Reform und Orthodoxie im 19. Jahrhundert

Der bis in die Gegenwart fortbestehende religiöse Konflikt zwischen Reform und Orthodoxie ist in der Kultur- und Religionsgeschichte des Judentums ein junges Phänomen. Im Laufe heftiger Auseinandersetzungen im 19. Jahrhundert um die zeitgemäße Gestalt des Judentums entwickeln Reform und Orthodoxie zwei Konzeptionen. Auf der einen Seite sind die Anhänger einer mehr oder weniger weitgehenden Reform der jüdischen Religion bereit, das Religionsgesetz – die Halacha oder mündliche Tora – ganz oder teilweise aufzugeben und sehen statt dessen in der Bewahrung des in der Bibel – der schriftlichen Tora – enthaltenen ethisch-sittlichen Gehalts und der Idee des Monotheismus Wesen und Aufgabe des neuzeitlichen Judentums. Auf der anderen Seite sind die Traditionalisten bemüht, so viel wie möglich von der überlieferten, durch Talmud und Schulchan Aruch geprägten Gestalt des Judentums in die Moderne hinüberzuretten. Die moderne Orthodoxie hält an der Einheit von schriftlicher und mündlicher Tora als unverzichtbarer Basis jüdischen Lebens fest. Obwohl beide Strömungen auf einer religiösen Definition des Judentums beharren, ist angesichts derart kontrastierender Vorstellungen ein Schisma letztlich unvermeidlich.

Diese Entwicklung ist eine unmittelbare Folge der gesamtgesellschaftlichen Wandlungsprozesse, die mit der europäischen Aufklärung und der französischen Revolution einsetzen. Seit dem letzten Drittel des 18. Jahrhunderts beginnt sich nicht nur die Haltung der nichtjüdischen Umwelt gegenüber der am Rand der Gesellschaft angesiedelten jüdischen Minderheit zu verändern.[1] Zur gleichen Zeit öffnen sich zunächst auch einzelne durch Besitz[2] oder durch Bildung[3] privilegierte Juden mit zunehmender Faszination der im Wandel begriffenen nichtjüdischen Kultur und Gesellschaft. Nachdem jüdische Gelehrte der sie umgebenden christlichen Kultur jahrhundertelang mit Desinteresse begegneten, wächst jetzt die Bereitschaft, die relative Autonomie jüdischer Selbstverwaltung zu Gunsten einer Akkulturation an die nichtjüdische Umwelt aufzugeben.

Eindrücklich hat der im Jahr der französischen Revolution in der westfälischen Dorfgemeinde Bruchhausen bei Höxter geborene Salomon Ludwig Steinheim (1789-1866) den Einbruch der Moderne in seinen „Kindheitserinnerungen" geschildert. Der Alltag „in jenen fernen versumpften und verdumpften Gegenden"[4] Westfalens vollzieht sich „nach alter Sitte und Art voll Frömmigkeit und Einfalt"[5]. Erst die revolutionären Vorgänge im Nachbarland Frankreich, und mehr noch die Begegnungen mit internierten französischen Soldaten läuten für den jungen Steinheim das Ende des bisherigen ruhigen, selbstgenügsamen west-

1 Seit Wilhelm von Dohms Schrift „Über die bürgerliche Verbesserung der Juden" (Berlin/Stettin 1781-1783), diskutieren aufgeklärte Demokraten öffentlich die bedrückende Lage der Juden in Deutschland.
2 Z.B. der Braunschweiger Hoffaktor Israel Jacobson (1768-1828).
3 An erster Stelle ist Moses Mendelssohn (1729-1786) und der Berliner Kreis jüdischer Aufklärer (Maskilim) zu nennen.
4 Steinheim, Salomon Ludwig: Biographische Bruchstücke: Kindheitserinnerungen, in: Salomon Ludwig Steinheim zum Gedenken. Ein Sammelband, hg. v. Hans-Joachim Schoeps, Hildesheim 1987, S. 189.
5 Steinheim, Salomon Ludwig: Biographische Bruchstücke, a.a.O., S. 181.
6 Steinheim, Salomon Ludwig: Biographische Bruchstücke, a.a.O., S. 189.

fälischen Landlebens ein: „Der Umschwung der öffentlichen Meinung erstreckte
sich bis in unsere westfälischen stillen, Deutschlands obskurste 'Krähwinkel'."[6]
Das westfälische Judentum, wie Steinheims Kindheitserinnerungen belegen,
bleibt keineswegs unberührt von diesem allumfassenden Wandel: „Der neue
mächtige Lebensdrang hatte unsere geringe und verachtete Gemeinde mit nicht
geringerer Gewalt als die Nationen rings um uns her ergriffen; wir vermerkten das
Wesen des neuen Geistes in der Menschengesellschaft und wurden von ihm, mehr
noch als man es ahnen konnte, zu einem neuen Leben emporgerissen."[7] Steinheim
betont im biographischen Rückblick die einschneidenden Folgen der Zeit-
ereignisse für die inneren Verhältnisse jüdischer Gemeinden. Der von Steinheim
beschriebene Mentalitätswandel und die Kollision des bürgerlich-weltlichen mit
dem traditionellen jüdischen System haben einschneidende Folgen für die jüdische Religion in der Neuzeit. Nicht nur auf politisch-sozialem, sondern auch auf
kulturell-religiösem Gebiet wird „... alles Geltende ins Schwanken gebracht; alles
Ehrwürdige vor Gericht; alle(r) Glauben in Zweifel gestellt. Überall wuchsen, ...
die schlummernden Keime im Boden des jüdischen Seelenlebens ..."[8] Steinheim
ist sich der Ambivalenz des Zeitgeschehens bewußt: Einerseits ist jede Religion

7   Steinheim, Salomon Ludwig: Biographische
Bruchstücke, a.a.O., S. 203.
8   Steinheim, Salomon Ludwig: Biographische
Bruchstücke, a.a.O., S. 204.

Jacobstempel Seesen von Südwesten,
eingeweiht 1810

durch den kritischen Zeitgeist prinzipiell in Frage gestellt, andererseits hegt –
nicht nur – Steinheim die Hoffnung, daß das Judentum sich erst unter diesen
veränderten gesellschaftlichen Rahmenbedingungen, erstmals befreit von äußerer
Unterdrückung und demütigenden Auflagen auch auf religiösem Gebiet frei
entfalten könne. Die rechtlichen Fesseln, die eine Integration und Akkulturation
der deutschen Juden jahrhundertelang unterbanden, werden im Königreich
Westfalen am 27. Januar 1808 mit der Verleihung gleicher Rechte und Freiheiten
wie den übrigen Untertanen zerschnitten. Die liberale französische Bürokratie
unter König Jerôme Bonaparte ist bestrebt „das Ergebnis der militärischen Siege
durch »moralische Eroberungen« abzustützen."[9] Die Emanzipation der Juden
folgt notwendig aus der napoleonischen Befriedungspolitik, wobei das Königreich Westfalen nicht nur jüdische Individuen emanzipiert, sondern auch die
jüdische Religionsgemeinschaft den christlichen Kirchen gleichstellt. Die freie
Ausübung der Religion ist einerseits von Staats wegen garantiert, andererseits ab
sofort staatlicher Aufsicht unterstellt.[10] Konsistorien sollen das Verhältnis
zwischen Staat und Religionsgemeinschaften regeln. Per Dekret konstituiert
König Jerôme am 29. März 1808 ein jüdisches Konsistorium in der Hauptstadt
des Königreichs Westfalen, Kassel. Diesem Gremium obliegt neben zahlreichen
fiskalen und schulpolitischen Aufgaben auch die Aufsicht über „alles, was die
Religionsausübung betrifft".[11] Präsident des siebenköpfigen Konsistoriums wird
der vormalige Braunschweiger Hoffaktor, jetzige Geheimfinanzrat König
Jerômes, Israel Jacobson. Ihm stehen drei Rabbiner, zwei Gelehrte sowie ein
(christlicher) Sekretär zur Seite. Das Konsistorium unternimmt erste praktische
Vorstöße zu einer Reform des Judentums in Deutschland. In einer programma-
tischen Antrittsrede skizziert Konsistorialpräsident Jacobson Leitlinien der Arbeit
dieser ersten jüdischen Religionsbehörde in Deutschland: „(D)enn die Erfahrung
aller Zeiten hat es von den Bekennern jeder Religion bestätigt: daß ... die wahren

9   Berding, Helmut: Die Emanzipation der Juden
im Königreich Westfalen (1807-1813), Archiv für
Sozialgeschichte 23 /1983, S. 27.
10   Das Königliche Dekret (Nr. 62) vom 31. März
1808 ordnet die Errichtung des Konsistoriums an:
„... wenn die Juden gleich Unsern andern Untertanen die freie Ausübung ihres Gottesdienstes
genießen sollen, (muß) diese Religionsübung, auch,
wie die anderen Unserer Aufsicht unterworfen seyn",
zit. n. Sulamith 2/1808, 1. Bd., S. 3. 'Sulamith'
kann als das Hausblatt des Konsistoriums gelten.
Nach Sulamith 2/1808, S. 414 (Anm.) sollen „diese
Blätter ... jederzeit von den Arbeiten und Verfügun-
gen des Consistoriums *authentische* Nachrichten
mittheilen".
11   Sulamith 2/1808, Art. 4, 1, S. 5. Den
Aufgabenbereich umreißt Art. 5: „Die Aufsicht in
Betreff der Religionsausübung soll unter sich
begreifen die Ritualien oder gottesdienstlichen
Verordnungen, den Gottesdienst, die Synagogen,
die Disciplin und den Religions-Unterricht."

Gebetbuch für das ganze Jahr mit
dt. Übersetzung, Amsterdam 1705,
Drucker: Moses ben Hispisch aus
Hamburg. Silberner Einband,
getrieben und graviert, mit Kette.
Stadtbeschau Hamm, Westfälisches
Landesmuseum für Kunst und
Kulturgeschichte Münster

12   Sulamith 2/1808, S. 418.
13   Sulamith 2/1808, S.10: „Das Etablissement
guter, dem Zeitgeiste angemessener Lehr- und
Erziehungsanstalten, sowie die Verbesserung alles
dessen, was, den wahren Geiste einer guten Religion
entgegen, zeither zu Verirrungen und Unsittlich-
keiten Anlaß gegeben, wird der vorzügliche Gegenstand seyn, welcher das Consistorium beschäftigen
wird". Vgl. auch Sulamith 3/1810, 1. Bd., S. 315:
„Unsere geistliche Behörde, das israelitische Konsistorium, ... macht die Verbesserung unserer Synagogen und Schulen zum Gegenstande seiner eifrigsten
Sorgfalt, verbreitet richtigere Grundsätze, und wird
unser Bestes auch dann unparteiisch besorgen,
wenn wir nicht augenblicklich die Blüthen oder
Früchte desselben wahrnehmen."

ächten Religiösen den Kern von der Schale zu sondern verstehen, und ausserwe-
sentliche Einrichtungen und Gebräuche gern modificiren, sobald die geläuterte
Vernunft selbige als unnütz oder schädlich darstellt."[12] Zur Hebung des religiösen
Bewußtseins der Israeliten im Königreich Westfalen konzentrieren sie sich auf-
tragsgemäß insbesondere auf eine Reform der Schule und Synagoge.[13] Dazu
scheint ihnen eine 'Modifikation' und Anpassung der jüdischen Religion an die

Normen des aufgeklärten bürgerlichen Zeitgeistes unerläßlich. „Noch", formuliert Jacobson, „haften auf unserm Kultus einige religiöse Gebräuche, welche der Vernunft, und unsern christlichen Freunden mit Recht anstößig seyn müssen."[14] Die Konsistorialräte sind sichtlich bemüht, diese vermeintlichen Unschicklichkeiten auszuräumen und somit die Eingliederung der jüdischen Bevölkerung in das bürgerliche Leben voranzutreiben. Zahlreiche Konsistorialdekrete sollen den Kardinaltugenden des deutschen Bürgertums 'Anstand', 'Schicklichkeit', 'Andacht', 'Sittlichkeit', 'Ruhe', 'Ordnung' und 'Würde' zum raschen Einzug in den jüdischen Kultus verhelfen.[15] Die Neuordnung der Hochzeits- und Beerdigungszeremonien, die Ersetzung der Bar Mizwa durch die Konfirmation für Jungen und Mädchen sowie die Amtskleidung der Räte belegen anschaulich, daß sich das Konsistorium den Ritus der protestantischen Kirche zum ästhetischen Vorbild nimmt. Wenigstens an einem Ort, in Seesen, gelingt es dem Konsistorium, einen zeitgemäßen Synagogen-Gottesdienst nach eigenen Vorstellungen zu verwirklichen. Dort veranlaßt Israel Jacobson den Bau des Jacobstempels, in dem man mit einigem Recht die jüdisch-religiöse Entsprechung zum liberalen Musterstaat Königreich Westfalen sehen kann: Soll das Königreich die Überlegenheit des napoleonischen politischen Systems in der Praxis beweisen, so muß der Tempelgottesdienst die Möglichkeiten einer zeitgemäßen Reform der jüdischen Religion demonstrieren. Die Einweihungsfeier am 17. Juli 1810 dokumentiert ein doppeltes Vorhaben, „den jüdischen Institutionen ein zeitgemäßes ansprechendes Aussehen zu geben, sie in würdiger auch Andersgläubigen gefälliger Gestalt vorzuführen"[16]. Glocken läuten den Gottesdienst ein, beim Eintritt der zahlreich angereisten Juden und Christen erschallt die Orgel, Musiker und Sänger bringen eine Kantate und Choräle zu Gehör, Gebete werden in hebräischer und deutscher Sprache vorgetragen. Den Höhepunkt bildet eine deutsche Predigt Israel Jacobsons, in der er sich an seine Glaubensgenossen wendet: „Es ist daher vorzüglich Eure religiöse Bildung, meine israelitischen Brüder, es ist die Ausübung Eurer Gebräuche, Eure Andacht, u.s.w. welche mir beim Entwurfe dieses Tempelbau's vorschwebten."[17] Darüber hinaus – führt Jacobson aus – soll der Tempel der Annäherung an die Christen zuarbeiten, denn „nur von dieser Annäherung hängt Eure wahre und fortschreitende Aufklärung, hängt die Bildung Eures Geistes zur ächten Religiosität, und zugleich Euer künftiges größeres politisches Wohl ab."[18] Im Seesener Tempel zeichnet sich ein neues Verständnis des Gottesdienstes und der Synagoge ab, das auch spätere liturgische Reformen motiviert.[19] Die Synagoge wandelt sich von einem zur kollektiven Gebotserfüllung bestimmten Versammlungsort zu einem geweihten Raum, zu einem Tempel der Sammlung und Besinnung, in dem individuelle religiöse Bedürfnisse erfüllt werden: „Die Seele eines sinnlich-vernünftigen Wesens bedarf dieser öffentlichen Versammlungsorte zu ihrer Erhebung."[20] Inwiefern die Direktiven des Kasseler Konsistoriums über Seesen und Kassel hinaus Wirkung zeigten, läßt sich nur schwer einschätzen. Zwar waren die Rabbiner und Prediger im Königreich Westfalen dazu angehalten, regelmäßig deutsch zu predigen[21], aber „(l)eider fehlt es bis jetzt (1808, A.d.A.) den meisten Gemeinden an guten Predigern!"[22] Immer wieder klagt das

14   Sulamith 3/1810, 1. Bd., S. 314f.
15   Vgl. Dekret Nr. 2732, Sulamith 3/1810, 1. Bd., S. 366-380.
16   Elbogen, Ismar: Der jüdische Gottesdienst in seiner geschichtlichen Entwicklung, Frankfurt/M. (3. verb. Auflage) 1931, S. 398.
17   Feyerliche Einweihung des Jacobs-Tempels in Seesen, in: Sulamith 3/1810, 1. Bd., S. 308.
18   Sulamith 3/1810, S. 309.
19   Zahlreiche Elemente des Seesener Einweihungsgottesdienst finden sich in der Synagogenordnung vom 24. September 1810 des Konsistoriums wieder, vgl. Dekret Nr. 2732, in: Sulamith 3/1810, Bd. 1, S. 366-381, zugleich erste neuzeitliche Synagogenordnung.
20   Sulamith 3/1810, S. 313; Vgl. Meyer, Michael A.: 'How Awesome is this Place!'. The Reconceptualisation of the Synagogue, LBIYB 41/1996, S. 51-63.
21   Brilling, Bernhard: Briefe des Königlich Westfälischen Konsistoriums der Israeliten in Kassel an die Rabbiner Abraham Sutro und Marcus Baer Adler (1809-1812), Udim 4/1974, S. 53.
22   Sulamith 2/1808, 1. Bd., S. 30. Predigten sind u.a. belegt von den Konsistorialräten Mendel Steinhard und Löb Meyer Berlin. Auch der Kritiker des Konsistoriums Samuel Egers aus Braunschweig, sowie Abraham Sutro und Marcus Baer Adler haben deutsch gepredigt. Darüber hinaus bestiegen in Kassel häufiger durchreisenden Prediger die Kanzel.

Konsistorium über schleppende bzw. verweigerte Ausführung der Weisungen durch Rabbiner und Gemeindevorsteher. So liegt die Vermutung nahe, daß die faktische Umsetzung des Reformprogramms zu wünschen übrig ließ.[23] Zudem geraten die Konsistorialräte ins Kreuzfeuer innerjüdischer Kritik. Einzelne Maßnahmen, etwa die Einführung deutscher Gebete und der Orgel in den Synagogen-Gottesdienst, stehen im Widerspruch zur geltenden Halacha und rufen den Widerspruch der Traditionalisten hervor, die durch eine Abkehr von der hebräischen Sprache einen unwiederbringlichen Substanzverlust befürchten.

Den Anhängern eines 'aufgeklärten', von jeglichem zeremoniellen Ballast bereinigten, 'vernünftigen' Judentum aus dem Umfeld der Berliner Maskilim dagegen sind die Westfalen immer noch zu sehr im traditionellen Judentum verhaftet. Dies zeigt exemplarisch ein Brief David Friedländers (1750-1834) an Ahron Wolfsohn-Halle, die beide dem Konsistorium in den Gründungstagen als Berater zur Seite standen[24]. „Ich will zugeben, daß unsere jungen Cons.-Räthe entweder den Mut nicht haben, gegen die alten Rabbinen aufzutreten oder wirklich selbst noch an die Unfehlbarkeit des Talmuds und an die Wichtigkeit der Fleisch- und Milch-Gesetze glauben."[25]

Das Königreich Westfalen, das Konsistorium und dessen Dekrete währen nur sechs Jahre (1806-1813), danach wird die Provinz Westfalen Preußen eingegliedert. Auch in den kommenden Jahren erheben sich vorerst vereinzelt Stimmen zu religiösen Reformen im Judentum, die den Zeitverhältnissen Rechnung tragen wollen. Aus Gründen der Hygiene und Gesundheit argumentiert der Geseker Rabbiner Hirsch Cohen Rappert (gest. 1832) „mit gesunder Vernunft"[26] für die Erwärmung des Wassers in rituellen Reinigungsbädern (Mikwot), wobei er betont, daß diese Neuerung keineswegs den talmudischen und rabbinischen Bestimmungen widerspreche. Einem veränderten Arbeitsethos will der Briloner Landrabbiner Joseph Abraham Friedländer (1753-1852) mit der Abschaffung der zweiten Feiertage Rechnung tragen. Er schöpft die Argumente dafür „aus dem Talmud selbst"[27]. Und beeilt sich hinzuzufügen: „Nicht ..., aus Reformationssucht, ... wollte ich ein unter andern Zeit- und Ortsverhältnissen vielleicht gerechtfertigtes Gesetz aufheben, sondern nur andeuten, wie man ohne der Religion zu nahe zu treten, menschliche Einrichtungen erleichtern könne; wenn diese zwecklos und für einen großen Theil des Volks drückend erscheinen."[28] Die Aufhebung des zweiten Feiertags bedeute „in politisch-bürgerlicher Hinsicht"[29] einen unschätzbaren „Vorteil für alle israelitische(n) Familien in Beziehung auf ihr Gewerb und sonstige Verhältnisse."[30] Im Publicandum vom 12. August 1832 betont Friedländer, das es sein „eifrigstes Bestreben ist, die zur Erhaltung unserer heiligen Religion erforderlichen zeitgemäßen Anordnungen zu handhaben, um sie zum Festhalten am mosaischen Glauben zu unterstützen". [31] Im Schriftenkampf des Jahres 1842[32] stellt er explizit fest, daß die mündliche Tora „keine ewig verbindende Kraft" habe[33], und die talmudischen Vorschriften demnach nicht „Maasstab für die Religiosität" sein können. Während zu Konsistoriumszeiten die innerjüdische Debatte um Reform und Tradition vor allem unter Rabbinern

23   Sulamith 3/1810, 1. Bd., S. 88f., berichtet, daß die Ehe „von vielen Israeliten aus Unkunde" noch immer nach den alten Gebräuchen, statt dem Code Napoleon geschlossen werde; per Königlichem Dekret werden die Israeliten des Königreichs zur Einhaltung der Dekrete des Konsistoriums aufgefordert, vgl. Sulamith 3/1811, 2. Bd., S. 211.
24   Lazarus, Felix: Das Königlich Westphälische Konsistorium der Israeliten, MGWJ 58/1914, S. 10.
25   Den Brief zitiert Lazarus, Felix: Das Königliche Konsistorium, a.a.O., S. 93.
26   Rappert, Hirsch Cohen: Reinigungs-Ordnung zum Gebrauche der israelitischen Weiber, Marburg 1824, S. 6.
27   Friedländer, Joseph: Schoresch Joseph, Brilon 1834, S. 7.
28   Friedländer Joseph: Schoresch Joseph, a.a.O., S. 3.
29   Friedländer, Joseph: Schoresch Joseph, a.a.O., S. 10.
30   Friedländer, Joseph: Schoresch Joseph, a.a.O., S. 6.
31   Friedländer, Joseph: Schoresch Joseph, a.a.O., S. 15. In ähnlicher Weise argumentiert Friedländer für die Anpassung jüdischer Trauergebräuche an die preußische Gesetzeslage, vgl. Ders.: Mahadura Bathra, (Brilon) 1835.
32   Der Geiger-Tiktin Streit (Breslau, 1842) und ein Reformgebetbuch (Hamburg 1841) ziehen eine Unmenge Gelegenheitsschriften, Eingaben und Artikel nach sich.
33   Friedländer, Joseph: Schoresch Joseph, a.a.O., S. 4. In der weiteren Argumentation untermauert Friedländer - durchaus typisch für traditionell geschulte Reformer - einen antitalmudischen Standpunkt mit Belegstellen und Argumenten aus eben diesem Talmud und späteren rabbinischen Schriften.

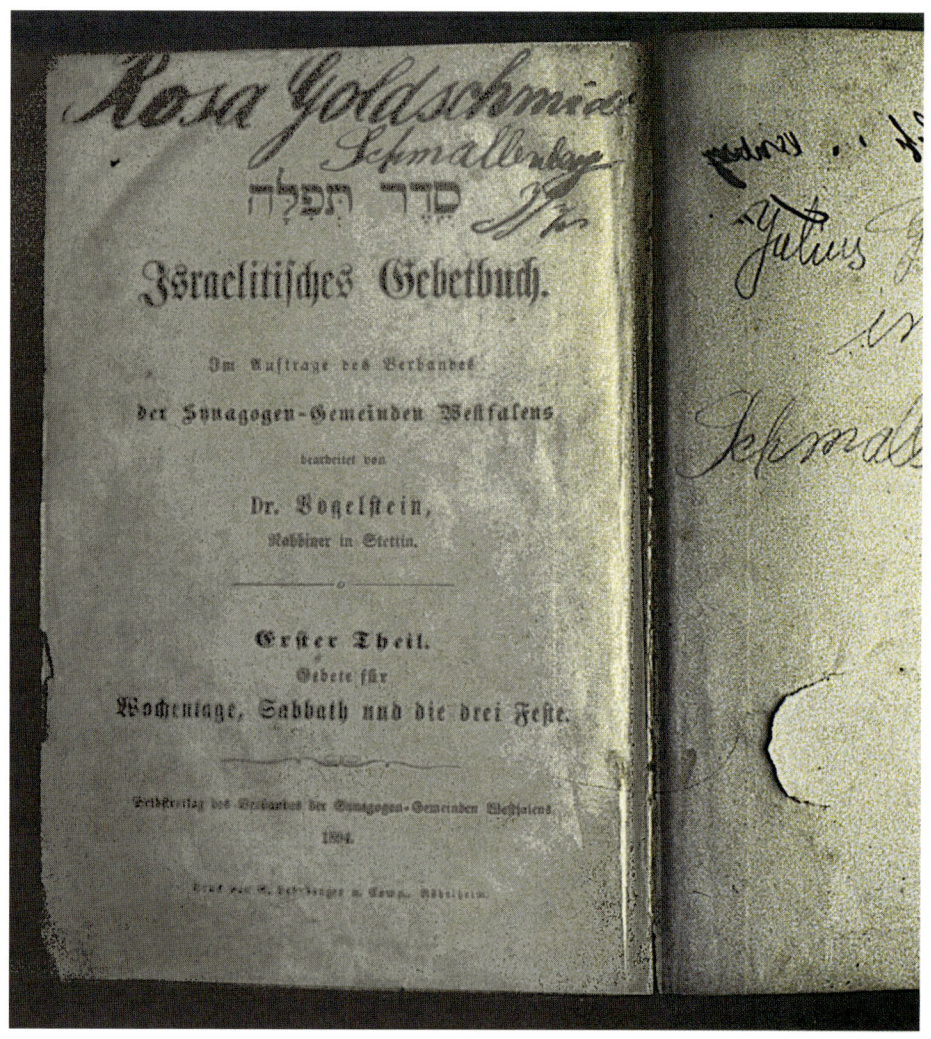

Israelitisches Gebetbuch, hg. im Auftrag des Verbandes der Synagogen-Gemeinden Westfalens, bearb. von Dr. Vogelstein, Rödelheim (Selbstverlag des Verbandes der Synagogen-Gemeinden Westfalens) 1894, Hans Frankenthal, Dortmund

geführt wurde, die ihre Argumente in halachischen Gutachten niederlegten, werden in den vierziger Jahren des 19. Jahrhunderts erstmals weitere Kreise der jüdischen Öffentlichkeit einbezogen. Die Debatten nehmen an Schärfe zu. Gemeindemitglieder, Vorstände, Laien, Lehrer und Rabbiner wenden sich in zahlreichen Schriften an die jüdische Öffentlichkeit. Die Möglichkeiten der stetig wachsenden jüdisch-deutschen Presse werden genutzt, um Vorstellung von Wesen und Gehalt des Judentums zu verbreiten. Gleichzeitig versuchen beide Seiten durch behördlichen Eingabe die Obrigkeit für die eigene Sache zu gewinnen. Auch Westfalen bildet hier keine Ausnahme.

Gegen den Einfluß der Rabbiner agitiert Levi Lazar Hellwitz (1786-1860), Kaufmann und Obervorsteher in Soest. Er versucht, die Gemeinde dem Einfluß des orthodoxen Landrabbinats zu entziehen. Statt dessen soll dem Prediger, ein Amt, das Hellwitz persönlich ausfüllt[34], entsprechend kirchlichem Gebrauch die alleinige Leitung der Synagogengemeinde zufallen. Im Jahre 1847 vermerken die Soester Gemeindeakten, daß sich „der größte Teil der Mitglieder der Berliner

34   Nach Porta, H. u. Markus Löwenstein hält Hellwitz jeden Schabbat und Festtag Predigten, „die um so mehr Anerkennung verdienen, da er sich das Redner-Talent ohne eigentliche Vorbereitung durch höhere Studien, erworben hat", vgl. Porta, H./ Löwenstein, M.: Ueber die Kulturfortschritte unter den Israeliten in Westphalen, Sulamith 7 (o.J.), 2. Bd., S. 70.

104

Reform-Genossenschaft angeschlossen habe"[35] und Hellwitz einige reform-typische kultische Änderungen, Orgel[36], deutsches Gebetbuch, Beten mit entblößtem Haupt, eingeführt habe.

Die Reformrabbiner-Versammlungen der 1840er Jahre bilden einen weiteren Höhepunkt der innerjüdischen Auseinandersetzung. Hier treffen sich der religiösen Reform des Judentums nahestehende Rabbiner, um – wie es die Statuten bestimmen – „gemeinschaftlich sich über die Mittel zu berathen, wodurch die Erhaltung und Fortbildung des Judenthums und die Belebung des religiösen Sinnes bewirkt werden könne".[37] Der einzige westfälische Teilnehmer an der ersten Rabbiner-Versammlung in Braunschweig im Juni 1844 ist der Mindener Prediger Edler.[38] Edler hat jedoch weder einen Antrag noch einen Diskussionsbeitrag zum Geschehen beigesteuert, sich offensichtlich also mit der Rolle eines passiven Zuhörers begnügt. Immerhin wenden sich die zwei wohl prominentesten Reformanhänger Westfalens, Friedländer und Hellwitz, mit mehreren Anträgen an das Forum der Reformrabbiner.[39]

Die Rabbiner-Versammlungen fordern den Widerstand der Traditionalisten heraus. In einem gemeinsamen Aufruf an alle „Treue Gläubige in Israel" erklären 116 orthodoxe Rabbiner sämtliche Beschlüsse der Rabbiner-Versammlungen für null und nichtig. Sie sehen die Reformer „mit maßloser Arroganz über die wichtigsten Religions-Fragen ohne Forschung, ohne Quellenstudium aburtheilen", somit stehe die Rabbiner-Versammlung „dem wahren Judenthume entgegen" und vermehre den Glaubensverfall.[40] Zu den Unterzeichnern zählt auch Abraham Sutro (1784-1869). Sutro wird 1810 vom Westfälischen Konsistorium zum Kreisrabbiner ernannt, in preußischer Zeit als Landrabbiner von Münster und der Grafschaft Mark, später außerdem zum Oberrabbiner des ehemaligen Fürstentums Paderborn eingesetzt und bleibt bis zu seinem Tod im Jahre 1869 im Amt. Sutro ist ein typischer Repräsentant der modernen Orthodoxie. Bereits 1811 predigt er in deutscher Sprache; von ihm mitentworfene Synagogenordnungen

35   Zit. n. Täubler, Eugen: Akten-Inventar der Synagogen-Gemeinde Soest, Mitteilungen des Gesamtarchivs der deutschen Juden 3 (1911/12), Leipzig 1912, S. 32.
36   Bereits 1835 hatte Hellwitz eine Orgel für die Münsteraner Lehrerbildungsanstalt gestiftet, vgl. Haindorf, Alexander: Achter Bericht über den Verein für die Provinz Westfalen zur Bildung von Elementarlehrern und Beförderung von Handwerken und Künsten unter den Juden, Münster 1835, S. 22: „Der Herr Obervorsteher zu Soest, (ist) mit besonderm Lobe zu nennen, ... indem derselbe ihr zur Förderung des religiösen Gesanges eine neue Wiener Harmonika-Orgel geschenkt hat, welche schöne Gabe ihrer Zweckmäßigkeit wegen doppelte Anerkennung verdient".
37   Protocolle der ersten Rabbiner-Versammlung, Braunschweig 1844, S. 5.
38   Vgl. Anwesenheitsliste, in: Protocolle der ersten Rabbiner-Versammlung, a.a.O., S. 1. Edler weiht gemeinsam mit Salomon Blumenfeld (1825-1904) 1865 die Mindener Synagoge ein, vgl. zwei Reden zur Einweihung der neuen Synagoge in Minden am 24. März 1865, und beim ersten Hauptgottesdienst in derselben am 25. März gehalten von M. Edler, Prediger in Minden, S. Blumenau, Prediger in Bielefeld, Minden 1865. Biographische Angaben liegen mir nicht vor.
39   Friedländer ließ bereits der Braunschweiger Rabbiner-Versammlung (1844) eine Grußadresse zukommen. Der Frankfurter Rabbiner-Versammlung (1845) legt er einen in den Protokollen der Versammlung nicht näher beschriebenen Antrag zur „Abänderung der Trauergebr(äuche)" sowie – gemeinsam mit Hellwitz – einen Antrag zur „Abstellung des zweiten Festtages" zur Beratung vor. Diese Anträge konnten allerdings ebenso wie ein weiterer Antrag von Hellwitz auf „Abschaffung der Vorfeier an Sabbat- und Festtagsvorabenden" aus Zeitgründen auf der Frankfurter Versammlung nicht mehr diskutiert werden, vgl. Protocolle der ersten Rabbiner-Versammlung, a.a.O., S. 42 und Protocolle und Aktenstücke der zweiten Rabbiner-Versammlung, Frankfurt/M. 1845, S. 195 u. S. 379f.
40   Rein zahlenmäßig sind zu diesem Zeitpunkt die Traditionalisten noch in der Mehrheit: Während sich auf den drei Versammlungen insgesamt 42 Rabbiner getroffen haben, unterschreiben 116, davon 77 deutsche Rabbiner den orthodoxen Aufruf, vgl. Lowenstein, Steven M.: The 1840s and the Creation of the German-Jewish Religious Reform Movement, in: Revolution and Evolution. 1848 in German-Jewish History, hg. v. Werner E. Mosse, Tübingen 1981, S. 256-296.

legen – hierin der ehemaligen Konsistoriumsordnung verwandt – großen Wert auf „Ruhe, Ordnung und Stille in der Synagoge".[41] Auch bemüht er sich um die Verbesserung des Schulwesens und die Emanzipation der Juden. Zugleich kämpft er für den Erhalt des orthodoxen Judentums und beteiligt sich an den halachischen Debatten seiner Zeit.[42]

Der Konflikt zwischen Reform und Orthodoxie verschärft sich, als sich um Salomon Friedländer (1823-1860), Lehrer an der Marks-Haindorfschen Lehranstalt in Münster, eine Reformgruppe und Teile des Synagogenvorstandes sammeln. Einmal setzen die Reformer ihren Gottesdienst mit polizeilicher Unterstützung gegen den Widerstand Sutros und orthodoxer Gemeindeglieder durch. In einer Adresse an die zweite Rabbiner-Versammlung (Frankfurt 1845) klagt die Münsteraner Reformpartei, „daß derjenige, welcher unser geistlicher Führer sein sollte (Sutro, A.d.A.), in unserer so bewegten Zeit unter einer Fahne kämpft, deren Anhänger in beklagenswerthem Irrthum befangen, das Judenthum seiner Auflösung entgegen führen. ... Ist auch die Zahl der Führer noch groß welche, das Leben verkennend, alles Ueberkommene mit Starrsinn festhalten, so sind doch glücklicherweise der Gläubigen nur noch wenige, welche diesen Führern folgen."[43] Dennoch, ob durch ausbleibende staatliche Unterstützung oder die Emigration Friedländers in die Vereinigten Staaten[44] sei dahingestellt, vereinen sich die gespaltenen Parteien im Jahre 1851 wieder. Der Korrespondent des orthodoxen 'Treuen Zionswächter' führt es auf Sutros Wirken zurück, daß „es endlich gelungen (ist), den Gottesdienst wieder nach althergebracher feierlicher Weise abzuhalten, eine Art und Weise mit der der sogenannte Gottesdienst der Neueren nicht concurriren kann".[45]

Die im zweiten Drittel des 19. Jahrhunderts geschaffenen institutionellen Strukturen spiegeln die innere Gespaltenheit des deutschen Judentums wider. Das jüdische Zeitungswesen teilt sich in reformorientierte und orthodoxe Zeitungen.[46] Auch im Schulwesen trennen sich die Wege: Werden beispielsweise in der Marks-Haindorfschen Lehrerbildungsanstalt zu Münster überwiegend Reformlehrer geschult, bildet das vom Düsseldorfer Rabbiner Wolf Feilchenfeld (1827-1913) im Jahre 1867 ins Leben gerufene dortige orthodoxe Lehrerseminar Lehrkräfte für orthodoxe Schulen aus.[47] Im Jahre 1891 schließen sich mehrere Reformgemeinden zum „Verband der Synagogengemeinden Westfalens" zusammen, deren Mitbegründer der damalige Bielefelder Lehrer und Prediger Felix Coblenz (1863-1923) ist. Im Jahre 1894 erscheint im Auftrage des Verbandes ein „Israelitisches Gebetbuch", herausgegeben vom Stettiner Rabbiner Heinemann Vogelstein (1841-1911), es ist das erste Mal seit Beginn der Reformbewegung, daß „für einen größeren Kreis von Gemeinden ein gleichmäßiges Gebetbuch"[48] verwendet wird. Das Gebetbuch löst eine erneute Auseinandersetzung zwischen Reform und Orthodoxie aus. Die orthodoxen Kritiker Vogelsteins bemängeln vor allem dessen freie Übertragung der hebräischen Gebetstexte, in denen er Abstand von traditionellen Gebeten um Rückkehr nach Jerusalem und für den Wiederaufbau des Tempels nimmt. Vogelstein begründet sein Vorgehen wie folgt: „Wir tragen ein höheres Ideal in der Brust: den Sieg der erhabenen Lehren lauterer

41 Z.B.: Reglement für die Herrn Vorsteher im Rabbinatsbezirk von Münster und Mark vom 21. April 1817 (entworfen von Abraham Sutro), zit. nach Schlautmann-Overmeyer, Rita: Die jüdische Gemeinde in Münster zwischen Emanzipation und Nationalsozialismus. Untersuchungen zur innergemeindlichen Situation, Münster 1991, S. 107 (Magisterarbeit), vgl. dort auch spätere Synagogenordnungen.
42 In der hebräischen Beilage zum „Treuen Zionswächter" sind 35 hebräische rabbinische Gutachten Sutros veröffentlicht.
43 Beilage zum „Treuen Zionswächter", S. 258f.: Adresse aus Münster, Münster den 20. Juli 1845.
44 Vgl. Herzig, Arno: Judentum und Emanzipation in Westfalen, Münster 1973, S. 48.
45 Der Treue Zionswächter 10/1854, S. 84.
46 Abraham Sutro empfiehlt in einem Circular vom 9. Oktober 1851 den Gemeinden seines Sprengels ausdrücklich die Lektüre der Altonaer Wochenzeitung „Der Treue Zionswächter: Organ zur Wahrung orthodoxer Interessen im Judentum", da sie „zur Befestigung unseres heiligen Glaubens viel beiträgt", „Zeitungsnachrichten Westphalen", Der Treue Zionswächter, 7/1851, S. 43f.
47 Abraham Sutro hat übrigens bereits 1847 Religionsunterricht für Mädchen gefordert, vgl. Der Treue Zionswächter, 3/1847, Nr. 39, S. 317 – Circular Sutros zum Schulwesen.
48 Elbogen, Ismar: Der jüdische Gottesdienst in seiner geschichtlichen Entwicklung, Hildesheim (4. Aufl.) 1962, S. 320.

Rabbiner Dr. Felix Coblenz,
Bielefeld 1905

Gottesfurcht und reinen Menschentums, die auf Zion von Propheten, Psalmen-
sängern und Gesetzeslehrern verkündet worden sind, und durch deren Befolgung
und Bethätigung das Menschengeschlecht sich selbst erlöst aus den Banden der
Selbstsucht und der niederen Leidenschaften"[49]. Die Orthodoxie verweigert sich
einer derartigen Umdeutung traditionell-konkreter Zionssehnsucht in eine allge-
mein-menschliche Befindlichkeit. Im Jahre 1896 wird in Dortmund ein *Verein
zur Erhaltung des überlieferten Judentums in Westfalen* gegründet.

Trotz unverkennbarer Differenzen in der Sache sind die religiösen Kontrahen-
ten dennoch gleichermaßen bestrebt, der jüdischen Religion auch unter den
Bedingungen der Moderne einen Platz zu bewahren. Das westfälische Judentum
präsentiert sich am Ende des 19. Jahrhunderts in einer bis dahin ungekannten
Vielfalt religiöser Ausdrucksformen und Strömungen und widerlegt damit die

49 Israelisches Gebetbuch, hg. im Auftrag des
Verbandes der Synagogen-Gemeinden Westfalens,
bearb. von Dr. Vogelstein, Rödelheim (Selbstverlag
des Verbandes der Synagogen-Gemeinden Westfalens) 1894, Vorwort.

כוס ישועות אשא

A. Sutro

50 Lazarus, Max: Erinnerungen, Dortmund 1967,
S. 73. Max Lazarus hält diese Charakterisierung des
religiösen Lebens Westfalens für unzutreffend.

zuweilen kolportierte Rede vom „'trefenen', mit mangelndem jüdischem Sinn
behafteten Westfalen"[50]. Das durch Aufklärung, Emanzipation, religiösen
Indifferentismus, Taufbewegung und Assimilation 'ins Schwanken gebrachte'
religiöse Selbstbewußtsein ist wiedergewonnen.

Kirsten Menneken

„Ihr kennt die Frauen nicht ...“

Aspekte jüdischen Frauenlebens in Westfalen und Lippe
vom ausgehenden 18. bis zum beginnenden 20. Jahrhundert

„... Ihr kennt die Frauen nicht, geht, lernt sie kennen und dann versperrt ihnen nicht jeden Weg zu leben ...“[1] schreibt Sophie Meyer im März 1851 in einem Brief an ihren Freund, den Mindener Mediziner und Revolutionär Abraham Jacobi. Sie bezieht sich dabei auf das politische Tauwetter im Anschluß an die 48er-Bewegung, in der sie und ihre Schwester Fanny sich politisch engagiert hatten.

Die Familie Boas in ihrer Mindener Wohnung. Zweite von links: Sophie Boas geb. Meyer, links neben ihr Franz Boas, ihr Sohn; rechts neben ihr Meier Boas, ihr Ehemann, links von ihm vermutl. die Töchter „Toni“ und „Hete“

Warum sich das Zitat, wörtlich genommen, in besonderer Weise dazu eignet, einen Beitrag über die Geschichte der jüdischen Frauen einzuleiten, wird mit Blick auf die nach wie vor marginale Präsenz jüdischer Frauen in wissenschaftlichen Forschungen zur deutsch-jüdischen Geschichte deutlich. Trotz umfassender Aufarbeitungen der deutsch-jüdischen Historie sind die Sozialgeschichte der jüdischen Minderheit und die Aufarbeitung der jüdischen Frauengeschichte nach wie vor Desiderata.[2] So ist auch die deutsch-jüdische Historiographie eine Geschichte der jüdischen Männer und männlicher Lebensbereiche. „Indem wir die Frauen sichtbar machen, ändern wir nicht nur deren Bedeutung, sondern

1 Vgl. Herzig, Arno: Abraham Jacobi. Die Entwicklung zum sozialistischen und revolutionären Demokraten. Briefe, Dokumente, Presseartikel, Mindener Beiträg 16/1980, S. 107f.
2 Vgl. Herzig, Arno: Juden und Judentum in der sozialgeschichtlichen Forschung, in: Schieder, Wolfgang/Sellin, Volker (Hg.): Sozialgeschichte in Deutschland (Bd. IV: Soziale Gruppen in der Gesellschaft), Göttingen 1987; Faassen, Dina van: Jüdisches Frauenleben in Lippe bis 1858, Lippische Mitteilungen 62/1993, S. 129.

auch den Blick, mit dem wir die Geschichte als ganze betrachten," schreibt Marion A. Kaplan[3] in Anbetracht der einseitig dominierten Vorstellungen von deutsch-jüdischer Geschichte wie auch der daraus resultierenden Schlußfolgerungen. Etwa der, daß nach langem Ringen 1869 im Norddeutschen Bund bzw. 1871 in ganz Deutschland die jüdische Emanzipation erreicht und endlich alle bürgerlichen Rechte erlangt worden seien, was u.a. die Tatsache außer acht läßt, daß Jüdinnen – wie ihre nichtjüdischen Geschlechtsgenossinnen auch –, erst 1918 das allgemeine Wahlrecht zugesprochen bekamen. Jüdische Frauen waren doppelt diskriminiert: Wie alle Frauen hatten sie im Deutschen Reich erst ab 1908 offiziellen Zutritt zu den Universitäten und erst nach Aufhebung des preußischen Vereinsgesetzes die Möglichkeit, sich parteipolitisch zu engagieren; zugleich blieben ihnen so typische Frauenberufe wie der der Lehrerin bis zur Zeit der Weimarer Republik verschlossen, weil sie Jüdinnen waren. Die in den letzten Jahren erschienenen Publikationen der deutsch-jüdischen Frauenforschung beschränken sich wiederum vor allem auf die großen Metropolen.[4] Die regionale Geschichte jüdischer Frauen in Westfalen blieb bislang – von lokalhistorisch orientierten Arbeiten abgesehen[5] – weitestgehend unberücksichtigt. Das Fehlen von jüdischen Frauen in der Geschichtsschreibung Westfalens hängt nicht unerheblich mit der unzulänglichen Quellenlage zusammen. Dies betrifft zwar die deutsch-jüdische Geschichtsschreibung insgesamt, ist aber in Hinblick auf die Erschließung weiblicher Lebenszusammenhänge besonders augenfällig: Es finden sich aufgrund der untergeordneten Stellung jüdischer Frauen in den Gemeinden nur selten direkte Hinweise auf sie, ebenso existieren nur wenige Zahlen und Quellen, die weiterführende Erkenntnisse über den Frauenanteil innerhalb der jüdischen Bevölkerung Westfalens und ihren Beitrag zum Lebensunterhalt vermitteln können. Vor allem aber sind durch die Nationalsozialisten und den Zweiten Weltkrieg nicht nur Menschen ermordet und in die Emigration gezwungen, sondern auch die Zeugnisse ihrer Existenz ausgelöscht worden.

Im folgenden werden einige Aspekte der Lebensverhältnisse von Jüdinnen im westfälischen Kontext dargestellt. Es wird dabei ein Zeitraum in den Blick genommen, in dem sich aufgrund des Strebens nach jüdischer Emanzipation sowie der wirtschaftlichen, gesellschaftlichen und geographischen Mobilität durch die Industrialisierungs- und Modernisierungsprozesse innerhalb der deutschen Gesellschaft des 19. Jahrhunderts weitreichende Veränderungen der Situation jüdischer Frauen abzeichneten. Zwei Faktoren, die das Leben der Frauen bestimmten, werden hierbei im Vordergrund stehen: Die äußere Beziehung zur nichtjüdischen Mehrheitsgesellschaft mit ihren rechtlichen Beschränkungen und die Zugehörigkeit zur jüdischen Religionsgemeinschaft als innerer Bezugsrahmen. Aufgrund der Quellenlage beschränkt sich der Beitrag auf Aspekte der autochthonen jüdischen Minderheit, von der sich die Lebensverhältnisse der seit Ende des 19. Jahrhunderts eingewanderten 'Ostjüdinnen' in religiöser und ethnischer Hinsicht und häufig auch in Bezug auf die Klassenzugehörigkeit unterschieden.[6]

Im Anschluß an die Verfolgungen im Zusammenhang der Pestepidemien um 1350 läßt sich die Ansiedlung von Jüdinnen und Juden bis in das 16. Jahrhundert

3   Kaplan, Marion A.: Jüdisches Bürgertum. Frau, Familie und Identität im Kaiserreich (Studien zur jüdischen Geschichte, Bd. 3), Hamburg 1997, S. 8.
4   Das Lexikon „Jüdische Frauen im 19. und 20. Jahrhundert. Lexikon zu Leben und Werk", hg. von Dick, Jutta/Sassenberg, Marina, Reinbek bei Hamburg 1993, nennt mit Jeanette Wolff und Rosi Wolfstein-Frölich nur zwei aus Westfalen stammende Jüdinnen; die Erforschung der westfälisch-jüdischen Frauengeschichte erfordert die Berücksichtigung von Fragen nach wirtschaftlichen, sozialen und Alltagsstrukturen, vgl. hierzu Sassenberg, Marina: Terra incognita der Regionalgeschichte, in: Von Steinheim, Haindorf, Wolff und anderen ... Jüdisches Leben im Westfalen des 19. und 20. Jahrhunderts, S. 35ff., unveröffentlichtes Manuskript.
5   Vgl. z.B. Faassen, Dina van: Jüdisches Frauenleben in Lippe, a.a.O.; Minninger, Monika: Frau in einer bürgerlichen Minderheit – Bielefelder Jüdinnen ca. 1850-1933, in: Bremer, Ilse/Jacobi-Dittrich, Juliane (Hg.): Frauenalltag in Bielefeld, Bielefeld 1986, S. 145-200; Riedesel, Karl Ernst: Frauen in der jüdischen Gemeinde Berleburgs im 18. Jahrhundert, Wittgenstein 55/1991, S. 125-136. Sowie Selbstzeugnisse: Michaelis-Jena, Ruth: Auch wir waren des Kaisers Kinder. Lebenserinnerungen, Lemgo 1985; Raveh, Karla: Der Leidensweg der jüdischen Familie Frenkel aus Lemgo, Lemgo 1987; Spiegel, Marga: Retter in der Nacht. Wie eine jüdische Familie überlebte, Köln (2. verbesserte Aufl.) 1987.
6   Aus Gründen der gebotenen Kürze bleiben 'unübliche' weibliche Lebensläufe und ambivalente Phänomene, die es in der jüdischen Frauengeschichte Westfalens selbstverständlich auch gegeben hat, zugunsten einer exemplarischen Darstellung von Hauptgesichtspunkten unberücksichtigt.

hinein nur sporadisch nachweisen. Für Dortmund ist beispielsweise eine kurze Phase jüdischer Anwesenheit u.a. für das ausgehende 14. Jahrhundert belegt; eine der wenigen noch im Original erhaltenen Urkunden gibt zugleich einen Hinweis auf die wirtschaftliche Tätigkeit jüdischer Frauen in diesem Zeitraum. In dieser Quittung von 1397 bescheinigt die Jüdin Pesselyn, die Witwe Copmans, dem Dortmunder Rat eine Teilrückzahlung von 200 Gulden des Gesamtdarlehens in Höhe von 581 Gulden.[7]

Seit der frühen Neuzeit bis zu ihrer Wiederaufnahme in den Städten im 19. Jahrhundert siedelten sich Jüdinnen und Juden in den ländlichen Regionen westfälischer Klein- und Kleinstterritorien an, in denen sie von den jeweiligen Territorialherren aufgrund finanzieller und wirtschaftlicher Erwägungen aufgenommen wurden.[8] Die Landesherren stellten Juden gegen ein beträchtliches Tribut Schutzbriefe aus, durch die sie und ihre Familien sowie m.E. auch zum Haushalt oder Gewerbe gehörendes Personal für eine variierende zeitliche Frist aufenthaltsberechtigt waren.[9] Schutzzusagen wurden in der Regel von den männlichen Haushaltsvorständen erwirkt. Wie Dina van Faassen am Beispiel Lippe nachweist, wurde das Leben jüdischer Frauen bis in das 19. Jahrhundert hinein von den aus dem Geleit- und Schutzsystem resultierenden Beschränkungen geprägt.[10] Durch Heirat einen Schutz zu erlangen, war für Jüdinnen von existentieller Notwendigkeit. Noch 1791 wehrten sich beispielsweise die gerichtlich bestellten Vormünder der Reichelchen aus Schötmar mit einer Klage vor der Regierungskanzlei gegen eine von Reichelchens Mutter in die Wege geleitete Verlobung des dreizehnjährigen Mädchens „... mit einem (f)remden unbegleiteten Juden ... (der) nichts in Vermögen hat."[11] Die Vormünder befürchteten, daß der Heiratskandidat, der zu diesem Zeitpunkt keinen Schutzbrief besaß, mangels finanzieller Mittel auch in Zukunft nicht dazu in der Lage sein würde, ein Geleit zu erwirken. Daneben bestand auch die Möglichkeit, daß der Schutzbrief des Brautvaters bei Heirat an den Schwiegersohn abgetreten wurde, wie dies etwa in einem noch erhaltenen jüdischen Heiratsvertrag von 1787 aus Berleburg vereinbart worden war.[12] Prekär wurde die Lage für Frauen, wenn der Ehemann starb. Zwar gab es Regelungen, die ermöglichten, daß die Witwe gegen Zahlung des halben Schutzgeldes im Geleit des Verstorbenen bleiben konnte,[13] und mitunter gelang es ihr auch, dessen Geschäfte erfolgreich weiterzuführen, wie von verschiedenen westfälischen Orten überliefert ist. Aber weit häufiger waren Witwen und von ihrem Ehemann verlassene Frauen von Verarmung und somit dem Verlust des Geleits und der Landesausweisung bedroht, zumal wenn noch unmündige Kinder zu versorgen waren oder die Frauen aufgrund von Alter oder Krankheit die geforderten Abgaben nicht aufbringen konnten. So wird beispielsweise in einem 1776 im Auftrag von Graf Simon August erstellten Bericht über in Not geratene Schutzjuden in Lippe über das Schicksal der Witwe Michel Israel in Lieme folgendes mitgeteilt: „Sie lebe von denen daselbst wohnenden Hausleuten, denen sie arbeiten helfe. Das Schutzgeld könne sie weder fürs vergangene noch fürs künftige bezahlen. Weil nun auch die Vorsteher (der Detmolder Judenschaft) die Bezahlung nicht übernehmen wollen so wurde ihr aufgegeben binnen 4 Wochen das

7   Zur Finanzierung der Großen Dortmunder Fehde 1388/1389 hatte der städtische Rat auch bei Dortmunder Juden Kredit aufgenommen, vgl. Luntowski, Gustav/Högl, Günther/Schilp, Thomas/Reimann, Norbert: Geschichte der Stadt Dortmund, hg. vom Stadtarchiv, Dortmund 1994, S. 96f.

8   Vgl. hierzu zuletzt ausführlich: Deventer, Jörg: Das Abseits als sicherer Ort? Jüdische Minderheit und christliche Gesellschaft im Alten Reich am Beispiel der Fürstabtei Corvey 1550-1807 (Forschungen zur Regionalgeschichte, Bd. 21), Paderborn 1996.

9   Vgl. die Beiträge von Jörg Deventer und Arno Herzig in diesem Band.

10   Vgl. Faassen, Dina van: Jüdisches Frauenleben in Lippe, a.a.O., S. 129-145.

11   Klage in StA DT, L 83 A, 12.S.486, vgl. Faassen, Dina van: Jüdisches Frauenleben in Lippe, a.a.O., S. 131.

12   In Akte J des Berleburger Archivs, vgl. Riedesel, Karl Ernst: Frauen in der jüdischen Gemeinde Berleburgs, a.a.O., S. 126f.

13   Vgl. hierzu auch Pohlmann, Klaus: Vom Schutzjuden zum Staatsbürger jüdischen Glaubens, Lippische Geschichtsquellen 18/1990, S. 19ff.

Quittung über die Teilrückzahlung
eines Kredits des Dortmunder Rats,
1397, Urkunde, Pergament

14   Erlaß Simon Augusts: StA DT, L 92 A, TiT
150, Nr. 10, fol. 55ff., vgl. Faassen, Dina van:
Jüdisches Frauenleben in Lippe, a.a.O., S. 137.
15   zu dem Mordfall vgl. Herzig, Arno: Salomon
Ludwig Steinheims Herkunft aus dem Westfalen
des Ancien Régime, in Schoeps u.a. (Hg.): Philo des
19. Jahrhunderts, Hildesheim u.a. 1993, S. 237ff.;
Krus, Horst D.: Mordsache Soistmann Behrend.
Zum historischen Hintergrund der Novelle 'Die
Judenbuche' von Annette von Droste-Hülshoff,
Münster 1990.
16   Schreiben vom 17. November 1789 an den
Fürstbischof, vgl. Deventer, Jörg: Das Abseits als
sicherer Ort?, a.a.O., S. 184.
17   Um diese Frage zu klären, wandte sich die
Lipper Regierung an den Vorsteher Salomon Joel
Herford, der seinerseits ein Gutachten des Vize-
rabbiners einholte, vgl. Faassen, Dina van: Jüdisches
Frauenleben in Lippe, a.a.O., S. 132.
18   Vgl. z.B. Faassen, Dina van: Jüdisches
Frauenleben in Lippe, a.a.O., S. 132f.; Deventer,
Jörg: Das Abseits als sicherer Ort?, a.a.O., S. 79ff.,
S.132ff
19   Die Hofjüdin Gütgen belieferte beispielsweise
den Hof mit Stoffen und Zinn, die Hofschmiede
mit Stahl und Eisen. Rahel leitete während der
fünfjährigen Untersuchungshaft ihres Mannes
Joseph Isaak von 1733 bis 1738 die lippische
Tabakfabrik, vgl. Faassen, Dina van: Jüdisches
Frauenleben in Lippe, a.a.O., S. 133f.

Land zu räumen ...“[14] Aufgrund der existentiell bedrohlichen Situation sahen sich
Witwen häufig gezwungen, eine neue Ehe einzugehen. Mitunter gerieten sie
dabei 'vom Regen in die Traufe' wie etwa die Witwe des Corveyer Schutzjuden
Soistman Berend, dessen Ermordung von Annette von Droste-Hülshoff in ihrer
Novelle „Die Judenbuche" literarisch verarbeitet worden ist[15]. Die Witwe Jente
heiratete Salomon Seligmann, wurde von diesem aber schon bald wieder verlassen. Daß „die arme bedrängte Witwe" beim Corveyer Fürstbischof Einspruch
gegen die Einführung eines für alle Schutzjuden der Fürstabtei gleichermaßen geltenden einheitlichen Steuersatzes einlegte, weil davon „nur die Reichen ... zum
Nachtheil ihrer armen Mitgenossen"[16] profitieren würden, ist ein Indiz für das
Problem.

Geleitübertragungen an Töchter erfolgten in der Regel nur, wenn keine Söhne
vorhanden waren. Obwohl es nach jüdischem Recht dem Vater freigestellt war,
welchem seiner Kinder er den Schutz vererbt, legte ein Sohn 1806 bei der Regierung gegen die Entscheidung seines Vaters, Abraham Salomon aus Detmold, Einspruch ein, sein Geleit der Tochter Rosa zu überschreiben. Die anschließende
zweijährige Prozeßdauer macht deutlich, wie außergewöhnlich eine solche Hand-
habung war.[17] Andererseits konnten jüdische Frauen durchaus stellvertretend für
den Schutzbriefinhaber haftbar gemacht werden, weil sie als dessen Gehilfinnen
galten. Es sind eine Reihe von Quellen – meist aufgrund von Auseinandersetzungen mit den Zünften – überliefert, die dies belegen und dabei zugleich Hinweise
auf die wirtschaftliche Tätigkeit jüdischer Frauen geben.[18] Ob Frauen eigen-
verantwortlich oder für die Geschäfte des Mannes tätig waren, läßt sich eindeutig
nur innerhalb der Hofjudenschicht nachvollziehen.[19] Jüdischen Frauen, denen es

nicht geglückt war, einen Geleitbrief zu erheiraten, blieben zur Sicherung ihrer Existenz nur die Möglichkeiten, im Familienverband unterzukommen, wo sie häufig nur geduldet waren, oder als Dienstmädchen für ihren Unterhalt zu sorgen. Finanziell mittellose Frauen sahen sich noch bis Ende des 18. Jahrhunderts mit der Gefahr konfrontiert, außer Landes verwiesen zu werden.[20]

Wie eingangs erwähnt, ist die Spärlichkeit der überlieferten Fakten über die Lebensschicksale jüdischer Frauen in Westfalen auch auf die tradierte Stellung der jüdischen Frau und die damit zusammenhängenden sozialen Folgen zurückzuführen. Im Verlauf des 19. Jahrhunderts veränderte sich die im jüdischen Gesetz postulierte Beschränkung der Frauen auf den häuslichen Bereich. Der Wandel wurde mitbeeinflußt von dem Bestreben der nichtjüdischen und jüdischen Aufklärer, die Judenschaften in den deutschen Kulturbereich einzubeziehen sowie durch Veränderungen des jüdischen Kultes, die die jüdische Reformbewegung einführte. Um die Modifikationen deutlich zu machen, ist es unerläßlich, auch einen Blick auf die traditionelle Stellung der jüdischen Frauen im Zusammenhang der religiösen Praxis zu werfen. Der Grundpfeiler jüdisch-weiblicher Existenz war die Ehe. Das talmudische Eherecht unterschied sich merklich vom deutschen Eherecht des 19. Jahrhunderts. So war es Jüdinnen früher als ihren christlichen Geschlechtsgenossinnen möglich, sich unter bestimmten Umständen scheiden zu lassen, und der Talmud sprach ihnen das Recht auf sexuelle Befriedigung zu sowie die Freiheit, ihren Mann bei einem Wohnortwechsel nicht zu begleiten.[21] Zur Trauungszeremonie gehörten die Antrauung im Sinne einer Verlobung und die Eheschließung.[22] Der Braut wurde vor der Eheschließung der Ehevertrag (Ketuba) ausgehändigt, in welchem auch die Höhe der Mitgift und die vom Mann aufzubringende Ketuba-Summe festgelegt waren. Es oblag ihr nicht, den Vertrag zu unterschreiben. Der Ehemann besaß alle Eigentumsrechte, unabhängig davon, ob die Frau zum Eigentum beitrug oder sogar ganz allein die Familie unterhielt.[23] Im Rahmen der Aufklärung und ihres Bemühens um Einbeziehung der Judenschaften in die deutsche Kultur wurde diese Regelung durch erste Anpassungen des bis dahin allein geltenden jüdischen Eherechts an die gewohnheitsrechtlich geltende eheliche Gütergemeinschaft modifiziert. Daraufhin klagte 1792 die Witwe des Lipper Schutzjuden Kalm Gumpel aus Bega gegen den Bruder des verstorbenen Gatten, der gemäß der zuvor geltenden patriarchalisch bestimmten Erbfolge über den verbliebenen Besitz verfügen wollte.[24] Die Reform des jüdischen Eherechts war nicht unumstritten, wie die Proteste eines Vizerabbiners zeigen, der vom Lipper Landesherren 1857 zur Beratung eines Gesetzesentwurfs für den außerordentlichen preußischen Landtag hinzugezogen worden war. Die Konsequenz, den Entwurf umfassend zu ändern, wurde von den Vorstehern der Detmolder jüdischen Gemeinde abgelehnt. Sie setzten sich gegen die auf der Basis der Tradition argumentierenden Stimmen mit der Begründung durch, das jüdische Eherecht sei „antiquiert" und würde „längst nicht mehr befolgt". In ihrer Erklärung deutet sich eine veränderte Haltung zur Stellung der Frau an, wenn sie schreiben, daß „... das Verhältniß der Ehefrau zum Ehemann ... nach der Anschauungsweise des

Jüdischer Trauring, Gold mit Filigranauflagen, innen hebräische Inschrift graviert „Masal tov" – „Viel Glück", Westfälisches Landesmuseum für Kunst und Kulturgeschichte Münster, Geschenk von Emilie Bacharach zum Andenken an ihren Ehemann Moritz Bacharach aus Hamm

20   Das Verzeichnis der im Juli und August 1784 eintreffenden „Betteljuden" in Detmold führt sechs Frauen auf, die für sich oder ihre Kinder Dienstbotenstellen suchten; Ende des 18. Jahrhunderts nahm die Zahl der umherziehenden „Bettel- und Packenjuden" stark zu, vgl. Faassen, Dina van: Jüdisches Frauenleben in Lippe, a.a.O., S. 140ff.
21   Vgl. Minninger, Monika: Frau in einer bürgerlichen Minderheit, a.a.O., S. 148.
22   zum jüdischen Ehegesetz vgl. Vries, Samuel Ph. de: Jüdische Riten und Symbole, Wiesbaden (7. Aufl.) 1994, S. 220ff.
23   Vgl. Kaplan, Marion A.: Die jüdische Frauenbewegung in Deutschland. Organisation und Ziele des Jüdischen Frauenbundes 1904-1938, Hamburg 1981, S. 67.
24   Vgl. Faassen, Dina van: Jüdisches Frauenleben in Lippe, a.a.O., S. 147f., der Vorgang in StA DT L 83 A, 12.J.236.

Alterthums ein so ... untergeordnetes (ist), wie man es außer in der Türkei und im Orient wohl nirgends mehr findet ...“[25] Obwohl der Talmud eine frühe Eheschließung empfiehlt, scheinen in Westfalen jüdische Frauen und Männer im Durchschnitt relativ spät in die Ehe eingetreten zu sein. Frauen heirateten im Alter von 21 bis 27 Jahren, Männer erst – nach einer Phase der ersten wirtschaftlichen Absicherung – mit etwa 31 bis 35; der Altersdurchschnitt lag über dem der nicht-jüdischen Gesellschaft.[26] Während die späten Eheschließungen zu Beginn des 19. Jahrhunderts noch auf die erschwerten Niederlassungsmöglichkeiten zurückzuführen sind, machte sich in der zweiten Jahrhunderthälfte die verstärkte gesellschaftliche und wirtschaftliche Mobilität der jüdischen Minderheit bemerkbar. Es war für die im ländlichen und kleinstädtischen Milieu verstreut lebenden westfälischen Jüdinnen und Juden schwierig, geeignete Ehepartner zu finden. Unverheiratete jüdische Männer zogen weitaus häufiger in größere Städte, um sich eine wirtschaftliche Existenz aufzubauen, als ledige Frauen. Dies führte dazu, daß in den kleinen ländlichen Gemeinden mehr Frauen als Männer im heiratsfähigen Alter lebten. Unverheiratet zu sein, war in der zweiten Hälfte des 19. Jahrhunderts für Frauen noch schwieriger als zuvor: Einerseits konnten sich arme jüdische Familien die Ernährung zusätzlich zum Haushalt gehörender Personen nicht mehr leisten, andererseits war es bei im Aufstiegsprozeß in das deutsche Bürgertum begriffenen Familien nicht schicklich, Verwandte im Haushalt mitarbeiten zu lassen. Die Mitgift war als Grundlage finanzieller Sicherheit unerläßlich, zudem sicherte sie die Position der Frau in der Ehe. Ihre Höhe bedingte nicht nur die Partnerwahl, sondern auch die ökonomische Zukunft der Frau. Wie M.A. Kaplan nachweist, wurden im ausgehenden 19. Jahrhundert noch der überwiegende Teil der Heiratsvereinbarungen der auf dem Land lebenden Jüdinnen und Juden auf der Grundlage der Mitgift verhandelt.[27] Die Ausstattung einer Braut ist im jüdischen Gesetz festgeschrieben. Sie gehörte zu den traditionellen Pflichten und hatte Vorrang vor allen anderen Formen jüdischer Wohltätigkeit (Zedaka). Auch in verschiedenen westfälischen Gemeinden waren zur finanziellen Unterstützung armer Bräute Vereine entstanden. 1808 wurde durch den Kommissionsrat Salomon Joel Herford aus Detmold die „Herfordsche Schul- und milde Stiftung“ testamentarisch eingerichtet, die für einen eingeschränkten Personenkreis auch eine Ausstattungssumme zur Verfügung stellte. Anfragen mittelloser jüdischer Frauen nicht nur aus Deutschland, sondern auch aus England und den USA weisen auf die existentielle Bedeutung der Mitgiftfrage hin.[28] Jüdinnen wurden, wie M.A. Kaplan nachweist, vor allem aufgrund von Armut und in Ermangelung eines adäquaten Ehepartners dazu veranlaßt, zu konvertieren oder Mischehen einzugehen.[29] Um einen geeigneten Ehemann für die heiratsfähige Tochter zu finden, wurden verschiedene Strategien angewandt. So nutzte man etwa die Möglichkeit der arrangierten Heirat oder annoncierte in den Zeitungen der Metropolen. Frauen, die nicht über eine entsprechende Mitgift oder eine adäquate gesellschaftliche Position verfügten, um einen geeigneten Heiratskandidaten zu finden, versuchten, der schwierigen Situation durch Auswanderung zu entgehen.[30] Familien mit heiratsfähigen Töchtern zogen bisweilen vom Land in

25 Vgl. Faassen, Dina van: Jüdisches Frauenleben in Lippe, a.a.O., S. 147f., in StA DT, L 75, IV, 5, Nr. 3, Bd. I, 11. Juli 1858.
26 Wie Dina van Faassen für die erste Hälfte des 19. Jahrhunderts für Lippe und Monika Minninger für Bielefeld anhand von Statistiken aus den Jahren 1835-1918 belegt, vgl. Faassen, Dina van: Jüdisches Frauenleben in Lippe, a.a.O., S. 150f.; Minninger, Monika: Frau in einer bürgerlichen Minderheit, a.a.O., S. 160f.
27 Vgl. Kaplan, Marion A.: Jüdisches Bürgertum, a.a.O., S. 138ff.
28 Vgl. Faassen, Dina van: Jüdisches Frauenleben in Lippe, a.a.O., S. 151f.
29 Vgl. Kaplan, Marion A.: Jüdisches Bürgertum, a.a.O., S. 108ff.
30 Vgl. Minninger, Monika: Frau in einer bürgerlichen Minderheit, a.a.O., S. 162f.

die Stadt, weshalb anzunehmen ist, daß bei den geographischen Wechseln nicht nur die Möglichkeiten des wirtschaftlichen und gesellschaftlichen Aufstiegs eine Rolle spielten, sondern auch die besseren Heiratschancen. Im 19. Jahrhundert wurden Ehen in der Regel nicht mehr von einem jüdischen Heiratsvermittler („Schadchen") arrangiert; man ging diskreter vor, indem man etwa die Hilfe von Verwandten und Freunden in Anspruch nahm. Es scheint auch für die westfälischen jüdischen Frauen besonders attraktiv gewesen zu sein, nach Berlin zu heiraten, eine Entwicklung, die für das gesamte deutsche Reich zu konstatieren ist.[31] Ein sozialer Aufstieg durch Heirat war abhängig von der gesellschaftlichen Position und dem Vermögen der Frau.

Das jüdische Gesetz befreite Frauen von allen an die Tageszeit gebundenen religiösen Pflichten einschließlich der Synagogenrituale. Begründet wurde dies mit der den Frauen zugeschriebenen eigentlichen Bestimmung als Mutter und mit der Auffassung der „Heiligung des Lebens", die über den Gottesdienst hinausging: An die Frauen wurde der Anspruch erhoben, mittels Frömmigkeit, durch das Ermöglichen des Gebets und Torastudiums des Mannes und die Erziehung der Kinder zur jüdischen Religion und Tradition dafür zu sorgen, daß das Judentum bewahrt bliebe. Diese geschlechtsspezifische Rollenzuschreibung hatte weitreichende Konsequenzen für den Status der Frauen in den jüdischen Gemeinden. Einerseits wurden Frauen von den 'zeitraubenden' religiösen Pflichten befreit und ihre Rolle als Mutter und Hausfrau begünstigt, andererseits besaßen sie, da vom grundlegenden öffentlichen Religionsvollzug ausgeschlossen, auch keinen unabhängigen Rechtsstatus und waren somit in den beschlußfassenden Gremien der Gemeinde nicht stimmberechtigt.[32] Diese Rollenverteilung führte zu der alle patriarchalischen Gesellschaften kennzeichnenden hierarchischen Struktur mit ihrer Unterscheidung in eine öffentliche Sphäre für den Mann und einer privaten, nichtöffentlichen Sphäre für die Frau. Die jüdische Reformbewegung versuchte, die untergeordnete Stellung der Frauen zu verändern. Frauen wurden stärker in den Gottesdienst einbezogen durch Neuerungen wie gemischte Chöre. Die getrennte Sitzweise wurde liberalisiert, zum Teil aufgehoben. Durch den Wegfall der Frauenempore bei Synagogenneu- oder -umbauten fanden die Änderungen auch ihren architektonischen Ausdruck. Der Religionsunterricht für Mädchen wurde eingeführt, und der Bar Mizwa (Sohn der Pflicht) des dreizehnjährigen Knaben wurde die Bat Mizwa (Tochter der Pflicht) zur Seite gestellt, beides wurde einheitlich „Konfirmation" genannt. Die Reformen waren geprägt von den umfassenden Neuerungen, die bereits in der kurzen Phase des Königreichs Westfalen entwickelt worden waren.[33] Dort wurde nachweislich bereits 1810 die Mädchen-'Konfirmation' durchgeführt. Für das geographische Westfalen ist sie seit Ende der zwanziger Jahren des 19. Jahrhunderts belegt, für Bielefeld etwa kontinuierlich ab 1826, für Rheda und Gütersloh ab 1829.[34]

Variierend je nach Größe der Gemeinde und Schulstruktur des Ortes entwickelten sich im Verlauf des 19. Jahrhunderts folgende Möglichkeiten, Mädchen eine formale jüdische Erziehung zu vermitteln: Jüdische Schülerinnen besuchten entweder eine jüdische Volksschule oder, wenn sie einen höheren Abschluß

31 So heißt es in der Hochzeitszeitung zur Heirat des Paares Cahn/Kohn: „... Ach ich wünscht hier wär mein Wohnsitz – In Berlin ist mir so wohl ...", in StA Bielefeld, Westermann-Sammlung, Bd. 20; vgl. Minninger, Monika: Frau in einer bürgerlichen Minderheit, a.a.O., S. 158.
32 Vgl. Kaplan, Marion A.: Jüdisches Bürgertum, a.a.o., S. 88ff.
33 Vgl. den Beitrag von Thomas Kollatz in diesem Band.
34 Vgl. Minninger, Monika: Frau in einer bürgerlichen Minderheit, a.a.O., S. 148.

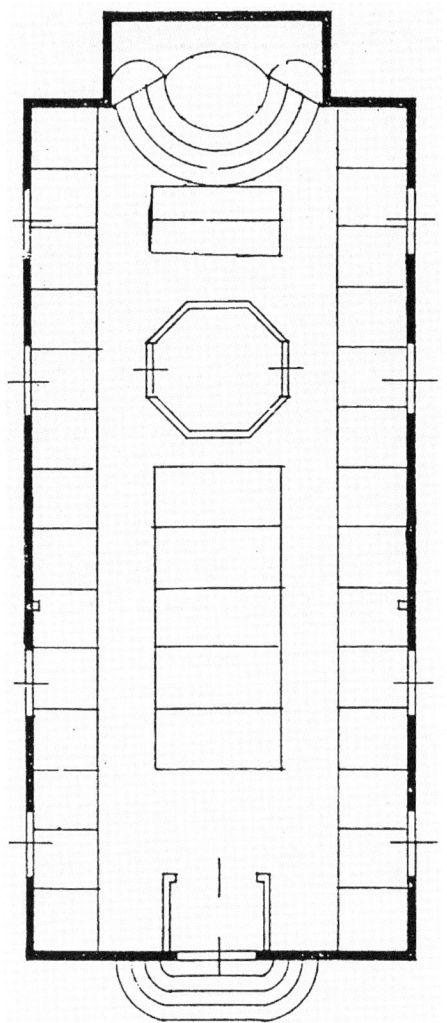

oben: Grundriß der Werler Synagoge nach
dem Umbau, Bauzeichnungen von 1897.
Die Sitzplätze für die Frauen sind im Hauptteil
integriert worden, vorher gab es eine
Frauenempore.

oben rechts: Konfirmationsschein aus der
jüdischen Gemeinde Bielefeld von 1863

anstrebten, eine Töchterschule, in der ca. vier Wochenstunden Religionsunterricht vorgesehen waren. Daneben bestanden die Möglichkeiten, nach dem
Besuch einer nichtjüdischen Schule in einer jüdischen Religionsschule zu lernen
oder am Unterricht des jüdischen Schullehrers oder – wenn vorhanden – des
Rabbiners teilzunehmen. Eine der ersten Regelungen zur Einführung religiöser
Erziehung für Mädchen in Westfalen findet sich in dem bereits erwähnten Testament S.J. Herfords, auf dessen Grundlage 1817 die Herfordsche Institutsschule
in Detmold gegründet wurde.[35] Alle Reform brachte aber im Hinblick auf den
Status der Frauen keine relevante Position innerhalb der gemeindlichen Entschei-
dungsgremien.

Seit Jüdinnen und Juden nichtjüdische Kultur im Zuge der Aufklärung und
Reform allmählich zugänglich gemacht worden war, galten Bildung und Erziehung als die geeigneten Methoden, den geforderten Annäherungsprozeß an die
Mehrheitskultur voranzubringen. In ihrer die Familie prägenden Funktion wurden die Frauen als „Agentinnen" der Akkulturation aufgewertet und damit zu
Adressatinnen der Reformen im Bildungsbereich. So wurden in der Elementarschule, die dem von Alexander Haindorf gegründeten „Verein zur Beförderung
von Handwerkern unter den Juden" angeschlossen war, auch Mädchen aufgenommen.[36] Auch jüdische Feministinnen nutzten diese Argumentation, um die
Ausbildung für Mädchen voranzubringen. Wie Monika Minninger am Beispiel
der liberalen jüdischen Gemeinde in Bielefeld aufzeigt, wurde auf die bestmög-
liche Schulbildung von Mädchen großer Wert gelegt. Die Zahl der jüdischen
Absolventinnen, die Schulen wie die Bielefelder Töchterschule besuchten, lag
über dem Durchschnitt der Bielefelder Bevölkerung. Gleiches gilt nach Einfüh-

35 Vgl. Faassen, Dina van: Jüdisches Frauenleben
in Lippe, a.a.O., S. 158f.
36 Vgl. den Beitrag von Susanne Freund in diesem
Band.

rung des Abiturs 1903 für die Zahl der Abiturientinnen. Diese westfälische Mittelstadt weist demnach, was das Schulverhalten jüdischer Mädchen anbelangt, ein Zahlenverhältnis auf, das mit dem der großen jüdischen Metropolen vergleichbar ist. Sicher macht sich hier auch die dem Judentum eigene Wertschätzung des Lernens bemerkbar; eine umfassende Bildung der Töchter aus in Bielefeld zumeist jüdischen Kaufmannsfamilien war aber vor allem mit Blick auf eine spätere Heirat und den häufig angestrebten sozialen Aufstieg in Akademikerfamilien nützlich. Während die Bielefelder Töchterschule seit ihrer Gründung auch von jüdischen Mädchen besucht wurde, hatten jüdische Mädchen aus der ländlichen Umgebung weniger Möglichkeiten, eine höhere Schulbildung zu absolvieren; dies änderte sich, als große Teile der jüdischen Landbevölkerung etwa ab Mitte des 19. Jahrhunderts in die Stadt zogen.[37]

Die gerade emanzipierten deutschen Juden orientierten sich am Ideal des Bildungsbürgertums. Im Zuge der Ausweitung des liberalen Bildungskonzepts, das die individuelle Weiterentwicklung miteinschloß, oblag es den Frauen, gebildete Familien zu schaffen. Im Rahmen der Anpassung an das Bürgertum und ihrer neuen gesellschaftlichen Position sahen sich jüdische Frauen vor die widersprüchliche Aufgabe gestellt, einerseits die „geheiligte Atmosphäre des Hauses zu bewahren"[38], andererseits die Akkulturation voranzubringen. Die Entwicklung der deutschen bürgerlichen Familie ging einher mit wachsenden Säkularisierungstendenzen; diese wurden in den jüdischen Familien zusätzlich noch von den Bemühungen um Akkulturation und Integration in die Mehrheitsgesellschaft begleitet. Der Familie kam in diesem Spannungsfeld eine kompensatorische Funktion zu. M.A. Kaplan kommt in ihrer Studie über jüdische Frauen im Kaiserreich zu dem Ergebnis, daß „die Frauen aufgrund ihrer verstärkten Beschäftigung mit Haus und Familie über ein einzigartiges Potential verfügten, die jüdischen Traditionen zu bewahren, während sie sich gleichzeitig an die Normen der deutschen Mehrheit anpaßten."[39] Für das Judentum war die Familie „tragbare Heimat" (H. Heine), sie war der wichtigste Ort, an dem sich „jüdisches Gefühl und Bekenntnis" auch noch halten konnten, als die öffentliche Religionsausübung bereits an Bedeutung verloren hatte. Hierbei ist von Bedeutung, daß für Frauen die Einheit von Religion und Familie länger bestehen blieb, weil sie eine häusliche, mit dem Alltag verwobene Religiosität entwickelt hatten.[40] Sie hielten darum häufig auch länger an Gesetzen und Traditionen innerhalb des Hauses fest als Männer, selbst in säkularisierten jüdischen Familien, die die Speisegesetze und den Schabbat schon lange nicht mehr einhielten.[41]

Die Lebensbedingungen jüdischer Frauen und ihre wirtschaftliche Tätigkeit wandelten sich im Zuge der jüdischen Emanzipation, der Urbanisierungs- und Angleichungsprozesse an das deutsche Bürgertum grundlegend.[42] Waren Frauen zu Beginn des Jahrhunderts noch die Gehilfinnen des Mannes bei dessen kleinem, meist ambulantem Handel, arbeiteten sie als Folge der Aufstiegsmobilität in dem nun stationären Geschäft des Mannes z.B. als Verkäuferin oder Prokuristin mit. Die bürgerlichen Frauen schließlich waren Hausfrauen und paßten sich den spezifischen Rollenzuschreibungen und moralischen Werten des Bürgertums

Kidduschbecher, Mitte 19. Jh.,
Silber, teilvergoldet, aus dem Besitz
der Heimatdichterin Emma Goslar
(1849-1922) aus Siegen,
Aktives Museum Südwestfalen, Siegen

37   Vgl. Minninger, Monika: Frau in einer bürgerlichen Minderheit, a.a.O., S. 150ff.
38   Kaplan, Marion A.: Jüdisches Bürgertum, a.a.O., S. 93.
39   Kaplan, Marion A.: Jüdisches Bürgertum, a.a.O., S. 111.
40   Vgl. den Beitrag von Annette Weber in diesem Band.
41   Vgl. Kaplan, Marion A.: Jüdisches Bürgertum, a.a.O., S. 104f.
42   Vgl. den Beitrag von Arno Herzig in diesem Band.

Porträt Bella Cosmann-Cohn (ca. 1800-1875) aus Bocholt, dargestellt in zeigenössischer Tracht

an.[43] Sie praktizierten die diesem Milieu eigene „Kultur der Häuslichkeit", widmeten sich der Haushaltsführung und Kindererziehung sowie einer Fülle von repräsentativen Verpflichtungen. Ihr tägliches Arbeitspensum war aufgrund unzähliger Aktivitäten groß, was aber gemäß der Klassenerwartung nach außen nicht sichtbar werden durfte.[44]

Der Alltag der auf dem Lande lebenden jüdischen Frauen sah im selben Zeitraum noch ganz anders aus: „Eine junge jüdische Frau, die in den 1870er Jahren in einem kleinen westfälischen Dorf lebte, stand vor Tagesanbruch auf. Sie molk die Ziegen, zündete das Holzfeuer an, über dem der Wasserkessel hing, und kochte so den Kaffee, machte den Ofen im Wohnzimmer an, der das kleine Haus wärmte, fegte den Raum aus, holte Wasser vom Dorfbrunnen und deckte den Frühstückstisch. Die neunköpfige Familie aß pro Woche acht Laibe selbstgebackenen Brotes. Da der Vater, ein Metzger, sehr wenig verdiente, war die Familie auf das Obst und Gemüse im eigenen Garten angewiesen und auf die Ziegen, die Milch und Butter gaben. Um diese lebensnotwendigen Dinge kümmerten sich die Frauen. Den Sabbat hielten sie sorgsam ein, doch am Sonntag konnten sich Mutter und Töchter nicht von der Arbeit zurückziehen. Aus Rücksicht auf ihre christlichen Nachbarn schlossen sie die Türen, um deren religiöse Gefühle nicht zu verletzen, und machten den Sonntag zum Waschtag."[45]

Ebenso wie die spezifische und informelle Religiosität jüdischer Frauen im privaten Bereich darf auch ihr Engagement in den jüdischen Wohlfahrtsverbänden nicht unterschätzt werden. Für viele Frauen war das Mitwirken in diesen Einrichtungen „religiöse Pflicht, nicht nur soziale und karitative Betätigung, in der sie Kompetenz bewiesen und den Geist und Zusammenhalt der jüdischen Gemeinschaft bewahrten."[46] Jüdische Wohltätigkeit hat als religiöse Pflicht eine lange Tradition. Da sieWohltätigkeit in den jüdischen Gemeinden hoch angesehen war, konnten auch Frauen in den entsprechenden Organisationen in bedeutendem Maße mitwirken – entscheidende Positionen blieben ihnen allerdings verwehrt.[47] Infolge der jüdischen Emanzipation wandelten sich die wohltätigen Einrichtungen zu lose organisierten Gemeindeaktivitäten. Frauen waren an diesem Reorganisierungsprozeß maßgeblich durch die Gründung eigener Vereinigungen beteiligt; eine der ersten, mit dem Ziel der Armenhilfe, war Anfang des 19. Jahrhunderts bereits im Königreich Westfalen entstanden. In der ersten Jahrhunderthälfte betätigten sich jüdische Frauen in traditionellen Einrichtungen wie der Chewra Kadischa („heilige Gesellschaft"), die in Form von Beerdigungsschwesternschaften verstorbene Frauen für das Begräbnis vorbereitete. Andere Frauenvereine engagierten sich im Bereich der Fürsorge: Sie kümmerten sich um bedürftige Mütter, Kranke und Arme, unterstützten mittellose Mädchen bei der Ausbildung oder trugen Brautausstattungen zusammen. Ab Mitte des 19. Jahrhunderts setzten sich viele Frauenvereine für den Schutz halbwüchsiger Mädchen und Kinder ein, manche unterhielten Heime und Kindergärten oder entwickelten berufsfördernde Programme für Mädchen. Von großer Bedeutung für das westfälische Wohlfahrtswesen war das Wirken der 1803 in Paderborn geborenen Fanny Nathan. Sie richtete ein Mädchenpensionat ein und gründete

43 Monika Minninger zeichnet diese Entwicklung am Bsp. der Familie Porta aus Bielefeld nach, vgl. Minniger, Monika: Frau in einer bürgerlichen Minderheit, a.a.O., S. 163ff.
44 Vgl. Kaplan, Marion A.: Jüdisches Bürgertum, a.a.O., S. 17ff.
45 Memories of „Tante Emma", geb. ca. 1860 in Poembsen, in: Max Gruenwald Collection, Leo Baeck Institute, vgl. Kaplan, Marion A.: Jüdisches Bürgertum, a.a.O., S. 45.
46 Kaplan, Marion A.: Jüdisches Bürgertum, a.a.O., S. 92.
47 Kaplan, Marion A.: Jüdische Frauenbewegung in Deutschland, a.a.O., S. 66ff.

Es ist ein heiliges Gebot,
Zu lindern Leid, zu mindern Not,
Und mehr des Lobes noch gebührt
Dem, der dazu auch andre führt.
Wohltun in solcher Treue Sold
Lohnt Dir der heutige Tag mit Gold,
Das ungemünzt aus Herzensgrund,
Tut Dankbarkeit u. Liebe kund.
Sei weiter Dir das Leben hold,
Dein Schicksal gütig, treu wie Gold,
Daß Du mit uns kannst im Verein,
Nach Herzenslust wohltätig sein!

Jüdischer Frauenverein
Witten

Ausschnitt aus der Glückwunschmappe des Jüdischen Frauenvereins Witten zur Goldenen Hochzeit von Rebecca Hanf geb. Löwenstein (1863-1944). Sie war jahrelang die Vorsitzende des Frauenvereins, schrieb Essays und Gedichte und war beteiligt an den Veröffentlichungen des Kantianers Ernst Marcus.

1861 das „Jüdische Waisenhaus zu Paderborn für die Provinzen Westfalen und Rheinland".[48]

Je mehr die Frauen begannen, sich aus den Bindungen des häuslichen Bereichs zu lösen, um so größer wurde die Zahl der örtlichen jüdischen Frauenvereine; dies gilt um die Jahrhundertwende für Westfalen ebenso wie für das ganze deutsche Kaiserreich.[49] Die Arbeit der Frauenvereine blieb mit der jüdischen Gemeinde verbunden, manche wurden von Männern geleitet. Die aus Bochum stammende Ottilie Schönewald berichtet über ihr kurzes Mitwirken im Israelitischen Frauenverein folgendes: „Die Mitgliedschaft ... berechtigte, bei der jährlichen Generalversammlung den Bericht und die Vorschläge des Herrn Vorsitzenden (Rabbiners) durch Kopfnicken zu bestätigen."[50]

So wie sich die traditionelle Frauenrolle im Modernisierungsprozeß wandelte, entwickelte sich das Bedürfnis nach gleichen Rechten und Möglichkeiten sowie

48 Vgl. Kayserling, Meyer: Die jüdischen Frauen in der Geschichte, Literatur und Kunst, Leipzig 1879, S. 116; vgl. auch Rothschild, Lothar: Jüdische Wohltätigkeit in Westfalen vor 100 Jahren, in: Meyer, Hans Ch.: Aus Geschichte und Leben der Juden in Westfalen, Frankfurt/Main 1962, S. 38ff.
49 Dabei spielte auch eine Rolle, daß die jüdischen Bürgerinnen und Bürger bereits um die Jahrhundertwende Geburtenkontrolle praktizierten, vgl. hierzu: John E. Knodel: The Decline of Fertility in Germany, 1871-1939, S. 139ff.
50 Ottilie Schönewald: Unveröffentlichte Erinnerungen, Archiv des Leo Baeck Institute, New York, 3896.

51 Vgl. Herzig, Arno: „In unsern Herzen glüht der Freiheit Schein." Die Entstehungsphase der bürgerlichen und sozialen Demokratie in Minden (1848-1878), Mindener Beiträge 19/1981, S. 42; Ders.: Abraham Jacobi, a.a.O. , enthält auch: Bericht des Polizeipräsidenten, S. 63, Stellungnahme des Regierungspräsidenten von Borries, S. 64; über Sophie Boas, geb. Meyer, Mutter des Anthropologen Franz Boas, vgl. Cole, Douglas: Kindheit und Jugend von Franz Boas, Mindener Heimatblätter 60. Jg./1988, S. 111ff.

52 Vgl. Schönewald, Ottilie: Unveröffentlichte Erinnerungen, Archiv des Leo Baeck Intitute, New York. Vgl. Kaplan, Marion A.: Die jüdische Frauenbewegung in Deutschland, a.a.O., S. 145ff.; Richarz, Monika (Hg.): Jüdisches Leben in Deutschland. Bd. 3: Selbstzeugnisse zur Sozialgeschichte 1918-1945, Stuttgart 1982, S. 212ff.; Wilbertz, Gisela: Ottilie Schönewald, in: Bochumer Frauen, hg. von der Evang. Stadtakademie, Bochum 1991; Dies./Keller, Manfred: Spuren in Stein. Ein Bochumer Friedhof als Spiegel jüdischer Geschichte, Essen 1997, S. 247.

53 Vgl. Wolfstein, Rosi: Rosa Luxemburg als Lehrerin, in: Die junge Garde, 2. Jg., Heft 10/1920. Vgl. auch: Fischer, Ruth/Maslow, Ardadij: Abtrünnig wider Willen. Aus Briefen und Manuskripten des Exils, hg. von Peter Lübbe, München 1990; Kliner-Lintzen, Martina/Pape, Siegfried: „... vergessen kann man das nicht". Wittener Jüdinnen und Juden unter dem Nationalsozialismus, Bochum 1991, S. 293f.; Rosi-Wolfstein-Gesellschaft e.V.: „Sie wollte und konnte nie etwas Halbes tun." Die Sozialistin Rosi Wolfstein-Frölich 1914-1924, bearb. von Frank Ahland und Beate Brunner, Witten (Eigenverlag) 1995.

54 Vgl. Wolff, Jeanette: Sadismus oder Wahnsinn. Erlebnisse in den deutschen Konzentrationslagern im Osten, Dresden (1946); Mit Bibel und Bebel. Ein Gedenkbuch, hg. von Hans Lamm, Bonn (2. Aufl.) 1980. Vgl. auch: Lange, Gunter: Jeanette Wolff 1888-1976. Eine Biographie, Bonn 1988; Heid, Ludger: Jeanette Wolff (1888-1976), in: „Meinetwegen ist die Welt erschaffen", hg. von Erler, Hans/ Ehrlich, Ernst Ludwig/Heid, Ludger, Frankfurt/M., New York 1997, S. 454ff.; Zupancic, Andrea: Trotz alledem: Porträt der jüdischen Sozialdemokratin Jeanette Wolff, Heimat Dortmund 3/1997, S. 20ff.

55 Vgl. Kaplan, Marion A.: Jüdische Frauenbewegung, a.a.O., S. 19; S. 28f.

56 Vgl. Kaplan, Marion A.: Jüdische Frauenbewegung, a.a.O., S. 26.

57 Kaplan, Marion A.: Jüdische Frauenbewegung, a.a.O., S.29.

freier Entfaltung, und die westfälischen Jüdinnen wurden – wie ihre Schwestern in den anderen Gegenden Deutschlands – zunehmend politisch aktiv. Bereits im Rahmen der 48er-Revolution hatten sich viele jüdische Frauen für die Rechte der Frauen engagiert. Die eingangs zitierte Sophie Meyer initiierte z.B. gemeinsam mit ihrer Schwester Fanny in Minden einen Zirkel für junge Mädchen, in dem politische Themen diskutiert wurden.[51] Einige Jüdinnen hatten sich der deutschen Frauenbewegung angeschlossen und diese entscheidend mitgestaltet. Aus Westfalen stammen frauen- und parteipolitisch herausragende Frauen wie die letzte Vorsitzende des Jüdischen Frauenbunds, Ottilie Schönewald[52] aus Bochum, die Rosa Luxemburg Vertraute Rosi Wolfstein[53] aus Witten und die Sozialdemokratin und Gewerkschaftspolitikerin Jeanette Wolff[54] aus Bocholt.

Frauen, denen die karitative Betätigung der jüdischen Frauenvereine nicht ausreichte, schlossen sich dem 1904 unter Vorsitz von Berta Pappenheim gegründeten Jüdischen Frauenbund (JFB) an. Der JFB, eine Vereinigung auf nationaler Ebene, war mit dem Ziel gegründet worden, die jüdischen mildtätigen Einrichtungen zu reformieren und dazu beizutragen, den Status und die Lebensbedingungen jüdischer Frauen zu verbessern. Als eine Bewegung des Mittelstands waren die meisten JFB-Mitglieder Hausfrauen mittleren Alters und Vertreterinnen eines liberalen Judentums. Da die Interessen dieser sozialen Gruppe dominierten, waren aufgrund von ethnischen, religiösen und Klassenunterschieden 'Ostjüdinnen' eher Empfängerinnen der sozialen Einrichtungen des JFB als dessen Mitglieder. Auch die Minderheit der orthodoxen deutsch-jüdischen Frauen und die kleine, aber wachsende Zahl der Zionistinnen waren nicht vertreten. Jüdische Arbeiterfrauen, die zumeist aus den osteuropäischen Ländern eingewandert waren, sahen ihre Interessen eher in Gewerkschaften und sozialistischen Parteien aufgehoben.[55] Der JFB propagierte keinen 'militanten Feminismus', sondern vertrat die gemäßigt feministische Ausrichtung der bürgerlichen Frauenbewegung. Er stellte die kulturellen Mythen des 'spezifisch Weiblichen' nicht grundsätzlich in Frage, agierte jedoch mit der Überzeugung, daß Frauen unbedingt selbständig werden müßten. Marion A. Kaplan bewertet die zurückhaltende frauenpolitische Position als ein Zugeständnis an die Gemeinden, in denen die Forderungen des JFB als radikal galten.[56] Die Vereinigung war religiös definiert; diese Kombination – der Bezug auf die jüdische Tradition einerseits und die Bindung an die Frauenbewegung und der Wunsch zur Reform der jüdischen Gemeinschaft andererseits –, führte verschiedentlich zu internen Widersprüchen. Die Mehrheit der Frauen, die dem JFB beitraten, standen in engem Zusammenhang mit den jüdischen Gemeinden. Sie hatten zwar eine patriotische Einstellung, vertraten aber die Ansicht, daß die Verbundenheit mit Deutschland nicht bedeute, auf die aktive Teilnahme am religiösen und kulturellen Gemeindeleben verzichten zu müssen. Ein wesentliches Anliegen des JFB war die Entwicklung des jüdischen religiösen Lebens und der Gemeinde. Er verband seine Forderungen nach Gleichstellung der Frauen stets mit der nach Stärkung der jüdischen Gemeinschaft: „Der JFB berief sich auf traditionelle Werte, um Ziele zu erreichen, die durchaus nicht traditionell waren."[57] Der Frauenbund entwickelte einen

„sozialen Feminismus", indem er die in den jüdischen Traditionen wurzelnde Sozialarbeit mit den Zielen der Frauenbewegung zusammenführte. Er sprach dadurch sowohl diejenigen bürgerlichen Frauen an, die für feministische Forderungen einer gemäßigten Frauenbewegung offen waren, als auch Frauen, die sich in der traditionellen Sozialarbeit der Gemeinden betätigt hatten und eine Sozialreform anstrebten.

Der JFB schloß sich dem Bund deutscher Frauenvereine (BdF) an und war dessen größte Tochterorganisation. Bereits in den ersten zehn Jahren seines Bestehens waren ca. 35.000 Frauen Mitglied des JFB, bis Ende der zwanziger Jahre stieg die Zahl auf etwa 50.000, womit zwischen einem Viertel und einem Fünftel aller in Frage kommenden jüdischen Frauen in Deutschland Mitglied waren. Der BdF, die größte Organisation der deutschen Frauenbewegung, umfaßte mit 0,7 % demgegenüber nur eine kleine Minderheit der deutschen Frauen.[58]

Der JFB beteiligte sich am Kampf der jüdischen Organisationen gegen den Antisemitismus: Als Reaktion auf die Vorwürfe der Antisemiten, die Juden wären nicht bereit, sich für Deutschland als Soldaten im Krieg einzusetzen, unterstützte er die Kriegsanstrengungen im Rahmen des Ersten Weltkriegs. Vor und nach dem Krieg führte er einen „Feldzug für Disziplin" und forderte die jüdischen Frauen auf, konservative und zurückhaltende Kleidung zu tragen. Seit Anfang der 30er Jahre versuchte er, dem Antisemitismus durch Aufklärungsarbeit von nichtjüdischen Frauen entgegenzuwirken.[59]

Das Hauptanliegen der jüdischen Feministinnen war es, den aus Galizien, Rumänien und Rußland stammenden jüdischen Opfern des internationalen Mädchenhandels zu helfen.[60] Sie wiesen darauf hin, daß die Armut und Not, in der die osteuropäischen Jüdinnen und Juden lebten, für den Mädchenhandel verantwortlich seien und propagierten bessere Ausbildungsmöglichkeiten für Mädchen. Der JFB entwickelte eine Reihe von prophylaktischen Programmen,

58 Vgl. Kaplan, Marion A.: Jüdische Frauenbewegung, a.a.O., S. 24f.
59 Vgl. Kaplan, Marion A.: Jüdische Frauenbewegung, a.a.O., S. 44.
60 Opfer des Mädchenhandels waren Frauen und Mädchen, die durch falsche Versprechungen, Täuschung, Eheversprechen oder Gewalt von Händlern über die Grenze gebracht, vor allem nach Lateinamerika, Südafrika und den Nahen Osten, und an Bordelle verkauft wurden, vgl. zu diesem Thema: Kaplan, Marion A.: Die jüdische Frauenbewegung, a.a.O., S. 181ff.

Ottilie Schönewald (1883-1961),
Bochumer Stadtverordnete, bis 1938
Vorsitzende des Jüdischen Frauenbunds

61 Vgl. Kaplan, Marion, A.: Die jüdische Frauenbewegung, a.a.O., S. 202f.
62 Kaplan, Marion A.: Die jüdische Frauenbewegung, a.a.O., S. 43.
63 Kaplan, Marion A.: Die jüdische Frauenbewegung, a.a.O., S. 270.
64 Vgl. Minninger, Monika: Frau in einer
bürgerlichen Minderheit, a.a.O., S. 175.

um die Berufsperspektiven jüdischer Mädchen zu verbessern. Er deckte die Hintergründe des Mädchenhandels durch Aufklärungskampagnen auf, die auch dazu dienten, antisemitische Unterstellungen abzuwehren. Der JFB bemühte sich nicht nur um die Situation der Frauen in den Herkunftsländern, es galt auch, die 'Ostjüdinnen' zu schützen, die auf der Suche nach Arbeit nach Deutschland kamen; zu diesem Zwecke wurden Bahnhofshilfen, Mädchenclubs und Mädchenwohnheime eingerichtet.[61] Unter Trägerschaft des Landesverbands Rheinland-Westfalen entstand beispielsweise in Rheyd ein Mädchenwohnheim für die Absolventinnen der örtlichen Handelsschule.

Die Durchsetzung des aktiven und passiven Wahlrechts für Frauen in den jüdischen Gemeinden war der „längste feministische Feldzug"[62] des Frauenbunds. 1918 wurde den Frauen in Deutschland zwar endlich das allgemeine Wahlrecht zugesprochen, doch dies erwies sich für die jüdischen Frauen nur als ein 'weltlicher Sieg'. „Die deutschen Frauen – die jüdischen in gleicher Weise wie die nichtjüdischen – entdeckten bald, daß das Stimmrecht nicht die sofortige Gleichberechtigung vermittelte. Die Männer richteten sich weiterhin behaglich in ihren Führungspositionen ein, während die Frauen (weiter) ... unter dem zweitklassigen Status litten ..."[63] Es sollte noch bis zum Ende der zwanziger Jahre dauern, bis in 23 deutschen jüdischen Gemeinden Frauen das aktive und passive Wahlrecht zugestanden wurde, acht weitere führten nur das aktive Wahlrecht für Frauen ein. Das volle Wahlrecht erhielten Frauen in überwiegend liberalen Gemeinden, so – vergleichsweise 'früh' – 1926 in Bielefeld.[64] Die Anzahl der Frauen, die in verantwortliche Positionen gewählt wurden, blieb gering. Der JFB spielte jedoch, bis er 1938 auf Befehl der Nationalsozialisten aufgelöst wurde, eine wichtige Rolle in den jüdischen Gemeinden, und seine Erfolge sollten mit Blick auf die jüdischen Traditionen und die orthodoxen Gruppierungen in verschiedenen Gemeinden nicht unterschätzt werden.

Günter Birkmann

Zwischen tödlichem Zorn und vereinnahmender Liebe

Streiflichter aus Westfalen zum Verhältnis der Christen zu den Juden zwischen 1850 und 1933

Auf der politischen Tagesordnung des 19. Jahrhunderts standen für die Juden zunächst erfreuliche Entwicklungen. Im Gefolge des französischen Einflusses sah sich auch der preußische König veranlaßt, den Juden bürgerliche Gleichberechtigung zu verleihen (Edikt vom 11. März 1812) und auch die Synagogengemeinden öffentlich rechtlich anzuerkennen (Gesetz über die Verhältnisse der Juden von 1847). Damit hätte eigentlich all das ein Ende haben sollen, was Juden über Jahrhunderte das alltägliche Leben schwer gemacht hatte: Keine freie Wahl des Wohnortes, des Berufs oder des Ehepartners, nur vorübergehende Duldung, solange es dem Landesherrn gefiel, Verleumdung und Vertreibung, Einschränkung der Gottesdienste. Doch in die Freude über die Emanzipationsgesetze mischte sich unter den Juden Enttäuschung, insbesondere über das Verhalten der christlichen Nachbarn. In deren Köpfen blieben alte antijüdische Vorurteile lebendig und ließen sich je nach Lage der Dinge aktivieren. Gerade das preußische Westfalen bietet dafür zahlreiche Beispiele.

Mittelalter in der Neuzeit

Am 23. April 1873 wurde in Enniger (Kreis Warendorf) ein junges Mädchen namens Elisabeth Schütte ermordet, ohne daß es zur Ermittlung des Täters kam. Die Juden des Ortes wurden beschuldigt, sie hätten einen Ritualmord begangen, um das Blut des frommen Christenmädchens zur Einweihung der neuen Synagoge zu gebrauchen. Die haarsträubenden und vor Gericht unhaltbaren Beschuldigungen wurden von den Dorfbewohnern bereitwillig aufgegriffen, und bis auf eine Familie wurden alle Juden aus Enniger vertrieben, so daß die neue Synagoge ungenutzt bleiben mußte. Der Pressebericht schließt mit den Worten: „In den öden Fensterhöhlen wohnt das Grauen".

Solche Blutbeschuldigungen und Ritualmordvorwürfe hatten zwar seit sieben Jahrhunderten Tradition, verloren aber spätestens seit der Aufklärung zumindestens unter den Gebildeten an Überzeugungskraft. Doch gerade in ländlichen Regionen hielten sich hartnäckig antijüdische Stereotype. Im niederrheinischen Xanten kam es noch 1891/92 zu einem Ritualmordprozeß, in dem der Schächter der jüdischen Gemeinde beschuldigt wurde, einen fünfjährigen Juden aus religiösen Gründen getötet zu haben. Auch wenn die Gerichte die Beschuldigten freisprachen, blieb in weiten Teilen gerade der ländlichen Bevölkerung der mittelalterliche Aberglaube virulent, die Juden würden für rituelle Zwecke Christenblut verwenden. Noch 1892 erschien das anonyme Pamphlet „Die Juden und das Christenblut". In einem Handbuch für katholische Kindergärtnerinnen ebenfalls aus jener Zeit wurden „Legenden für Kinder" dargeboten, in denen angebliche Ritualmorde in allen Details den Kindern vor Augen geführt wurden.

Die Urheber solcher verantwortungslosen Kampagnen waren in der Regel Theologen beider Konfessionen. Weite Verbreitung fanden in Westfalen die Machwerke von August Rohling aus Prag, der sich Professor und Kanonikus nennen durfte und immer wieder Publikationen über den 'blutrünstigen Talmudjuden' verfaßte. Einige seiner Bücher wurden in Westfalen verlegt: „Der Talmudjude", (Münster 1871) oder „Die Polemik und das Menschenopfer" (Paderborn 1883). Von daher nimmt es nicht wunder, daß speziell in der Passionszeit, in der des Leidens und Sterbens Christi gedacht wird, die jüdischen Nachbarn besser nicht auf die Dorfstraße gingen, wenn die Kirchgänger aus dem Gottesdienst kamen und ihren Emotionen freien Lauf ließen.

Im sauerländischen Lenhausen wurde Ende des 18. Jahrhunderts unter Anleitung des Pfarrers in der Passionszeit wiederholt die Synagoge demoliert, und die ansässigen Juden wurden gezwungen, während dieser Zeit den Ort zu verlassen. Am Karfreitag zogen die Kirchenbesucher nach dem Gottesdienst zur Synagoge von Lenhausen, brachen die verschlossene Tür auf, zerrissen die Gebetbücher und nagelten anschließend eine Speckseite an die Synagogentür, die dann die Juden nach ihrer Rückkehr enfernen lassen mußten.

Salomon Ludwig Steinheim (1789-1866) berichtet aus seiner Kindheit in Höxter-Bruchhausen, daß seine Familie beim jährlichen Libori-Fest während der Prozession die Fensterläden und Türen fest verschlossen halten mußte.

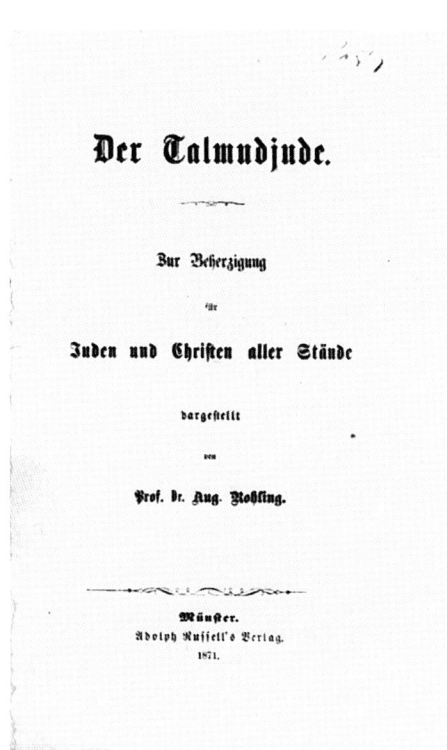

Der Talmudjude, antijüdisches Pamphlet von August Rohling, Münster 1871

Die sonntägliche Dosis Judenfeindschaft

In der zweiten Hälfte des 19. und zu Beginn des 20. Jahrhunderts war ein an- und abschwellender Chor antisemitischer Stimmen zu hören, der in Zeiten wirtschaftlicher Krisen besonders lautstark ertönte. Die jüdische Minderheit wurde dann – wie eh und je – für wirtschaftliche und soziale Krisen verantwortlich gemacht. Betrachtet man die antijüdischen Verlautbarungen genauer, fällt auf, daß es neben den bekannten Antisemiten des 19. und 20. Jahrhunderts im kirchlichen Milieu eine durchgängige Tradition der Abwertung und Herabsetzung des Judentums gab, mit der Tendenz, den eigenen Glauben im Kontrast zum Judentum wie auf einer dunklen Folie hell erstrahlen zu lassen. Die sonntäglichen Predigten in den Kirchen, die Lieder und Gebete, die Religionsbücher in den Schulen enthielten antijüdische Klischees, die als solche zwar meist nicht wahrgenommen wurden, aber ihre Wirkung dennoch nicht verfehlten.

Von den Juden war die Rede als von den Gegnern Jesu, die den Heiland verworfen und ans Kreuz gebracht hätten. Darum hätten sie die gerechte Strafe

Gottes verdient, wie sie sich in der Geschichte des jüdischen Volkes zeige: Vertreibung und Verfolgung seien Teil des göttlichen Strafgerichtes aufgrund der Ablehnung des Gottessohnes.

Der katholische Theologieprofessor Konrad Martin (1812-1879), ab 1852 Bischof in Paderborn, ist mit zahlreichen judenfeindlichen Äußerungen und Publikationen hervorgetreten. Seine weit verbreiteten Bibelauslegungen sind voll von antijüdischen Spitzen. Die Juden hätten mit dem leidenden Jesus kein Mitgefühl gehabt, sondern ihn über den Tod hinaus mit Haß verfolgt. Er bezeichnet es als „schöne" Überlieferung, daß Jesus mit von Jerusalem abgewendetem Gesicht gestorben sei, „gleichsam das Judentum verwerfend und die Heidenvölker erwählend."

Die Christen selbst hegten nicht den leisesten Zweifel daran, daß die Kirche an die Stelle des von Gott abgefallenen Volkes Israel getreten sei und nun das Volk Gottes repräsentiere. Die Zerstörung Jerusalems durch die Römer war angeblich das sichtbare Zeichen für das Strafgericht Gottes über sein verstocktes Volk. So hieß es etwa im Anhang des „Christlichen Gesangbuchs für die evangelischen Gemeinden des Fürstentums Minden und der Grafschaft Ravensberg": „Und das alles ist über sie (die Juden) gekommen, darum daß sie den Rathschluß Gottes von ihrer Seligkeit verachtet und ... den Sohn Gottes verworfen und gekreuzigt haben."

Die „Beschreibung, wie das der Stadt Jerusalem angedrohte Gericht Gottes vollzogen, und die Stadt zerstört wurde" war als erbaulicher Text in vielen evangelischen Gesangbüchern enthalten und wurde am sogenannten „Israel-Sonntag" (s.u.) verlesen. Aber auch an den übrigen Sonntagen tauchte „Israel" im positiven Zusammenhang nur dann auf, wenn es für die Kirche in Anspruch genommen wurde. Die christliche Gemeinde sah sich als das wahre „Israel", ihre Zukunftshoffnung richtete sich auf den „Zion" und das neue „Jerusalem". Ein lebendiges Judentum, das sich ebenso wie die Christen auf die Treue Gottes und seine Zusagen berief, hatte da keinen Platz mehr.

In den Handbüchern für die Unterrichtsvorbereitung der Religionslehrer wurden die biblischen Geschichten des Alten Testaments nur als niedere Vorstufe für die Erlösungs- und Heilsgeschichte im Neuen Testament interpretiert: „Das Verhältnis des Alten Testaments zum Neuen Testament als der niederen Religionsstufe zur höheren Stufe" sollte im Religionsunterricht der Oberstufe ausdrücklich zum Thema gemacht werden. Die Passionszeit mit der Behandlung der Leidensgeschichte Jesu gab auch in der Schule immer wieder Anlaß, von den Priestern und Pharisäern „in ihrem abscheulichen Hasse gegen den Heiland" zu sprechen und antijüdische Einstellungen zu festigen.

Die sich aus dem Pietismus im 19. Jahrhundert entwickelnde Erweckungsbewegung beförderte im lutherischen Minden-Ravensberg und im reformierten Siegerland eine auf persönliche Bekehrung gerichtete und verinnerlichte Frömmigkeit. Auf dem Hintergrund der Siegerländer evangelikalen Gemeinschaftsbewegung schrieb der Prediger G. Nagel 1899 ein Buch zur Judenfrage mit dem vielversprechenden Titel: „Heilige Rätsel und ihre Lösung oder das jüdische Volk und die christliche Gemeinde in ihren gegenseitigen Beziehungen und in ihren Zielen. Ein biblisch-historisches Zeugnis." (Witten a.d.Ruhr, 1899). Darin versuchte Nagel, in einem Gang durch Bibel und Kirchengeschichte nachzuweisen, daß der Übergang des Evangeliums an die Heiden die „Folge der inneren Verschlossenheit und Verstocktheit Israels" war. Die Christen sollten an der Geschichte Israels lernen, daß das Volk an der „Veräußerlichung" zugrundegegangen sei und Christen darum sich um das „innere Lebensgeheimnis", ein gläubiges Leben mit Christus, bemühen sollten. Die Zukunftshoffnung bestehe für Israel nach Nagel darin, daß es sich zu Christus bekehrt. Weite Teile des Judentums würden sich dem aber widersetzen und sich auf die Seite des Antichristen schlagen; denn „die ganze Geschichte des Judentums ist von antichristlichen Grundkräften getragen". Das jüdische Streben nach Geld und Weltherrschaft sei von Auflehnung und Hochmut getragen und werde von den Zornesflammen Gottes vernichtet. „Da wo einst der Hölle Pforten waren und Satanssynagogen Finsternis und Unheil verbreiteten, da wird walten das segensvolle Friedensregiment des himmlischen Königs".

Für Westfalen nimmt der Berliner Hofprediger Adolf Stoecker (1835-1909) unter den antisemitischen evangelischen Theologen einen besonderen Platz ein. Nicht nur in seinen Predigten polemisierte er gegen den Liberalismus und gegen das assimilierte Reformjudentum, sondern in Vorträgen und Wahlkampfveranstaltungen zwischen Bielefeld und Siegen verbreitete er als Kandidat für das preußische Abgeordnetenhaus (1879) und den Reichstag (1881-1908) sein antisemitisches Gedankengut über den „sich vordrängenden und zersetzenden jüdischen Einfluß auf das Volksleben" und bezeichnete die „Juden als Oberpriester der Sozialdemokratie". Seine „Christlich-Soziale Partei" entsandte die ersten antisemitischen Abgeordneten in den Reichstag und hatte gerade in evangelikalen Kreisen viele Anhänger. Im frommen Siegerland galt es als selbstverständlich, christlich-sozial zu wählen. Stoecker kommt das zweifelhafte Verdienst zu, den Antisemitismus als parteipolitisches Programm salonfähig gemacht zu haben.

Karikatur auf Adolf Stoecker, aus: Der wahre Jakob, 1880. Stoecker war Hofprediger und Gründer der antisemitischen Christlich-Sozialen Arbeiterpartei.

„Herzliche Liebe zu Deinem Volk Israel"

Diejenigen Theologen, die freundlich zu den Juden redeten, sich intensiv mit jüdischer Überlieferung befaßten, waren in erster Linie die christlichen Judenmissionare. Ausgehend vom Halleschen Pietismus des 18. Jahrhunderts entfalteten sie vor allem von Berlin, Leipzig und Köln aus ihre Aktivitäten. Das von dem evangelischen Theologen Franz Delitzsch im Jahr 1886 gegründete Institum Judaicum in Leipzig hatte die Ausbildung von Judenmissionaren zum Ziel. Delitzsch formulierte als oberste Bedingung für jeden, „welcher das Herz der Juden gewinnen wolle, ...eine aus der Liebe Christi fließende Liebe zu seinem Volke". Aus diesem Institut erwuchs eine beachtliche wissenschaftliche Erforschung rabbinischer und talmudischer Texte, deren Ergebnisse nun auch christlichen Theologen zum besseren Verständnis jüdischen Glaubens verhalfen. Doch es blieb eine zwiespältige Hinwendung zum Judentum, denn das Ziel des Interesses war nicht gegenseitige Lernbereitschaft, sondern Bekehrung des Gegenübers.

In vielen sonntäglichen Gottesdiensten wurde regelmäßig für die Bekehrung Israels gebetet. Der sogenannte Israel-Sonntag, der zehnte Sonntag nach Trinitatis des Kirchenjahres, galt insbesondere der Judenmission. An diesem Sonntag im Sommer wurde in Predigt, Gebet und Kollekte der Arbeit der Judenmissionare gedacht. Das Gebet „Entzünde in uns eine herzliche Liebe zu Deinem Volk Israel" wurde im evangelischen Preußen am „Jahresfest der Judenmission" gesprochen.

Auch in Westfalen waren spezielle Judenmissionare unterwegs, die vom entsprechenden Kölner „Verein für Israel" angestellt waren. Darunter waren die Pastoren Josephson aus Soest, der selbst als sogenannter „Proselyt" vom Judentum in die evangelische Kirche übergetreten war, und Hermann Philipp Kalthoff, der besonders in Minden-Ravensberg aktiv war. In Gütersloh ließ sich 1879 Pastor Leo Wallis nieder und missionierte von hier aus für einige Jahre im Ostwestfälischen. Die Zahl der Taufen im Zusammenhang der Judenmission blieb eher bescheiden; häufiger ließen sich Juden taufen, um vollständig in die bürgerlich-christliche Kultur aufgenommen zu werden. Bei der heutigen Bewertung der Judenmission darf nicht übersehen werden, daß gerade aus diesen Kreisen in Zeiten antisemitischer Kampagnen deutliche Kritik daran laut wurde. Schließlich waren es die Nationalsozialisten, die der Judenmission ein Ende setzen.

Die Synagoge im Schatten des Kirchturms

Aufs Ganze gesehen war Westfalen nicht stärker von Judenfeindschaft durchtränkt als andere Regionen des Kaiserreiches. Gerade unter den vom Idealismus und vom Liberalismus geprägten Theologen waren Vertreter zu finden, die die Emanzipationsgesetze begrüßten und sich für ein tolerantes Miteinander von Christen und Juden aussprachen. Solche Haltungen kamen besonders dann zum Tragen, wenn sich christliche Gemeinden zu Neubauplänen von Synagogen verhalten mußten. Sahen die Christen in der Syngoge in unmittelbarer Nachbarschaft der Kirche eher eine Beeinträchtigung des christlichen Gottesdienstes oder waren sie bereit, die Pläne der jüdischen Nachbarn zu unterstützen?

Noch 1828 wurde der jüdischen Gemeinde Wattenscheid zur Auflage gemacht, daß das Gebäude äußerlich nicht als Synagoge zu erkennen sein dürfte, sondern als schlichtes Wohnhaus zu errichten sei. Die Regierung in Minden verfügte 1829, eine Synagoge dürfe keinesfalls in zu großer Nähe zu einer christlichen Kirche angelegt werden. Der Erwerb eines kirchlichen Grundstückes für einen Synagogenbau war für die Kirchenvertreter meist unvorstellbar. In Iserlohn wurde die Bitte der jüdischen Gemeinde zurückgewiesen, eine baufällige, bereits aufgegebene katholische Kirche zu einer Synagoge umbauen zu dürfen. In Unna kam es im Jahr 1852 über einen Mittelsmann zum Verkauf einer katholischen Kapelle an die jüdische Gemeinde; das Generalvikariat in Paderborn versuchte vergeblich, den Umbau zu verhindern.

Dem stehen aber auch Beispiele von Toleranz und gegenseitiger Hilfeleistung gegenüber. In Lünen stellte die katholische Pfarrgemeinde ein Darlehen, die evangelische Gemeinde das Grundstück für den Synagogenbau zur Verfügung. In vielen Städten konnten die jüdischen Gemeinden um die Jahrhundertwende Grundstücke in zentraler Lage erwerben. Synagogen in Kirchennähe konnten durchaus als „Zierde" für das Stadtbild angesehen werden. Zu den Einweihungs-feierlichkeiten erschienen die Kirchenvertreter ebenso wie die Repräsentanten der Kommunen und sprachen sich lobend über das neue Gotteshaus aus.

Es fällt allerdings auf, daß in den offiziellen Dokumenten von jüdischer Seite die Gemeinsamkeiten von Christen und Juden stärker hervorgehoben wurden als von den christlichen Vertretern. Der Glaube an den *einen* Gott, Kaisertreue und Vaterlandsliebe wurden als verbindende Elemente herausgestellt. In vielen Synagogen, z.B. in Hagen, Brakel (Kreis Höxter) und Bochum-Wattenscheid war in großen Buchstaben das Bibelwort aus Maleachi 2,10 zu lesen: „Haben wir nicht alle *einen* Vater, hat nicht *ein* Gott uns erschaffen?" Es ist nicht bekannt, daß dieses Wort eine der christlichen Kirchen geschmückt hat. In offiziellen Dokumenten riefen die Synagogengemeinden häufig ihre Mitglieder dazu auf, der nicht-jüdischen Umgebung kein Ärgernis zu geben und zu einem guten Miteinander beizutragen.

Als am 6. März 1929 der Dortmunder Superintendent D. Karl Winkhaus verstarb, wurde zur Trauerfeier – wie selbstverständlich – auch der Rabbiner Dr. Jacob (Abb.) eingeladen. In seinem Beileidsschreiben formulierte Jacob: „Es waren nicht nur gemeinsame wissenschaftliche Interessen und Überzeugungen, die mich mit ihm verbanden, sondern meine Bewunderung seiner ganzen abgeklärten und von Grund auf humanen Persönlichkeit, die jede Begegnung mit ihm für mich zu einer Erquickung machte."

Dr. Benno Jacob (1862-1945),
Rabbiner und Bibelwissenschaftler,
1906-1929 Rabbiner in Dortmund

Von einem wirklichen christlich-jüdischen Gespräch kann in jener Zeit nicht die Rede sein. Gershom Scholem stellte 1962 rückblickend zu Recht fest: „Gewiß, die Juden haben ein Gespräch mit den Deutschen versucht, von allen möglichen Gesichtspunkten und Standorten her, fordernd, flehend und beschwörend, kriecherisch und auftrotzend, in allen Tonarten ergreifender Würde und gottverlassener Würdelosigkeit."

Es blieb ein Schrei ins Leere. Dort, wo Christen geantwortet haben, war die ausgesprochene oder unausgesproche Erwartung an die Juden, daß sie ihren Glauben, ihr Erbe und damit ihre Identität aufgeben würden.

Rabbiner gegen Pfarrer

Pfarrer Schmidt, im Hauptberuf Gefängnispfarrer, erteilte vertretungsweise im Jahr 1918 evangelischen Religionsunterricht an einem Dortmunder Gymnasium und behandelte dort die Propheten Amos und Hosea. Um aktuelle Bezüge herzustellen, sprach Pfarrer Schmidt über mutige und weniger mutige Männer seiner Zeit. Dabei verstieg er sich mit Blick auf den Weltkrieg zu der Behauptung: „Die Juden drücken sich im Kriege und haben dadurch Gelegenheit, sich in Politik, Literatur, Handel usw. der Herrschaft zu bemächtigen." Pfarrer Schmidt machte aus seiner antisemitischen Einstellung keinen Hehl und versuchte, den Schülern ein möglichst finsteres Bild von den Juden einzuprägen. Diese Äußerungen wurden dem Dortmunder Rabbiner Dr. Benno Jacob (1862-1945) bekannt, der daraufhin schriftlich von Pfarrer Schmidt Auskunft zu den Vorwürfen erbat. Die Antwort des Gefängnispfarrers: „Ich werde bei jeder sich bietenden Gelegenheit gegen den zersetzenden Einfluß des Judentums ankämpfen. Ich weise es als ungeheuerliche Anmaßung aufs schärfste zurück, daß ein jüdischer Rabbiner es wagt, einen deutschen evangelischen Pfarrer über das zur Rechenschaft zu ziehen, was er deutsche evangelische Schüler im evangelischen Religionsunterricht lehrt."

Rabbiner Jacob ließ sich nicht einschüchtern und schrieb postwendend zurück: „Wer Religionsunterricht erteilt, hat nicht den Auftrag, die eine Konfession gegen die andere aufzuhetzen. Leuten von Ihrem Schlage muß einmal gründlich beigebracht werden, daß wir weder in einem germanischen Rassen- noch in einem evangelischen Kirchenstaat leben. Herr Gefängnispfarrer, arbeiten Sie für die Verbesserung der deutsch evangelischen Sittlichkeit! Meine jüdischen Glaubensgenossen können Sie getrost mir überlassen. Wahrlich, ich bewundere nicht den Mut eines Geistlichen, der sich in dieser Zeit nichts Besseres weiß als gegen die Juden zu eifern, anstatt die Welt von der christlichen Nächstenliebe zu überzeugen, wo wir allen Anlaß haben, gemeinsam für die Ehre Gottes und den Frieden unter den Menschen zu arbeiten."

Weil Schmidt weiterhin auf seinem Antisemitismus beharrte, wandte sich Jacob an die Schulaufsicht, das „Provinzial-Schulkollegium" in Münster. Die Behörde ließ die Beschwerde mehr als drei Monate unbeantwortet, ehe sie schließlich Benno Jacob lapidar mitteilte, eine Bearbeitung erübrige sich, da Pfarrer Schmidt inzwischen seine Unterrichtstätigkeit auf eigenen Wunsch beendet habe: „Wir bemerken jedoch, daß wir es nicht billigen können, wenn politische oder soziale Verhältnisse der Gegenwart im Schulunterricht von einem parteilichen Standpunkt aus zur Durchnahme und Besprechung gebracht werden."

Rabbiner Jacob durchschaute das Taktieren der Behörde und ließ sich mit einer solchen Antwort nicht abspeisen. In einem zweiten Schreiben an das Schulkollegium protestierte er: „Wir müssen nachdrücklich dagegen Einspruch erheben, daß etwa der Antisemitismus irgendwie als achtbare und relativ berechtigte Parteistellung anerkannt wird. Alle anderen Parteien bekämpfen Ansichten oder Einrichtungen, die Antisemiten sind die einzige 'Partei', die *Personen*, und zwar lediglich wegen ihrer Abstammung verfolgt und beschimpft. Der Antisemitismus ist nicht etwa nur als parteilich oder unpatriotisch oder undeutsch, sondern schlechthin als *unsittlich* zu brandmarken."

Pfarrer Schmidt ist bei seiner antisemitischen Einstellung geblieben und hat sie in den „Deutsch-völkischen Blättern" mit Stolz gerechtfertigt. Rabbiner Jacob hat seinen Briefwechsel in dieser Sache in der Zeitschrift des Zentralvereins deutscher Staatsbürger jüdischen Glaubens veröffentlicht. Diese Zeitschrift titelte bereits 15 Jahre vor der Machtübernahme der Nationalsozialisten ironisch: „Die Juden sind an allem schuld!"

Benno Jacob kämpfte bis zum Ende seiner Dortmunder Zeit gegen den krebsartig wuchernden Antisemitismus. Sein Fazit: „Die Bundesgenossen der Antisemiten sind Unverstand, Kurzsichtigkeit, Denkfaulheit und die Leidenschaft ungezügelter Instinkte."

Evangelische Theologen, die ihn in diesem Kampf unterstützten, waren der Stuttgarter Pfarrer Eduard Lamparter und der Pfarrer an St. Reinoldi in Dortmund Hans Tribukait (1870-1941), die beide im „Verein zur Abwehr des Antisemitismus" aktiv waren und sich öffentlich gegen den Rassismus der Nationalsozialisten aussprachen. Lamparter: „Das Judentum steht als eine kultur- und religionsgeschichtliche Erscheinung vor uns, die mit Ehrfurcht erfüllt." Tribukait: Wir weisen „im Namen und Sinn des Stifters unserer Religion die Predigt das Rassenhasses zurück."

Leider war die Zahl der Berufskollegen, die sich vom völkischen und dann vom nationalsozialistischen Denken infizieren ließen, weitaus größer. In den Bücherregalen vieler westfälischer Pfarrer standen bereits antisemitische Schriften zur sogenannten Judenfrage wie: Martin Luther: Von den Juden und ihren Lügen, 1543 – Pfarrer Flemming: Christentum und Deutschtum, Münster 1932 – Gerhard Kittel: Die Judenfrage, Stuttgart 1933 – Adolf Schlatter: Wird der Jude über uns siegen?, 1935.

Antisemitisch eingestellte Theologieprofessoren wie Paul Althaus, Gerhard Kittel, Emanuel Hirsch, Walter Künneth, Walter Grundmann haben erheblichen Einfluß auf die Ausbildung der Pfarrerschaft gehabt. Ihrer Hochschulkarriere auch nach 1945 haben die Publikationen aus der NS-Zeit in der Regel keinen Abbruch getan. Für Juden waren ihre Einstellungen – in Verbindung mit der entsprechenden Politik – tödlich.

Literatur

Aring, Paul Gerhard: Christliche Judenmission. Ihre Geschichte und Problematik dargestellt und untersucht am Beispiel des evangelischen Rheinlandes, Neukirchen-Vluyn 1980.

Birkmann, Günter/Stratmann, Hartmut: Bedenke vor wem du stehst. 300 Synagogen und ihre Geschichte in Westfalen und Lippe, Essen 1998.

Blaschke, Olaf/Kuhlemann, Frank-Michael (Hg.): Religion im Kaiserreich. Milieus – Mentalitäten – Krisen, Gütersloh 1996.

Meyer, Michael A. (Hg.): Deutsch-jüdische Geschichte in der Neuzeit, 4 Bände, München 1996-1997.

Strack, Hermann L.: Das Blut im Glauben und Aberglauben der Menscheit. Mit besonderer Berücksichtigung der „Volksmedizin" und des „jüdischen Blutritus", Leipzig (8. Aufl.) 1911.

Ludger Heid

Arbeit und Alltag ostjüdischer Arbeiter im rheinisch-westfälischen Industriegebiet

„Die jüdische Arbeiterschaft im Rheinland ist ein neuer Typus in der jüdischen Arbeiterbewegung. Hier sind jüdische Arbeiter, die die Legende der Unfähigkeit des jüdischen Arbeiters zur Schwerarbeit zerstört haben, die bewiesen haben, daß der jüdische Arbeiter fähig und bereit ist, die schwerste Arbeit zu übernehmen und zu leisten, wenn man ihm sein Recht auf Arbeit gibt, wenn man ihn nicht ununterbrochen von seinen Arbeitsstellen fortjagt". Diese Sätze, formuliert in einem Bericht über die Kreiskonferenz der sozialdemokratischen *Poale-Zion-*Gruppen („Arbeiter Zions"-Gruppen) Rheinland-Westfalens erschienen am 15. Mai 1921 in Dortmund in der „Jüdischen Arbeiterstimme".[1]

Seit 1915 waren zur Aufrechterhaltung und Steigerung der Rüstungsindustrie Arbeiter aus den von deutschen Truppen okkupierten osteuropäischen Ländern, vornehmlich aus „Kongreß-Polen", nach Deutschland geholt worden. Die Anwerbung ausländischer Arbeiter war notwendig geworden, um die im Feld stehenden deutschen Arbeiter zu ersetzen bzw. bislang freigestellte an die Front zu schicken. Unter diesen Arbeitern befanden sich auch zahlreiche Juden. Anfänglich vollzog sich das Anwerben ostjüdischer Arbeiter durch die „Deutsche (Feld)-Arbeiterzentrale" ausgesprochen rigide, mitunter mit Gewalt. Auf Proteste und Eingaben deutsch-jüdischer Organisationen wurden an der Arbeitsvermittlung seit 1916/17 jüdische Vertrauenspersonen beteiligt, wodurch sich die Verhältnisse beim Arbeitertransfer verbesserten. Endlich wurde auf die besondere Struktur der jüdischen Arbeiter Rücksicht genommen, um ungeeignete Vermittlungen zu verhindern. Die „Jüdische Abteilung der deutschen Arbeiterzentrale" in Warschau arbeitete von nun an mit dem „Sekretariat für ostjüdische Arbeiter" zusammen, das von der Generalkommission der deutschen Gewerkschaften am 1. Januar 1918 errichtet wurde und bis Ende 1919 bestand. Damit war den ostjüdischen Arbeitern der soziale Schutz gegeben, dessen sie als ausländische Arbeiter unter Kriegsrecht bedurften. Die Zahlen der während des Ersten Weltkriegs teils zwangsdeportierten, teils angeworbenen und zugewanderten Ostjuden sind nicht genau bekannt. Nach Angaben des Reichsinnenministeriums aus dem Jahre 1922 gab es 1915 ca. 50.000 ostjüdische Arbeiter in Deutschland. In den Jahren des Weltkriegs und der Nachkriegszeit bis 1922 kamen ca. 100.000 hinzu, von denen 30.000 während des Krieges eingewandert waren.[2]

Auch die Zahlen der ostjüdischen Arbeiter im Ruhrgebiet sind unklar. Sie veränderten sich dauernd durch Zuzug, Rück- und Weiterwanderung. Bei Kriegsende betrug die Schätzung 16.000. Eine kontinuierliche Statistik ist nie geführt

1 Jüdische Arbeiterstimme Nr. 6, 1. Juni 1921.
2 Denkschrift über die Ein- und Auswanderung nach bzw. aus Deutschland in den Jahren 1910 bis 1920. Der Reichsminister des Innern V. 1641 B, Berlin, 30. März 1922, S. 4386.

JÜDISCHE ARBEITERFÜRSORGESTELLE   Bochum, den 16. Februar 1921
Luisenstr. 12

IDENTITÄTSBESCHEINIGUNG.

Hierdurch wird die Identität des *polnischen*
Staatsangehörigen *Chaim Goldstein*
geboren am *15. Mai 1899* zu *Rirlec*

Kreis   Staat

Bezirk   Land

mit der hier angehefteten Photographie bescheinigt.

DER INHABER DER NEBENSTEHENDEN PHOTOGRAPHIE
HAT SEINE UNTERSCHRIFT IN UNSERER GEGENWART EI-
GENHÄNDIG VOLLZOGEN.

Unterschrift des Inhabers.

Ausländer-Polizei

worden. Das „Jüdische Arbeitsamt" Duisburg, das zusammen mit seiner Neben-
stelle – dem „Jüdischen Arbeiterfürsorgeamt" in Bochum – den Arbeitsmarkt für
ostjüdische Arbeiter im Ruhrgebiet organisierte, veröffentlichte unregelmäßig
Zahlen über zugewanderte Ostjuden.[3] Eine Aufstellung für die Monate August bis
November 1920 belegt, daß von allen Ruhrgebietsstädten Duisburg mit 700
Personen die meisten ostjüdischen Arbeiter aufwies – gefolgt von Dortmund mit
500.[4]

Die ostjüdische Arbeitermigration war eine Wanderung unverheirateter
junger Männer. Im Ruhrgebiet leisteten sie allgemein ungelernte Arbeit in Bau-
unternehmungen, Bergwerken (unter Tage) und kriegswichtigen Hüttenbetrie-
ben. Vereinzelt waren sie darüber hinaus in der chemischen Industrie tätig. Von
den anderen ausländischen Arbeitern unterschieden sie sich sehr durch ihre
höhere Bildung, geistige Beweglichkeit und ein starkes kulturelles Interesse.[5] Es
gab von Anfang an Bedenken gegen die Arbeitsvermittlung ostjüdischer Arbeiter,

3 Zur jüdischen Arbeiterfürsorge vgl. zuletzt:
Heid, Ludger: Jüdische Arbeiterfürsorgeämter im
rheinisch-westfälischen Industriegebiet 1919-1927,
(Duisburger Forschungen Bd. 43) Duisburg 1997,
S. 287-310.
4 Zahlen bei: Fraustädter, Werner: Die ostjüdische
Arbeitereinwanderung im rheinisch-westfälischen
Industriegebiet, Diss. Jur. (Masch.-Schrift),
Frankfurt/M. 1921, S. 62.
5 Vgl. dazu: Heid, Ludger: Das ostjüdische
Proletariat in Duisburg 1914-22, in: Ludger Heid/
Julius H. Schoeps (Hrsg.), Arbeit und Alltag im
Revier (Duisburger Forschungen Bd. 33), Duisburg
1985, S. 232.

weil man sie wegen ihrer angeblich „mangelnden körperlichen Tauglichkeit" für schwere – montanindustrielle – Arbeit nicht geeignet hielt.[6] Dazu kam, daß die deutschen Arbeitgeber wenig Rücksicht auf die religiösen Bedürfnisse der jüdischen Arbeiter wie Sabbatruhe, rituelle Verpflegung usw., nehmen konnten oder wollten. Doch waren es vor allem antisemitische Vorurteile, die den Ostjuden das Leben im Ruhrgebiet schwer, manchmal auch unerträglich machten. Die Mitgliedschaft in einer Gewerkschaft war ihnen erst Ende 1918 möglich.[7] Der Übergang von der gewohnten handwerklichen Arbeit in Polen zur geforderten Industriearbeit in Rüstungsfabriken und zuliefernden Unternehmen der Kriegswirtschaft war für die meisten Ostjuden psychisch wie physisch ein schwieriger Prozeß. Auf die Arbeitsbedingungen während des Krieges – schwere Arbeiten unter Akkord bei niedrigen Löhnen und schlechter Verpflegung, bei menschenunwürdiger Unterbringung, schikanöser Behandlung und eingeschränkter Bewegungsfreiheit – reagierten viele mit Verweigerung und Widerstand gegenüber den behördlichen und unternehmerischen Vorschriften. Der Kontraktbruch – zumeist verursacht durch den Versuch, in den angestammten Beruf umzusteigen –, wurde zur Massenerscheinung, geringe Leistung und passi-

Speisesaal in der
Belgierbaracke Oberhausen

6 Regierungspräsident Düsseldorf an Polizeipräsident Essen, Landräte und Polizeiverwaltungen im Bereich des VII. Armeekorps, Düsseldorf, 31. August 1915, Stadtarchiv Duisburg 20/436.
7 Vgl. dazu: Heid, Ludger : „Mehr Intelligenz als körperliche Kraft". Zur Sozialgeschichte ostjüdischer Proletarier an Rhein und Ruhr 1914-1923, (Jahrbuch des Instituts für Deutsche Geschichte XV), Universität Tel Aviv 1986, S. 342 u. 345f.

ve Resistenz waren alltäglich. Hunderte verließen die Massenquartiere, in denen neben oft katastrophalen sanitären und hygienischen Zuständen keinerlei Raum für eine private Sphäre vorhanden war, geschweige, daß es einen sozialen Schutz vor den antisemitisch motivierten verbalen und körperlichen Angriffen durch andere ausländische Arbeiter – vor allem Polen – gab. Die deutschen Behörden sahen sich aufgrund der miserablen Arbeits- und Lebensbedingungen und angesichts der damit verbundenen massenhaften Verweigerungen veranlaßt, Zugeständnisse zu machen. Hinsichtlich der Löhne sollten die ausländischen Arbeiter den deutschen gleichgestellt, Beschimpfungen und Mißhandlungen von seiten der Arbeitgeber und Vorgesetzten nicht mehr gestattet werden. Ausdrücklich wurde das Beschwerderecht – zumindest auf dem Papier – eingeräumt. Ostjuden mußten mit anderen ausländischen Arbeitern – in der Regel mit Polen – in Massenquartieren wohnen. Die Baracken standen auf dem Werksgelände und wurden überwacht. Die Wohnbedingungen waren menschenunwürdig; die sanitären Verhältnisse katastrophal und Ursache gefährlicher Infektionskrankheiten; die Baracken waren zugig und schlecht beheizt, das Essen – kriegsbedingt mit vielen Surrogaten ohnehin dürftig und geschmacklos – für körperlich schwer Arbeitende unzureichend; Platz für eine Intimsphäre in Räumen, belegt mit bis zu 60 Männern, war nicht vorhanden. Dazu kam die ständige Kontrolle durch einen „Baracken-Portier", der sein Hausrecht zuweilen mit Gummiknute, Faust und Hund ausübte. Viele Ostjuden waren bestrebt, diesen unwirtlichen Quartieren zu entfliehen, um in der Stadt als Kost- und Schlafgänger, wie es im Ruhrgebiet weit verbreitet war, Unterkunft zu finden.

Schlafbaracke in der
Belgierbaracke Oberhausen

Die Bewahrung und Auseinandersetzung mit ihrer Kultur ersetzte den ostjüdischen Proletariern ihr heimatliches Milieu und bot ihnen zugleich kulturelle und religiöse Identifikation in einer fremden Welt. Das kulturelle Bedürfnis, das Zusammensein mit Gleichgesinnten, ein ausgeprägtes Vereinsleben ließ sie die vielfältigen Demütigungen einer antisemitisch aufgeladenen Umgebungsgesellschaft vergessen. Diskussionen, Vorträge, Lektüre, Theaterspiel („Dramatische

Sekties"), Gesang und vieles mehr spielten in ihrem alltäglichen Leben eine bedeutende Rolle. Die Teilnahme an Kursen in deutscher, englischer und hebräischer Sprache war häufig, die Beschäftigung mit Literatur in jiddischer Sprache war weit verbreitet, bei den Zionisten auch die Hinwendung zum Neuhebräischen. Natürlich gab es Kontakte zwischen deutsch-jüdischen Intellektuellen und proletarischen Ostjuden. Doch waren ideologische Gräben zwischen Kommunisten und Sozialdemokraten, Zionisten und Nichtzionisten ein entscheidendes Hindernis für einen wirklichen Dialog.

Seit 1920 läßt sich von einer ostjüdischen Arbeiterkulturbewegung im rheinisch-westfälischen Industriegebiet sprechen. In den größeren Revierstädten bildeten sich kulturelle Vereine, die in den Industriemetropolen des Ruhrgebietes wie Duisburg, Essen und Dortmund ihre Zentren besaßen.[8] Im Gegensatz zur allgemeinen Arbeiterkulturbewegung war ostjüdisches Vereinswesen *kein* Instrument einer Akkulturation an die deutsche Umgebungsgesellschaft. Ohnehin nur auf einen Zwischenaufenthalt in Deutschland eingerichtet, bestand für ostjüdische Arbeiter gar nicht die Notwendigkeit einer Eingewöhnung. Ein Punkt ist in diesem Zusammenhang indes festzuhalten: Das Erlebnis der Entwurzelung, eine Erfahrung, die man bereits in der osteuropäischen „Heimat" gemacht hatte, war ein ständiger Begleiter jüdischer Wanderschaft. Über die Gesamtorganisation der ostjüdischen Arbeiterkulturvereine im rheinisch-westfälischen Industriegebiet Anfang 1921, und zwar in den Ruhrgebietsstädten Essen, Bochum, Dortmund, Duisburg, Herne und Gladbeck, war man in Berlin unterrichtet. Im Bericht des Berliner Polizeipräsidenten wurde Essen als Standort der Zentralstelle dieser Arbeiterkulturvereine angegeben. „Der gemeinsame Zweck aller dieser hauptsächlich produktiv arbeitenden Juden und Jüdinnen", hieß es in dem Polizeibericht, „ist die geistige und kulturelle Hebung der Mitglieder, nach Möglichkeit auch die Verbesserung ihrer wirtschaftlichen Lage." Der Bericht hob die Beziehung der Arbeiterkulturvereine zu den jüdischen Arbeitsämtern in Duisburg und Bochum sowie dem jüdischen Arbeiter-Fürsorgeamt in Berlin hervor. Die Verbindung von Sozial- und Kulturpolitik zeigt, welche Bedeutung deutsch-jüdische Organisationen der Kulturarbeit in den Arbeitervereinen beimaßen: Die Hebung des geistigen und kulturellen Niveaus der ostjüdischen Arbeiter durch ein reges und vielseitiges Vereinsleben, Weiterbildungsveranstaltungen, Abonnements ausländischer Zeitungen u.v.m. war integraler Bestandteil ostjüdischen Lebens in Deutschland und wurde entsprechend materiell und infrastrukturell unterstützt.

1920 gelang im Ruhrgebiet der Zusammenschluß größerer ostjüdischer Arbeiterkulturvereine zum „Verband Jüdischer Kulturvereine von Rheinland und Westfalen" mit Sitz in Duisburg. Werner Fraustädter, Leiter des Jüdischen Arbeiterfürsorgeamtes in Duisburg, später in Berlin tätig, gibt die Mitgliederzahl der Duisburger Ortsgruppe mit ca. 200, die der Dortmunder mit ca. 60 an, wobei sich ihr Einfluß über den Verein hinaus auf die gesamte jüdische Arbeiterschaft erstreckte. Seinem Selbstverständnis nach lag der Schwerpunkt der Vereinstätigkeit im Kulturbereich. Die praktische Vereinsarbeit war entsprechend der Satzungen dezidiert unpolitisch und religiös neutral. Damit sicherte sich der Verband

8 Werner Fraustädter erwähnt, daß 1920 die Gründung größerer ostjüdischer Arbeiterkulturvereine gelungen sei, die sich im „Landesverband Rheinland-Westfalen der jüdischen Arbeiter-Kulturvereine" mit Sitz in Duisburg zusammengeschlossen hätten. Fraustädter, Die ostjüdische Arbeitereinwanderung, S. 116. – In einem Polizeibericht heißt es dagegen, daß sich die Zentralstelle der Arbeiterkultur-Vereine des Ruhrgebiets in Essen, Kastanien-Allee 88 befände. Polizei-Präsident Berlin an Staatskommissar für öffentliche Ordnung, Berlin, 14. Januar 1921, Hauptstaatsarchiv Düsseldorf, RD 15 669.

zwar sein Fortbestehen unbehelligt von polizeibehördlicher Beschränkung, verpaßte aber zugleich die Chance, eine Partizipation an der Gewerkschaftsbewegung zu erreichen und die arbeitsrechtliche und soziale Lage der ostjüdischen Proletarier abzusichern bzw. zu verbessern.

Nach den Statuten konnten alle jüdischen Arbeiterkulturvereine, die sich nach dem Klassenstandpunkt definierten, ihrer Zusammenstellung nach jedoch „unparteiisch oder unterparteiisch" waren, dem rheinisch-westfälischen Gesamtverband angehören. Für den Einzelnen hieß das: Jeder jüdische Arbeiter ohne Unterschied der politischen und religiösen Richtung konnte Mitglied werden. In einer näheren Ausführungsbestimmung wurden die Ortsvereine angewiesen, ihre Statuten nicht parteiisch geprägt auszugeben. In insgesamt sieben Abschnitten wurden die Aufgaben des Verbandes festgelegt, und zwar: Vereinigung aller jüdischen Arbeiterkulturvereine Rheinland-Westfalens; Gründung von Ortsvereinen; Organisierung von „Kulturunternehmungen" wie Vorlesungen und Kursen im überregionalen Rahmen; Herausgabe eines Mitteilungsblattes; Durchführung von Abendkursen, die einer allgemeinen Aufklärung über die wichtigsten Probleme innerhalb der Arbeiterbewegung zum Gegenstand haben sollten; Erlernen von literarischen und musikalischen „Unternehmungen", um dadurch eine Theatergruppe beim Verband aufzubauen; Errichtung einer „Wanderbibliothek", um die angeschafften Bücher unter den einzelnen Verbandsmitgliedern zu verteilen. In einer besonderen Bemerkung nahm sich der Verband das Recht, die künstlerische Einrichtung jeder Ortsgruppe wie die dramatischen Gruppen, Chor usw. wie auch einzelne Darsteller für überregionale Veranstaltungen abzurufen.

Unter den ostjüdischen Arbeitern in Deutschland besaß die sozialdemokratische Arbeiterpartei *Poale Zion* den größten Zuspruch. Ihre genaue Stärke läßt sich nicht feststellen. Eine Untersuchung der Jüdischen Arbeiterfürsorgestelle in Duisburg über die Mitgliedschaft in einer jüdischen Partei gibt Aufschluß über die insgesamt recht zersplitterten politischen Sympathien. Ca. 30 % der Befragten bekannten sich zur *Poale Zion*, die damit die stärkste Gruppierung des jüdischen Parteienspektrums war. Durch die zionistische Agitation Harry Epsteins war die Idee des *Poale-Zionismus* bereits einige Jahre vor dem Ersten Weltkrieg in Duisburg und Umgebung bekannt gemacht worden. Aber erst im Frühjahr 1921, auf dem Höhepunkt der ostjüdischen Arbeiterzuwanderung ins rheinisch-westfälische Industriegebiet, konnte die Poale-Zion-Bewegung in einzelnen Ruhrgebietsstädten organisatorisch Fuß fassen: In Dortmund und Essen seit Mitte März 1921, seit Juli 1921 in Duisburg. Der Hauptzweck der Duisburger Organisation, so wurde den Behörden mitgeteilt, sei die „geistige und kulturelle Hebung" der ausländischen Juden und die Realisierung der Grundprinzipien des zionistischen Sozialismus.

Die *Poale Zion* besaß angesichts des Scheiterns der sozialistischen Utopie in mancher Hinsicht eine kompensatorische Funktion: die ostjüdische Arbeiterkultur konnte ihren Anhängern eine „realistische" Utopie anbieten – durch den Zionismus den Sozialismus in einem eigenen jüdischen Staat zu verwirklichen.

Verkürzt ausgedrückt, wollte der zionistische Sozialismus den Juden der Diaspora von seinem zum Scheitern verurteilten assimilatorischen Judentum „erlösen", um ihn durch „Produktivierung", d.h. auch die Hinwendung zu handarbeitenden Berufen sowie zur Landwirtschaft, in Palästina als neuen Menschen wiedererstehen zu lassen. Insofern verkehrte der zionistische Sozialismus das antisemitische Bild des Juden, das ihn auf eine Metapher der Zirkulation reduzierte, indem er ihm das Bild des produktiven Juden entgegenstellte, den Juden als Arbeiter und Bauern. Die nationale Idee des Zionismus verknüpfte sein sozialistischer Flügel mit der Idee der Produktivierung durch physische Arbeit.

So wie die sozialdemokratische Arbeiterkulturbewegung sich zum Programm der „kulturellen Veredelung" und zum utopischen Leitbild des „neuen Menschen" bekannte, propagierte die poale-zionistische Arbeiterkultur den jüdisch-sozialistischen Menschen, der, mittels *Aliya*, in Palästina *Chawer* werden sollte – möglichst in einer sozialistischen Gemeinschaft wie z.B. in einem *Kibbuz*. Die zionistische Form der „Arbeiterveredelung" fand ihre „jüdische" Entsprechung in der Auswanderung. *Aliya*, das war der „Aufstieg", die letzte Stufe zur Erreichung des zionistischen Ziels.

Der Hamborner Hechaluz
am 12.7.1925

Die Hamborner Ortsgruppe begann ihre Vereinstätigkeit mit 40 Mitgliedern, welche meist als Angestellte im Kleingewerbe oder als Arbeiter tätig waren. Ein Polizeibericht erwähnt einen Ausflug des Hamborner Vereins an den Niederrhein (Mölln bei Wesel) am 17. Mai 1925, bei dem, so der beobachtende Polizeibeamte, viele Teilnehmer „einen Russenkittel von gelber Farbe, mit einem blau-weißen Davidstern auf dem linken Oberarm" trugen. Außerdem führten sie einen Vereinswimpel von blau-weißer Farbe mit sich. Es gibt ein Foto von einem Ausflug, das 32 Vereinsmitglieder zeigt, Russenkittel sind darauf nicht zu erkennen, doch zum Gruppenbild mit fünf jungen Frauen hatten die Ausflügler vor sich ein

Schild aufgebaut mit der Aufschrift: „Tarpeh/1925, Chalutz Hamborn". Es war am Rand verziert und oben trug es den Davidstern. Weiterhin hielten sechs Chaluzim blau-weiße Stecken.

Die erste Kreiskonferenz der *Poale Zion* in Rheinland-Westfalen, die am 15. Mai 1921 in Dortmund stattfand, war von Delegierten aus Bochum, Bonn, Köln, Dortmund, Duisburg, Essen, Gelsenkirchen, Hamborn, Herne, Langendreer und Marten beschickt worden. Diese eindrucksvolle Tagung stellte, nachdem die einzelnen lokalen Organisationen Bericht erstattet hatten, selbstbewußt fest, daß die jüdischen Genossen die einzige Gruppe im ganzen Industriegebiet sei, die eine „ernstzunehmende sozialistische Kulturarbeit" zwischen den jüdischen Arbeitern durchführe, auch wenn es überall an Kräften fehle, die imstande seien, die kulturelle Arbeit in den immer größer werdenden Organisationen zu leisten.[9]

Innerhalb der Jüdischen Arbeiterbewegung im rheinisch-westfälischen Industriegebiet war die *Poale Zion* die stärkste politische Kraft und Initiator vielfältigster Kulturveranstaltungen. Die kulturellen Aktivitäten reichten von der Errichtung von Bibliotheken, Lesehallen, Teestuben, Arbeiterheimen, Durchführung

Fahrradausflug der Hamborner Gruppe der Poale Zion

von Einzelvorträgen, deren Themen alle möglichen Bereiche aus Literatur, Sprache, Philosophie, Ökonomie und Politik umfassen konnten, Gewerkschaftsversammlungen und politischen Kursen, bis hin zur Organisierung von Wanderkursen und Ausflügen. Alle diese Aktivitäten galten natürlich der politischen Mobilisierung der jüdischen Arbeiter. Waren kulturelle Veranstaltungen in einzelnen Städten nicht möglich, wie in Marten oder Herne, oder verwehrt wie in Essen, wurde die Parteiagitation um so heftiger betrieben.

Wie weite Teile der deutschen Bevölkerung traten auch die deutschen Glaubensbrüder den Ostjuden gegenüber wenig gastlich auf. Die Animositäten der

9 Vgl. Jüdische Arbeiterstimme Nr. 6, vom 1. Juni 1921.

deutschen Juden resultierten aus ihrer Ablehnung gegenüber dem betont „Jüdischen", das die Ostjuden in Sprache (Jiddisch), Kleidung und religiösen Riten aus Osteuropa mitbrachten – und in Deutschland pflegten. Die deutschen Juden fürchteten, auf ihrem Weg der Assimilation in die bürgerliche deutsche Gesellschaft behindert zu werden. Die assimilierten Juden waren beunruhigt über die jiddische Kultur, die mit einem Mal inmitten ihrer bürgerlich-liberalen Lebenswelt auftauchte. Für die Westjuden verkörperten die Ostjuden etwas, wovon man sich entfernen und woran man nicht mehr erinnert werden wollte. In der Ablehnung kam die Angst zum Ausdruck, die nichtjüdische Umwelt würde sich wieder an die jüdische „Vergangenheit" der assimilierten deutschen Juden erinnern, kurzum: an ihr „Anderssein".

Aber es war wohl auch ein Klassenproblem: Deutsch-jüdisches Bürgertum versus ostjüdisches Proletariat bzw. kleinbürgerliche Handwerker und Händler. Dennoch mußte man etwas für sie tun, die Zuwanderer waren ja schließlich auch Juden. Allgemein war das Verhalten der deutschen Juden gegenüber den Ostjuden ambivalent: Es gab private Geringschätzung, aber öffentliche Verteidigung gegen antisemitische Angriffe und Unterstützung eines umfangreichen sozialen Hilfswerks. Die ostjüdischen Arbeiter betrachteten Deutschland nicht als Einwanderungsland. Deutschland war eine Zwischenstation auf dem Weg vor allem in die USA. Soweit sie Zionisten waren, emigrierten sie nach Palästina. In die osteuropäische Heimat wollten sie der Pogromgefahr wegen nicht wieder zurückkehren.

Eine Postkarte, aufbewahrt im Bildarchiv des YIVO-Instituts in New York, zeigt eine Gruppe ostjüdischer Proletarier bei ihrer Arbeit im Dortmunder Bergbau. Neben dem Foto die mit ungelenker Hand geschriebene Bilderklärung: „Sommer 1919. Auf der Grube 'Kaiserstuhl II' in Dortmund Westfalen. X dies Zeichen sind Lowiczer/ \ dieses Zeichen bin ich Schmulik. Jetzt schwitzt man." Die Rückseite dieses ebenso seltenen wie eindrucksvollen Fotos trägt folgenden jiddischen Text: „... auf der Reise nach Palästina bin ich zeitweilik schon über 9 Monaten vertreten in die deutsche Großindustrie auf die Kohlengrube Kaiserstuhl II Fotografiert bei der Arbeit mit meine andere selben Reise Jiden-Chewerim, Dortmund, den 20/VI. 1919." Es mag sein, daß die abgebildeten vierzehn Arbeiter zu einer Gruppe von dreißig Tiefbauarbeitern und Handwerkern gehörten, die im August 1919 unter Leitung eines Schachtmeisters von Dortmund aus nach Palästina emigrierten.

Gegen die ostjüdischen Arbeiter erhoben sich nicht nur die Stimmen der Antisemiten, die bereits 1916 eine Grenzsperre forderten, auch Sozialdemokraten standen der Zuwanderung skeptisch gegenüber. Die kritische Haltung geht auf die Vorkriegszeit zurück und hängt mit Bestrebungen zusammen, die „Judenfrage" durch Assimilation zu lösen. Die Befürchtung, Ostjuden könnten infolge einer bescheideneren Lebenshaltung deutsche Arbeiter von ihren Arbeitsplätzen verdrängen, wurde bereits vor 1914 geäußert und spielte nach 1918 bei der Ablehnung jüdischer Zuwanderer eine große Rolle. Ostjuden wurden nicht nur der Lohndrückerei beschuldigt, sondern geradezu als Klassenfeinde hingestellt, weil sie sich angeblich nicht gewerkschaftlich organisieren lassen wollten. Das

Verhältnis der deutschen Arbeiter zu den ostjüdischen Arbeitern war nicht frei von Spannungen und besserte sich erst, als die neuen Arbeitsgenossen den Gewerkschaften beitraten und damit unterstrichen, daß sie sich nicht als Lohn- und Streikbrecher mißbrauchen ließen. Auch wenn die deutsche Arbeiterschaft nicht frei von Antisemitismus war, so war dennoch das Verhältnis der Arbeiter untereinander im allgemeinen ohne Feindseligkeiten.

Die antisemitische Stimmung, die sich mit zunehmender Kriegsdauer bei gleichzeitiger Zuwanderung steigerte, führte schließlich im April 1918 zur Sperrung der Grenze im Osten. Seit der Novemberrevolution des Jahres 1918 übte die öffentliche Meinung einen immer stärkeren politischen Druck auf die Regierung aus, die Ostjudenzuwanderung zu stoppen.

Die Ausweisungspraxis wurde zu einer verbreiteten Erscheinung und von den deutschen Ausländerbehörden zumeist mit dem Hinweis auf eine Revolutionsgefahr durch ausländische Juden begründet. Die Rechtsstellung der Ostjuden war nach Kriegsende zunehmend unsicherer geworden. Über ihnen schwebte ständig

Ostjüdische Arbeiter auf der
Zeche Kaiserstuhl II, Dortmund, 1919

das Damoklesschwert der Ausweisung, wenn sie sich nach Meinung der jeweiligen Polizeibehörde „lästig" gemacht hatten oder einfach nur „unerwünscht" waren. Hauptargumente der Behörden, die Ausweisung zu legitimieren, waren Verstöße gegen die Meldepflicht, fehlende bzw. unzureichende Arbeits- und Personalpapiere, Vorwürfe wegen politischer Unzuverlässigkeit und weitere fadenscheinige Beschuldigungen. Auch wenn einige Ostjuden gegen willkürliche Ausweisungsverfügungen erfolgreich klagten, so muß man doch in den ersten Jahren der Weimarer Republik von einer Ausweisungswelle sprechen.

Die Spuren der während des Weltkriegs und der ersten Nachkriegsjahre nach Deutschland gekommenen ostjüdischen Arbeiter verlaufen sich in archivalischer Hinsicht bis zum Jahre 1923. Das Jahr 1923 erlebte wegen der hohen Kriegsfolgelasten der öffentlichen Hand – Demobilisierung, Sozialausgaben für Arbeitslose und Flüchtlinge sowie die Reparationsverpflichtungen – eine große wirtschaftliche Depression. Im Jahre 1923 war die Kriegswirtschaft endgültig auf eine Friedenswirtschaft umgestellt worden. In dieses Jahr fiel der Ruhrkampf mit der anschließenden Besetzung des Ruhrgebiets durch die Alliierten. Das durch Ruhrkampf und Inflation geprägte Krisenjahr markiert einen Wendepunkt nicht nur für die Weimarer Republik allgemein, sondern auch für die Ostjuden. Bis zu diesem Zeitpunkt waren die meisten ostjüdischen Arbeiter, nachdem die Grenzen für sie schon Jahre zuvor geschlossen blieben, in die westlichen Industriestaaten, die USA oder nach Palästina weitergewandert oder – der kleinste Teil – in die östliche Heimat zurückgekehrt. Gleichwohl gab es unter den aus den unterschiedlichsten Gründen in Deutschland verbliebenen ostjüdischen Arbeitern eine kulturelle Kontinuität, die sich vor allem in zionistisch-hechaluzischen Aktivitäten niederschlug, und die unter dem Eindruck der sich anbahnenden politischen Veränderungen in Deutschland seit Anfang der 1930er Jahre einen zusätzlichen Motivationsschub erhielt. Die wenigen Jahre zwischen dem Beginn des Ersten Weltkrieges und der wirtschaftlichen Depression von Weimar reichten nicht aus, um eine eigenständige ostjüdische Arbeiterkultur in Deutschland dauerhaft zu etablieren und eine jüdisch-proletarische Tradition aufzubauen wie etwa in London, New York, teilweise in Buenos Aires oder Amsterdam. In Deutschland blieb nicht genügend Zeit, um die spezifischen sozialen, politischen, kulturellen und religiösen Beziehungen des ostjüdischen Proletariats gegen eine ihm ablehnend bis feindlich gegenüberstehende deutsche Gesellschaft sowie die komplizierten Interdependenzen zur autochthonen deutsch-jüdischen Gemeinschaft aufzufächern. Und ob dies überhaupt im Interesse ostjüdischer Arbeiter lag, darf bezweifelt werden. Ostjüdische Arbeiterkulturarbeit – soweit sie zionistisch motiviert war –, zielte ausschließlich auf ein zukünftiges proletarisch-bäuerliches Leben in einem sozialistisch verfaßten Judenstaat Palästina. Deutschland war nur eine Zwischenstation auf dem Weg dorthin. Das kulturpolitische Ziel ostjüdischer Arbeiter in Deutschland galt vornehmlich der Vorbereitung auf *Eretz Israel* ('Land Israel'). Dabei hatte der Zionismus Vorrang vor dem Klassenkampf.

Dennoch vermochte die ostjüdische Arbeiterschaft – ihrer kleinen Zahl und ihrem fluktuierenden Charakter zum Trotz – ein breites Spektrum von Parteien und Vereinen zionistischer und sozialistischer Prägung und eine Arbeiterpresse aufzubauen – kulturell selbstbestimmte Eigenaktivitäten. Aufs Ganze gesehen mögen ihre kulturellen Initiativen eher eine marginale Erscheinung gewesen sein, mußten es wohl sein. Ostjüdische Arbeiter blieben zwar kulturell isoliert, aber sie boten ihren Angehörigen einen menschlichen, einen sozialen und spirituellen Halt. Die Bekanntschaft mit den geistigen Strömungen des Ostjudentums, aber auch die ökonomische und politische Not der ostjüdischen Arbeiter trugen zu einer Stärkung des jüdischen Bewußtseins vor allem bei der deutsch-jüdischen Jugendbewegung bei. Die ostjüdischen Zuwanderer gewannen im deutschen Zionismus großen Einfluß und verliehen ihm wesentliche Antriebskräfte.

142

Rita Thalmann

Der Novemberpogrom 1938

1938, das Jahr, das vom Auswärtigen Amt des sogenannten Dritten Reiches triumphierend als „Schicksalsjahr"[1] bezeichnet wurde, weil es Hitlerdeutschland sowohl der Verwirklichung des 'großdeutschen Reiches' wie auch der „Lösung der Judenfrage" näher gebracht hatte, wurde von der zutiefst betroffenen Reichsvertretung der Juden in Deutschland das Jahr des „historischen Wendepunktes"[2] jüdischen Lebens in Deutschland genannt. Bedeuteten doch die antijüdischen Ausschreitungen nach dem Anschluß Österreichs, die Ausweisung von ca. 17.000 der aus Polen stammenden und seit Jahrzehnten in Deutschland lebenden Juden im Herbst 1938 und schließlich der entsetzliche Höhepunkt in der sogenannten „Kristallnacht" das Ende einer lange ersehnten, wenn auch nie völlig erreichten deutsch-jüdischen Symbiose. Selbst in der Weimarer Republik, der ersten demokratischen Gesellschaftsordnung in der deutschen Geschichte, bildeten liberal-demokratische Traditionen kein ausreichendes Gegengewicht zur Judenfeindschaft, so daß deutsche Bürger jüdischen Glaubens wenig Mitstreiter bei der Abwehr des Antisemitismus fanden.[3] Im Emanzipationsgesetz des Norddeutschen Bundes von 1869 war den Juden in Deutschland erstmals die uneingeschränkte Gleichberechtigung zuerkannt worden, wodurch der jüdische Teil der Bevölkerung neue Möglichkeiten zur gesellschaftlichen Emanzipation erhalten hatte. Doch bis in die Zeit der Weimarer Republik hinein waren die sozialen Beziehungen zwischen den jüdischen und nichtjüdischen Bevölkerungskreisen weitestgehend auf den beruflichen und wirtschaftlichen Umgang beschränkt geblieben. Selbst diejenigen, die im Rahmen ihres Strebens nach Assimilation Glauben und Brauchtum aufgegeben hatten, wurden als ethnisch-kulturell „anders" empfunden. Selbst in Kreisen der Linken wurde Antisemitismus lediglich als Folge sozialer Konflikte gewertet und sein wahres Wesen nicht erkannt. Trotz des breiten Spektrums ihres Selbstverständnisses blieb den meisten der in Deutschland lebenden Juden ab 1933 nur der Rückzug in jüdische Kreise, was folglich die Absonderung verstärkte und sie um so mehr in die Isolierung trieb.

Dennoch konnte sich bis zum November 1938 – trotz Boykott, Ausgrenzungsmaßnahmen und „Nürnberger Gesetze" – nur ein Drittel derjenigen, die sich politisch oder wirtschaftlich besonders bedroht fühlten, zur Auswanderung entschließen. Der Schmerz, die Heimat, in der sie aufgewachsen waren, deren Kultur, Sprache und Umgebung zu ihrem Wesen gehörten, zu verlassen, war größer als die Angst vor der ungewissen Zukunft im 'Dritten Reich'. Noch hofften viele, daß sich durch Zurückhaltung gegenüber der neuen Staatsmacht ein *modus vivendi* erreichen ließe. Im November 1938 wurde diese Zuversicht zerstört und die Hoffnung auf eine deutsch-jüdische Symbiose zerbrach endgültig.

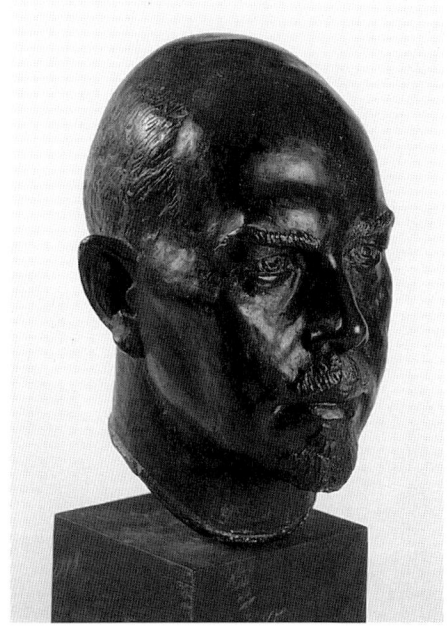

Porträtbüste Walther Rathenau von Benno Elkan, 1925, Bronze. Der Außenminister der Weimarer Republik wurde 1922 durch antisemitische Rechtsextremisten ermordet. Museum am Ostwall, Dortmund

1   Auswärtiges Amt 82-26 19/1, in: International Military Trial, Vol. XXXII, Doc. PS-3358.
2   Reichsvertretung der Juden in Deutschland: Arbeitsbericht für das Jahr 1938, S. 1.
3   Vgl. hierzu u.a. Paucker, Arnold: Der jüdische Abwehrkampf gegen Antisemitismus und Nationalsozialismus in den letzten Jahren der Weimarer Republik (Hamburger Beiträge für Zeitgeschichte, Bd. IV) Hamburg (2. verb. Aufl.) 1969; Beer, Udo: The Protection of Jewish Civil Rights in the Weimar Republic, in: Leo Baeck Yearbook, Vol. XXXIII, London 1988, S. 149-176; Jochmann, Werner: Die Funktion des Antisemitismus in der Weimarer Republik, in: Brakelmann, Günter/Rosowski, Martin (Hg.): Antisemitismus, Göttingen 1989, S. 147-178.

Fotografien von „arischen" Käufern
in jüdischen Geschäften, veröffentlicht
in der Westdeutschen Landeszeitung
„Rote Erde" in Dortmund im Sommer 1935

Gewiß billigte nicht jeder die haßerfüllten Reden der Machthaber, die judenfeindlichen Maßnahmen und die wilden Ausbrüche der 'braunen Horden'. Doch wo blieb das Mitgefühl? Wo war die Stimme derjenigen, die noch über moralische Autorität und eine gewisse Handlungsfreiheit verfügten? Wo blieb der Einspruch der Kirchen im Namen der Achtung aller Menschen und des Postulats der christlichen Nächstenliebe? Schon im April 1933 bemerkte der evangelische Theologe Dietrich Bonhoeffer in einem Brief an den Schweizer Kollegen und Freund Erwin Sutz: „Die Judenfrage macht der Kirche sehr zu schaffen, und hier haben die verständigsten Leute ihren Kopf und ihre Bibel gänzlich verloren."[4] Auch auf seiten der katholischen Kirche stand es nicht besser. Und auch der Protest der Frontkämpfer des Ersten Weltkriegs gegen die Verfolgung ihrer jüdischen Kameraden blieb aus. Schon das erste rassisch diskriminierende Gesetz zur „Wiederherstellung des Berufsbeamtentums" vom 7. 4 .1933, das deutsche Staatsbürger jüdischen Glaubens aus dem Staatsdienst ausschloß, und die „Nürnberger Gesetze" vom September 1935 hatten mit der Zustimmung der konservativen Regierungsmitglieder und der Unterstützung konservativer Juristen die Rechtsgleichheit der jüdischen Bürgerinnen und Bürger aufgehoben und ihre völlige Ausgrenzung aus der von den Nationalsozialisten propagierten „Volksgemeinschaft" bewirkt. Welche Wissenschaftler fanden sich bereit, den Irrsinn „gesetzlich anerkannter Grundsätze" öffentlich zu bestreiten, die die Juden pseudowissenschaftlich als „Rasse" bestimmten? Weit folgenschwerer als der Judenhaß von Fanatikern erwies sich die stillschweigende Einwilligung der alten Eliten, die sich dem 'Zeitgeist' angepaßt hatten, und die Fehleinschätzung der westlichen Demokratien, die trotz ihrer Bekundungen in der Öffentlichkeit, und weil sie einen neuen Weltkrieg befürchteten, gegen den zu diesem Zeitpunkt noch „aufhaltsamen Aufstieg" Hitlers nicht einschreiten wollten.

Noch 1936, nach dem Attentat des jüdischen Medizinstudenten jugoslawischer Nationalität David Frankfurter auf den NS-Landesführer der in der Schweiz lebenden Deutschen Wilhelm Gustloff in Davos, sahen sich die nationalsozialistischen Machthaber aus Rücksicht auf das Ausland und in Anbetracht der bevorstehenden Olympiade in Berlin genötigt, von allen Repressalien gegen die in Deutschland lebenden Juden abzusehen. Weil man den selbstdarstellerischen Nutzen der Olympischen Spiele nicht gefährden wollte, ordnete das nationalsozialistische Regime Zurückhaltung hinsichtlich der antijüdischen Maßnahmen an. Für das Gau Westfalen-Nord wies der Gauleiter Dr. Meyer im Januar 1936 darauf hin, daß „ ... jede aufreizende und verächtlich machende, antisemitische Propaganda zu unterbleiben (habe und) antisemitische Schilder restlos entfernt (werden müßten)."[5]

In Hitlers Erwägungen war dies allerdings nur ein 'konjunkturbedingter' Aufschub: „Das Endziel steht fest", erörterte er am 27. April 1937 vor den NS-Kreisleitern, „... aber es ist nur Schritt für Schritt je nach der taktischen Lage zu verwirklichen. Ich sage nicht Kampf, weil ich kämpfe, sondern ich sage: 'Ich will dich vernichten und jetzt Klugheit hilf mir, dich so in die Ecke zu manövrieren, daß du zu keinem Stoß mehr kommst und dann kriegst du den Stoß ins Herz.'"[6] Mit dem

4 Vgl. Bonhoeffer, Dietrich: Gesammelte Schriften (Ökumene Bd. 1), München 1958, S. 37.
5 Zit. nach: Determann, Andreas: Das Novemberpogrom 1938 in Westfalen (Westfalen im Bild hg. im Auftrage des Landschaftsverbandes Westfalen-Lippe, Dokumente zur Zeitgeschichte, Heft 6), Münster 1988, S. 11.
6 Vgl. Krausnick, Helmut: Judenverfolgung – Anatomie des NS-Staates, Bd. 2, Olten-Freiburg 1965, S. 342ff.

Auf den folgenden Seiten:
Fragebogen und Umzugsliste anläßlich
der Emigration Jenny Alonis (1917-1993)
im November 1939 nach Israel

Begriff „Endziel" wurde zu diesem Zeitpunkt noch nicht die Vernichtung, sondern die Vertreibung der in Deutschland lebenden Juden bezeichnet, was aus einer Eintragung in Goebbels Tagebuch deutlich wird. Dieser notierte nach einer längeren Unterredung mit Hitler, der „Führer" sei fest entschlossen, die Juden aus Deutschland, ja aus ganz Europa auszutreiben.[7] Im Oktober 1938, anläßlich der Abschiebung von ca. 17.000 aus Polen stammenden Juden, hatte allerdings die Androhung der polnischen Regierung, ebenso viele Reichsdeutsche aus ihrem Land auszuweisen, zur Folge, daß die Abschiebungsaktion eingestellt und ein Teil der Ausgewiesenen wieder aufgenommen wurde: Diese Tatsache kann als Beweis dafür dienen, daß es zu jenem Zeitpunkt unter Umständen noch möglich gewesen wäre, die Radikalisierung der nationalsozialistischen Judenpolitik aufzuhalten.[8]

Von den westlichen Demokratien wurden entsprechende Maßnahmen allerdings nicht in Erwägung gezogen. Durch das Scheitern der von Roosevelt im Juli 1938 angeregten internationalen Konferenz in Evian, auf der die Frage der Flüchtlinge aus dem Deutschen Reich gelöst werden sollte, sowie aufgrund des permanenten Einlenkens in Hitlers Annektionspolitik, das mit dem Münchner Abkommen und der Preisgabe der damaligen Tschechoslowakei seinen Höhepunkt erreichte, wurde Hitler eher in seiner Überzeugung bekräftigt, auch bei der Übertragung der bereits in Österreich praktizierten Methode der Zwangsemigration auf das „Altreich" freie Hand zu haben.

Am 7. November 1938 verübte der 1919 in Hannover geborene jüdische Flüchtling Herschel Grynszpan in Paris ein Attentat auf den deutschen Botschaftssekretär Ernst vom Rath. Hintergrund für diese Tat waren die Ausweisung seiner Familie aus Deutschland und die Nachrichten, die er über die in das deutsch-polnische Niemandsland abgeschobenen Juden im „Pariser Haint", einer jiddischen Zeitung gelesen hatte: „Schreckliche Lage der aus Deutschland ausgewiesenen polnischen Juden. Über 8.000 von einem Tag auf den anderen staatenlos gewordene Menschen wurden festgenommen und ins deutsch-polnische Niemandsland, hauptsächlich von Zbonszyn, deportiert. Die Aufenthaltsbedingungen sind besonders unerträglich und deprimierend. 1.200 dieser Menschen sind bereits erkrankt, mehrere Hundert sind obdachlos ..."[9] Grynspan wollte die Weltöffentlichkeit auf die Vorfälle in Deutschland aufmerksam machen und beschloß, den deutschen Botschafter in Paris zu töten. Mit seinem Vorwand, ein Dokument zu übergeben, wurde er an den Botschaftssekretär verwiesen, den er dann durch mehrere Schüsse so schwer verletzte, daß vom Rath zwei Tage später starb. In der gleichgeschalteten deutschen Presse wurde dieses Attentat zu einer Tat des Judentums gegen das deutsche Volk verzerrt. Das nationalsozialistische Regime nahm es als einen günstigen Anlaß[10], um die Kampfstimmung gegen die noch in Deutschland verbliebenen Juden anzuheizen und zu dem schon lange geplanten Schlag auszuholen, der ihre Ausgrenzung maßgeblich vorantreiben sollte. Juden sollten nun endgültig auch aus den wenigen ihnen noch verbliebenen Erwerbsmöglichkeiten gedrängt werden. Die Beschlagnahmung ihres Eigentums sollte dazu dienen, die durch die Kriegsvorbereitung strapazierten

7 Vgl. Fröhlich, Elke (Hg.): Die Tagebücher des Josef Goebbels, München 1987, Bd. 1/3, S. 351, Eintrag vom 30.11.1937.
8 Maurer, Trude: Abschiebung und Attentat. Die Ausweisung polnischer Juden und der Vorwand für die „Kristallnacht", in: Pehle, Walter H. (Hg.): Der Judenpogrom 1938, Frankfurt/M. 1988, S. 52-73.
9 Pariser Haint vom 4. November 1938, zit. nach: Thalmann, Rita/Feinermann, Emmanuel: Die Kristallnacht, Hamburg (3. Aufl.) 1993, S. 49.
10 Determann, Andreas: Das Novemberpogrom, a.a.O.; Graml, Hermann: Der 9. November 1938 – „Reichskristallnacht", Bonn 1956 (zahlreiche Neuauflagen); Lauber, Heinz: Judenpogrom: „Reichskristallnacht" November 1938 in Großdeutschland, Gerlingen 1981; Obst, Dieter: Reichskristallnacht. Ursachen und Verlauf des antisemitischen Pogroms vom November 1938, Frankfurt/M. 1991 (Diss. Univ. Bochum 1989); Thalmann, Rita/Feinermann, Emmanuel: Die Kristallnacht, a.a.O. 1993.

Fragebogen für die Versendung von Umzugsgut

(in doppelter Ausfertigung einzureichen)

1. a) Vor- und Zuname des Auswanderers: *Jenny Sara Rosenbaum*

   b) genaue Anschrift: *Jüdische Jugendhilfe, Schniebinchen N.L. üb. Sommerfeld*

   c) Staatsangehörigkeit: *D.R.*

2. Geburtsdatum: *7.9.17.*

3. Jude oder Nichtjude im Sinne des § 5 der Ersten Verordnung zum Reichsbürgergesetz vom 14. November 1935?

   Jüdin

4. Sind Sie ledig oder verheiratet? *ledig*

5. Welche Personen wandern mit Ihnen zusammen aus? *niemand*
   (Ehefrau, Kinder oder sonstige Angehörige)

   Name:

		Juden im Sinne des § 5 der Ersten Verordnung zum Reichs-bürgergesetz vom 14. November 1935?
Ehefrau: ~~xxxxxx~~	geb. am	
~~1. Kind:~~	geb. am	
~~2. Kind:~~	geb. am	

~~5a. Früherer, jetziger und im Ausland in Aussicht genommener Beruf des Auswanderers und der mit ihm auswandernden Personen?~~ *früher Schülerin, jetzt land-wirtschaftliche Praktikantin. In Aussicht genommener Beruf Studentin*

6. Wohin wandern Sie aus? *nach Palästina*

7. Wo haben Sie und die mit Ihnen auswandernden Personen seit dem 3. August 1931 Ihren Wohnsitz gehabt?

   Vom *3.8.31* bis *1.5.36.* in (Ort *Paderborn*

   Vom *1.5.36.* bis *1.8.36* in (Ort *Spreenhagen(Mark) üb. Erkner*

   Vom 1.8.36-21.4.39 Berlin Vor 17.4.39 jetzt Schniebinchen

8. Welches Einkommen haben Sie bezw. die mit Ihnen auswandernden Personen versteuert?

   1936 RM *nichts*

   1937 RM *"*

   1938 RM *"*

9. Welches Vermögen versteuerten Sie bezw. die mit Ihnen auswandernden Personen nach dem Vermögensteuerbescheid vom 1. Januar 1935? RM *nichts*

Vordruck Dev. V 3 Nr. 3   wenden!

147

~~Umzugsgut-~~ ~~Reisegepäck-~~ Liste

(Nichtzutreffendes ist zu durchstreichen.)

Zum Antrag vom 28.10.39.

Name des Auswanderers Jenny Sara Rosenbaum

lfd. Nr.	Stück	Gegenstand genaue Bezeichnung	Zeitpunkt der Anschaffung	
1	10	Bettbezüge	vor 1933	geschenkt
2	17	Laken	" "	"
3	16	Kissenbezüge	" "	"
4	9	Tischdecken	" "	"
5	16	Servietten	" "	"
6	5	Staubtücher	" "	"
7	2	Badetücher	" "	"
8	1	Überschlaglaken	" "	"
9	7	Frottierhandtücher	" "	"
10	11	Gesichtshandtücher	" "	"
11	12	Gläsertücher	" "	"
12	12	Küchenhandtücher	" "	"
13	1	Handarbeitsdecke	" "	"
14	8	kl.Deckchen	" "	"
15	8	Kittel	1933 -1935	"
16	1	Arbeitshose	" "	"
17	2	~~Krankenzug~~ Gartenkleider	" "	"
18	2	Wäschesäcke	" "	"
19	4	Schlafanzüge	" "	"
20	3	Nachthemden	" "	"
21	1	Strumpfhaltergürtel	" "	"
22	7	Blusen	" "	"
23	1	Schusterschürze	" "	"
24	2	warme Kleider	" "	"
25	1	Badeanzug	" "	"
26	1	Rucksack	" "	"
27	1	Wolldecke	" "	"
28	1	Nickelservie(6 teilig)	" "	"
29	12	Bestecke(Messer u.Gabeln) ~~kein Silber~~	" "	"
30	1	Oberbett	" "	"

Vor Aufstellung Rückseite durchlesen

148

Gruss aus DORTMUND. Synagoge.

Die Dortmunder Synagoge,
Postkarte

Staatskassen aufzubessern. Der Pogrom wurde von den Funktionären der Partei und der SA eingeleitet.

Die Bilanz des Pogroms, der unter Anleitung der Partei in der Nacht vom 9. November bis zum Nachmittag des 10. Novembers 1938 stattfand, ist bekannt: Hunderte Synagogen, oft mitsamt der Gemeindehäuser, wurden niedergebrannt und zerstört, ca. 7.500 der noch bestehenden jüdischen Geschäfte demoliert und geplündert, mindestens 91 jüdische Männer, Frauen und Jugendliche wurden ermordet. Viele Menschen nahmen sich angesichts der Ereignisse das Leben. Die einzigen vom Obersten Parteigericht anschließend als Verbrechen gewerteten und den staatlichen Gerichten überstellten Vergehen waren Vergewaltigungen jüdischer Frauen, weil sie als Verstöße gegen die „Nürnberger Gesetze" galten. Bestürzt fragten sich ausländische Diplomaten und Berichterstatter – auch die öffentliche Meinung in vielen Ländern – wie ein solches Ausmaß an Zerstörungswut, Grausamkeit und Mordlust, das an die finstersten Zeiten mittelalterlicher Judenverfolgungen erinnerte, von einem zivilisierten Volk im 20. Jahrhundert ausgehen konnte.

Ebenso wie andere Regionen des deutschen Reiches war die jüdische Bevölkerung Westfalens von diesen Ausschreitungen betroffen. Von den – laut Angabe

149

Abriß der Synagoge Dortmund

11   Vgl. hierzu u.a. Knipping, Ulrich: Die
Geschichte der Juden in Dortmund während der
Zeit des Dritten Reichs, Dortmund 1977; Rohde,
Saskia: Zwischen Verfolgung und Shoah. Die
Zerstörung der Synagogen in Westfalen, in:
Herzig, Arno/Teppe, Karl/Determann, Andreas
(Hg.): Verdrängung und Vernichtung der Juden in
Westfalen, Münster 1994, S. 76-90.
Einzelheiten über den Verlauf und die Auswir-
kungen des Novemberpogroms in Westfalen auch
in: Reicher, Benno: Jüdische Geschichte und Kultur
in NRW, hg. vom Sekretariat für gemeinsame
Kulturarbeit in NRW (Kulturhandbücher NRW,
Bd. 4), Essen 1993.

des Verbands der Kultusgemeinden Westfalens – 21.595 im Jahre 1932 in Westfalen ansässigen Juden waren 1938 nur noch 7.533 in der Region geblieben. Von
diesen mußten 2.158 infolge des wirtschaftlichen Boykotts und der beruflichen
Ausgrenzungsmaßnahmen vom jüdischen Hilfswerk betreut werden. Vorwie-
gend in kleineren Landgemeinden, wo Rücksicht auf das Ausland weniger ins
Gewicht fiel als in größeren Städten, hatte es bereits vor der sogenannten
„Kristallnacht" Friedhofsschändungen und Brandanschläge auf Synagogen gegeben, waren jüdische Einwohner durch nächtlichen Krawall, Beschmierung und
Demolierung ihrer Häuser, Wohnungen und Geschäfte eingeschüchtert worden.
Es kam des öfteren vor, daß jüdische Bürgerinnen und Bürger durch tätliche
Angriffe schwer verletzt wurden, dabei kam es auch zu Todesfällen wie dies etwa
für die westfälische Stadt Rheda belegt ist.[11] Von der ehemaligen Bochumer Stadt-
verordneten und letzten Vorsitzenden des Jüdischen Frauenbunds in Deutschland, Ottilie Schönewald, gibt es einen Bericht über die Vertreibungsaktion der
seit dem Ersten Weltkrieg im Ruhrgebiet ansässigen polnischen Juden. Aus ihrer
Beschreibung läßt sich eine Ahnung dessen herauslesen, was den deutschen Juden
bevorstand: „Ich erinnere mich genau", heißt es darin in ihrem Bericht, „daß ich
ihnen sagte: Es mag nicht mehr lange dauern, dann werden sie draußen im Aus-

land vielleicht sagen: Nebbich die Armen, die jetzt noch in Deutschland sind! Die haben keinen, der ihnen beisteht, wenn ihr Abtransport erfolgt! Ihnen ruft noch jemand: Mazel tow und Schalom nach."[12]

Wie auch in München und Nürnberg war die Dortmunder Hauptsynagoge schon vor dem Novemberpogrom der jüdischen Gemeinde durch die Stadtverwaltung zum Abriß enteignet worden. Das wie in den beiden anderen Städten angegebene Argument, ihr fremdartiger Stil würde das Stadtbild beeinträchtigen, traf umso weniger zu, als die jüdische Gemeinde den 1900 eingeweihten Neubau bewußt im Stil der gegenüberliegenden Oberpostdirektion hatte errichten lassen. Dennoch veranstaltete man in Dortmund nach dem Vorbild des von Streicher in Nürnberg spektakulär inszenierten Abrißbeginns am 21. September 1938 eine „Feierstunde" zur Abnahme der Kuppelkrönung mit dem Davidstern.

Bereits am 5. November, also auch schon vor der sogenannten „Kristallnacht", wurden zwei jüdische Friedhöfe und Synagogen in den Dortmunder Vororten Dorstfeld und Hörde zerstört. In Dortmund-Hörde und in der westfälischen Stadt Witten wurden die Türen der Synagogen aufgebrochen und die sich in ihnen befindlichen Kultgegenstände wie auch das Mobiliar demoliert.

Der Pogrom vom 9. November fand auch in Westfalen nicht überall zur selben Zeit statt: In Dülmen beispielsweise begannen die Ausschreitungen schon vor Mitternacht und dauerten bis ca. zwei Uhr morgens. Zu dieser Zeit waren in Rheine die Täter noch mitten in der Aktion, während in Burgsteinfurt und in anderen westfälischen Ortschaften mit dem Zerstörungswerk gerade erst begonnen wurde.

Doch trotz der Unterschiede, die die Befehls- und Ausführungswege kennzeichnen, entspricht die von manchen Historikern aufgestellte These, es habe sich um improvisierte Aktionen gehandelt, nicht den eindeutig nachweisbaren Fakten, die belegen, daß dem Pogrom ein in den Hauptlinien für das ganze Reich entworfener Plan zugrunde lag. In der nationalsozialistischen Propaganda wurden die gewaltsamen Ereignisse als „spontane Empörung des deutschen Volkes" ausgegeben. Tatsächlich war der Pogrom inszeniert, und für die Durchführung waren die Partei, die SA und die SS verantwortlich. So kündigte der Chef der Gestapo, Heinrich Müller, in einem am 9. November um 23.55 aufgegebenen Telegramm allen Polizeileitstellen folgendes an:

„... 1.) Es werden in kürzester Frist in ganz Deutschland Aktionen gegen Juden, insbesondere gegen deren Synagogen stattfinden. Sie sind nicht zu stören, jedoch ist im Benehmen mit der Ordnungspolizei sicherzustellen, das (sic!) Plünderungen und sonstige besondere Ausschreitungen unterbunden werden können.
2.) Sofern sich in Synagogen wichtiges Archivmaterial befindet, ist dieses durch eine sofortige Maßnahme sicherzustellen.
3.) Es ist vorzubereiten die Festnahme von etwa 20- bis 30 Tausend Juden im Reiche. Es sind auszuwählen vor allem vermögende Juden.
4.) Sollten bei den kommenden Aktionen Juden im Besitz von Waffen angetroffen werden, so sind die schärfsten Maßnahmen durchzuführen.

12 Doc. PIIIc Nr. 646, Wiener Library, London.

151

Zu den Gesamtaktionen können herangezogen werden Verfügungstruppen der SS sowie allgemeine SS. Durch entsprechende Maßnahmen ist die Führung der Aktionen durch die Stapo auf jeden Fall sicherzustellen ...“[13]

Gegen eine spontane Aktion spricht eindeutig auch die vorhergehende Abstellung der Wasser-, Heizungs- und Telefonanlagen der für das Zerstörungswerk anvisierten Gebäude, dagegen sprechen auch die zuvor in die Wege geleiteten Absicherungsmaßnahmen zum Schutz der „arischen“ Umgebung sowie die

Brennende Synagoge Minden.
Die Feuerwehr achtet darauf,
daß der Brand nicht auf die
benachbarten Gebäude übergreift,
es wird nicht gelöscht.

unmittelbar erfolgten Verhaftungen von ca. 30.000 jüdischen Männern am 10. November und deren Einlieferung in die Konzentrationslager Dachau, Buchenwald, Sachsenhausen und dessen Nebenlager Oranienburg. Auch beweisen die Dokumente aus den sichergestellten jüdischen Archivbeständen und Zeugenaussagen, selbst die des Präsidenten des Obersten Parteigerichts, die Tatsache, daß sich der Pogrom in Westfalen wie im ganzen Reich nach demselben Grundmuster abspielte.

Wie im gesamten Reich wurde auch in Westfalen das Zerstörungswerk durch „Nachholaktionen“ an zuvor übersehenen Synagogen und Gemeindehäusern

13 Das Dokument entstammt den Polizeiakten der Regierung Minden, vgl. Determann, Andreas: Das Novemberpogrom, a.a.O, S. 30.

vollendet – sogar wenn eine Synagoge bereits „arisiert" war wie in Schwelm oder unter Denkmalschutz stand wie in Bielefeld. „Nachholaktionen" fanden z.B. in Paderborn und Nottuln statt. In Nieheim, wo Nachbarn den Brand der Synagoge verhindert hatten – eine bemerkenswerte Seltenheit in der Chronik des Pogroms –, wurde diese am nächsten Tag verwüstet. Viele jüdische Menschen wurden überfallen und mißhandelt, ihre Wohnungen zerstört und geplündert. Wie viele von ihnen in Westfalen infolge des Pogroms – in Unna waren es allein vier – oder anschließend durch die in den Konzentrationslagern erlittenen Mißhandlungen starben, bleibt bis zum heutigen Tag unergründbar.

Die Frage, wie und auf welche Weise die deutsche Bevölkerung auf den Pogrom reagierte, kann nicht einheitlich beantwortet werden, da es zu diesem Zeitpunkt natürlich schon lange keine Informations- und Meinungsfreiheit mehr gab. Laut Berichten der NS-Behörden und ausländischer Zeugen gab es neben den Tätern, die nicht alle Parteiaktivisten oder Mitglieder der Hitlerjugend waren, viele stumme, betretene Zuschauer. Aufgrund von Furcht, Einschüchterung und Abgestumpftheit scheinen passives Dulden, seltener Betroffenheit, die Regel gewesen zu sein. Dennoch fand der Pogrom keinen merklichen Beifall in der Bevölkerung. Wohl hatte das seit Jahren verbreitete Feindbild „Jud" Wurzeln geschlagen, und staatliche Maßnahmen zur Ausgrenzung aus der „Völkergemeinschaft" wurden weitgehend akzeptiert, aber die wilden Gewaltaktionen und die sinnlose Zerstörung von Sachwerten fanden keine breite Zustimmung. Doch bis auf wenige mutige Stimmen und einzelne heimliche Hilfsaktionen ließen nicht einmal die Kirchen ein öffentliches Wort, geschweige eine Solidaritätsbekundung verlauten, wie dies etwa selbst zu Zeiten des Zweiten Weltkriegs ausgehend von dem Münsteraner Bischof von Galen mit Erfolg gegen die Tötung deutscher geistig Kranker geschah.

Die Juden hatten die Kosten der gegen sie gerichteten Zerstörungen selbst zu tragen und dem Reich zu zahlen, dies wurde auf der von Göring am 12. November 1938 einberufenen Sitzung beschlossen. Auch die Versicherungsansprüche mußten der Staatsmacht übereignet werden. Als „Sühneleistung" wurde der jüdischen Bevölkerung darüber hinaus eine Milliarde Reichsmark abverlangt. Der Betrieb von Einzelhandels-, Versandgeschäften und Handwerksbetrieben sowie leitende Tätigkeiten wurden Juden mit Wirkung ab dem 1. Januar 1939 verboten. Die Wiedereröffnung von zerstörten Geschäften war nicht erlaubt. Alle sich noch im jüdischen Besitz befindlichen Vermögenswerte wurden gemäß der „Verordnung über den Einsatz des jüdischen Vermögens" zwangsveräußert.[14]

In Anbetracht dieser finanziellen Ausbeutung, ihrer sozialen und wirtschaftlichen Isolierung und des durch den Pogrom zerstörten jüdischen Gemeindelebens blieb für alle, die es noch irgendwie konnten, nur die Flucht ins Ausland. Zumal die in den Konzentrationslagern inhaftierten Männer damals noch freikamen, wenn sie sich zur sofortigen Auswanderung und zur Hinterlassung des größten Teils ihres Besitzes verpflichteten. In den meisten Fällen oblag es in dieser erschwerten Situation den Frauen[15], zusätzlich zu den Sorgen und der Last des Alltags, Aufnahmeländer zu finden, was oft zermürbend war, und die für die

14 Kwiet, Konrad: Gehen oder bleiben? Die deutschen Juden im Wendepunkt, in: Pehle, Walter H. (Hg.): Der Judenpogrom 1938, a.a.O.; Barkai, Avraham: Vom Boykott zur „Entjudung". Der wirtschaftliche Existenzkampf der Juden im Dritten Reich 1933-1943, Frankfurt/M. 1988.
15 Thalmann, Rita: Jüdische Frauen nach dem Pogrom 1938, in: Paucker, Arnold/Gilchrist, Sylvia/Suchy, Barbara (Hg.): Die Juden im nationalsozialistischen Deutschland 1933-1943, Tübingen 1986, S. 295-302.

Emigration erforderlichen Dokumente bei den Reichsbehörden und Konsulaten zu besorgen. Die spärlich gewährten Einreisebewilligungen zwangen obendrein manche zu dem schmerzlichen Entschluß, Kindern und – wie viele damals noch dachten –, den stärker gefährdeten Männern Vorrang zu geben, in der Hoffnung, später nachkommen zu können. Andere brachten es nicht über sich, kranke und alte Angehörige allein zurückzulassen.

Die Furcht verbreitete sich in so großem Maße, daß innerhalb von zwei Jahren ebenso viele Juden auswanderten wie während der ersten fünf Jahre des sogenannten Dritten Reiches. Während die Flüchtlinge in den ersten Jahren nationalsozialistischer Gewaltherrschaft größtenteils noch in den europäischen Nachbarländern Zuflucht gefunden hatten – ca. 30.000 Flüchtlinge wurden nach deren Besetzung von den Nationalsozialisten wieder gefaßt –, mußten die Emigrationskandidaten nun *jede* sich bietende Aufnahmemöglichkeit akzeptieren, wodurch sich die Flüchtlingswege auf alle Kontinente ausdehnten. Bei ihren Bemühungen um Emigration wurden sie unterstützt von der Reichsvereinigung der Juden in Deutschland und von jüdischen Organisationen im Ausland, etwa JOINT oder HICEM. Zum Zeitpunkt der völligen Auswanderungssperre im Oktober 1941 waren ca. 160.000 Juden noch in Deutschland verblieben, der Frauenanteil überwog mit 56 %. Geblieben waren ferner alte, gebrechliche und kranke Menschen, die in den überfüllten „Judenhäusern" und den wenigen noch bestehenden jüdischen Altersheimen und Krankenhäusern von den zum Teil freiwillig gebliebenen Mitarbeiterinnen und Mitarbeitern der Reichsvertretung der Juden betreut wurden. Die Reichsvertretung der Juden war die einzige noch zugelassene jüdische Organisation und arbeitete unter Aufsicht des Reichssicherheitshauptamtes. In dieser Situation zogen die jüdischen Bürgerinnen und Bürger aus den kleinen Ortschaften, in denen es für sie keinerlei Existenzmöglichkeiten mehr gab, in die Städte, in denen zumindest noch der Rest einer Gemeinde oder eine Zweigstelle der Reichsvertretung bestanden.

Die von Hitler angestrebte „Entjudung" des sogenannten Dritten Reiches war durch die Terroraktionen des Pogroms wie den darauffolgenden erneuten wirtschaftlichen Entrechtungsbestimmungen weit fortgeschritten. Was er mit den noch im Reich verbliebenen Juden im Sinn hatte, kündete zwei Wochen nach der „Kristallnacht", am 24. November, ein Artikel des „Schwarzen Korps" an: Es sei des „Führers" Wille, die Judenfrage endgültig zu lösen, indem man sie aus dem wirtschaftlichen Leben ausschalte und in Gettos absondere, um sie ins Elend und Verbrechen zu treiben. In dieser Phase, folgerte das Sprachrohr der SS, stehe das Dritte Reich vor der Notwendigkeit, den „jüdischen Pöbel" genau so zu vernichten wie der auf Ordnung beruhende Staat die Verbrecher vernichtet, das heißt durch Feuer und Schwert. Dies werde zum effektiven und endgültigen Ende des Judentums in Deutschland und zu seiner totalen Vernichtung führen. Nicht nur die SS, sondern auch die NS-Machthaber erwogen nun eine restlose Vernichtung des deutschen, aber auch des europäischen Judentums im Falle eines Krieges – und den hatte Hitler ja schon ein Jahr zuvor in der Hoßbach-Besprechung angekündigt. Allen voran hatte Göring schon in der Sitzung vom 12. November 1938

Seite 156-157:
Felix Nussbaum, Angst, Selbstbildnis mit seiner Nichte Marianne, 1941, Öl auf Leinwand, Kulturgeschichtliches Museum Osnabrück

links: Torafragmente, stark beschmutzt und beschädigt, mit Zeichen der Nationalsozialisten versehen

erklärt, man werde „in allererster Linie" daran denken, mit den Juden abzurechnen. Hitler selbst teilte am 24. November desselben Jahres dem südafrikanischen Minister Oswald Pirow mit, daß „das Problem in der nächsten Zeit gelöst" würde. Es sei sein unerschütterlicher Wille, daß die Juden aus Europa verschwinden müßten.[16] Konnte diese Äußerung noch auf eine 'Koloniallösung' hindeuten, so ließ seine Reichstagsrede vom 30. Januar 1939, die erstmals die völlige Ausrottung des europäischen Judentums im Falle eines neuen Weltkriegs „prophezeite", keinen Zweifel mehr. Auch die sechs Jahre seit der Machtübernahme hatten zu genüge bewiesen, daß schrittweise vollzogen wurde, was Hitler bereits in „Mein Kampf" angekündigt hatte.

Auf keinem anderen Gebiet trat das angekündigte Ziel hinter den pseudolegalen Verhüllungen so deutlich hervor wie in der von Hitler nach und nach in aller Öffentlichkeit vollzogenen „Entjudungspolitik". Berufung auf Nichtwissen und Täuschung kann deshalb die Mitverantwortung der überwiegenden Mehrheit der damaligen Deutschen nicht aufheben.[17] Nach den 1935 bis 1938 fast pausenlos aufeinanderfolgenden Verordnungen im Rahmen der „Nürnberger Gesetze", der Kennzeichnungspflicht durch Sonderkennkarten und Sonderpässe, der Einführung der stereotypen Vornamen *Israel* und *Sara* für alle Juden – im Novemberpogrom wurden die Juden endgültig zu Freiwild abgestempelt. Die jahrhundertelange Tradition jüdischen Lebens in Deutschland, die mühsam erkämpfte Gleichberechtigung, das Bemühen um die – nie vollständig erreichte – Integration und der stets gehegte Wunsch einer deutsch-jüdischen Symbiose waren im November 1938 in Feuer und Asche aufgegangen. Der damals auf deutschem Boden entfachte Brand war das Vorspiel eines Weltbrandes, der die Menschheit an den Rand des Abgrunds und das Judentum zur größten Katastrophe seiner Geschichte führte.

16 Vgl. Ben Elissar, Eliahu: La Diplomatie du IIIème Reich et les Juifs 1933-1939, Paris 1969, S. 401ff.
17 Bracher, Karl Dietrich: Die deutsche Diktatur. Kap. Entrechtung und Verfolgung, Frankfurt/M., Berlin, Wien (6. erweiterte Aufl.) 1979, S. 394-401.

Nach dem Sturm

Und wieder ist es wie zu allen Stunden,
im Herbstlicht brennt das jäh entflammte Land.
Die Buchen, einst vom Sommer grün umwunden,
verstreuen Funken auf den fahlen Sand.

Und Liebesleute wandeln eng umschlungen
auf Pfaden die im Dickicht stumm versickern,
und vor den Häusern spielen kleine Jungen
mit Reifen und mit blanken Knickern.

So ist es denn grad wie an anderen Tagen,
nur daß die Kugeln heute silbern sind
und gestern noch in einem Bethaus lagen
auf heilgen Rollen in geweihtem Spind.

Jenny Aloni
Paderborn, 13. November 1938

Begegnung in der alten Heimat

Aus einem Hause trat sie, nichts erwartend.
Gelangweilt schickte sie den Blick umher,
hin über längst vertraute Gegenstände
und mochte dies und jenes wägen,
und mochte dies berühren, jenes streifen,
um doch am Ende keines zu behalten.
Da fiel ihr Blick auf eine und erstarrte
und konnte sich nicht wieder von ihr trennen.
Ob sie nicht glaubte, was sich so ihr zeigte?
Ob sie die andre längst verschollen wähnte
in dem von ihr bejahten Mord und Brennen?
Des Hasses Schlange kroch in ihre Züge,
die sie noch immer nicht zu lösen wußte,
die sehen mußten, ganz als wären sie gebannt
an die Erscheinung, an den Geist aus Gräbern.

Die andre schaute wie auf eine Fremde,
als habe nie sie diese Frau gesehen,
so wie es jene einst getan vor Jahren.
Und nichts an ihr verriet, daß sie erkannte.
Sie sagte stolz ihr nicht: „Ich überlebte."
Es war kein Stolz in ihr, zu viele starben.
Sie sprach ihr nicht vom Leid vergangner Zeiten.
Sie klagte sie nicht an: „Du wurdest schuldig."
Des Wortes Ehre gönnte sie ihr nicht,
Und stumm, wie fremd, ging sie an ihr vorüber.

Jenny Aloni
Paderborn, 14. April 1955

Benno Reicher

Jüdische Gemeinden nach 1945

Seit 1990 befinden sich die Jüdischen Gemeinden in Westfalen, wie überall in Deutschland, in einer äußerst turbulenten Wachstums- und Umbruchphase, die in den nächsten Jahren noch andauern wird. Hauptursache für diese Veränderungen, deren Konsequenzen auch heute noch nicht in vollem Umfang absehbar sind, ist eine beständige und anhaltende Zuwanderung von Juden aus den Staaten der ehemaligen Sowjetunion. Dadurch vergrößerte sich die Zahl der Mitglieder in den neun westfälischen Gemeinden von 745 Personen Ende 1989 auf fast 5.000 Personen Ende 1997. Die bisher sehr kleinen und zum Teil in ihren Aktivitäten stark eingeschränkten Jüdischen Gemeinden in Westfalen müssen enorme Anstrengungen unternehmen, um den Zuwanderern zu helfen und sie in die

Einweihung des neuen Gemeindesaals der Jüdischen Kultusgemeinde Dortmund am 26. April 1998, vorn von links: Hanna Sperling, Vorsitzende des Landesverbands der Jüdischen Gemeinden von Westfalen-Lippe, Ministerpräsident Johannes Rau, Landesrabbiner Dr. Henry G. Brandt, Frau Brandt, Landesministerin Ilse Brusis

Gemeinden zu integrieren. Gerade die sehr kleinen Gemeinden gehen damit an die Grenzen ihrer Leistungsfähigkeit, und oftmals bleiben Probleme zunächst ungelöst. Trotzdem stellen sich die meisten Gemeinden und ihre verantwortlichen Repräsentanten der Herausforderung. Besonders deutlich ist dies in Recklinghausen und in Dortmund zu beobachten. Die Jüdische Gemeinde Dortmund, mit 2.763 Mitgliedern am 31.12.1997 die größte in Westfalen, hat ihre Mitgliederzahl seit Ende der achtziger Jahre fast verzehnfacht.[1] Dabei reicht ihr Einzugsgebiet weit über die Dortmunder Stadtgrenzen hinaus. Durch Mut und Tatkraft gelang es dem Dortmunder Gemeindevorstand in den vergangenen Jahren, viele Probleme zu bewältigen und ein aktives Gemeindeleben zu installie-

1   Alle Mitgliederzahlen nach Angaben des Landesverbandes der Jüdischen Gemeinden Westfalen-Lippe. Frau Ruth Prinz danke ich für ihre Informationen und Unterstützung.

158

ren. Dazu gehören regelmäßige Gottesdienste am Schabbat und an allen jüdischen Feiertagen, religiöse Feste und Familienfeiern, regelmäßige Gruppenarbeit im Jugend- und Seniorenbereich, ein eigener jüdischer Religionsunterricht, Sprachkurse für die Zuwanderer, ihre soziale und integrative Betreuung, aber auch der Öffentlichkeit zugängliche kulturelle Veranstaltungen. Weil die veralteten Räumlichkeiten im Gemeindezentrum in der Prinz-Friedrich-Karl-Straße den gestiegenen Bedürfnissen nicht mehr gerecht wurden, konnte an gleicher Stelle das vorhandene Gemeindezentrum umgebaut, vergrößert und im April 1998 eröffnet werden. Jetzt verfügt die Dortmunder Gemeinde sogar über einen Saal für 500 Personen. Dortmund ist gleichzeitig Sitz des Landesrabbiners, der sämtliche Jüdische Gemeinden in Westfalen betreut. Und der Landesverband der Jüdischen Gemeinden von Westfalen-Lippe, Dachorganisation für die Gemeinden in Bielefeld, Dortmund, Gelsenkirchen, Hagen, Herford, Minden, Münster, Paderborn und Recklinghausen, ist ebenfalls hier ansässig.

Auch die Jüdische Gemeinde in Recklinghausen, mit zuständig für die Juden in Bochum und Herne, war 1991 noch eine Kleingemeinde mit kaum 100 Mitgliedern im gesamten Einzugsbereich. Aber die Nachkriegssynagoge wurde sehr schnell zu klein, als auch hier die Mitgliederzahlen durch die Zuwanderung von Juden aus den Staaten der ehemaligen Sowjetunion sehr schnell auf über 1.000 anstiegen. Unter großer Kraftanstrengung gelang es der Gemeinde in Zusammenarbeit mit dem Landesverband der Jüdischen Gemeinden von Westfalen-Lippe und mit wesentlicher finanzieller Unterstützung des Landes und der betroffenen Städte, einen Synagogenneubau zu realisieren, den ersten nach fast 40 Jahren in Westfalen. Das schlichte, aber eindrucksvolle jüdische Gotteshaus, erbaut von dem Münsteraner Architekten Nathan Schächter, konnte am 26. Januar 1997 eingeweiht werden. Hanna Sperling, als Vorsitzende des Landesverbandes Gastgeberin der Einweihungsfeier, erklärte in ihrer Begrüßungsrede: „Es ist historisch bemerkenswert, daß ab 1990, 45 Jahre nach Kriegsende, durch die Einwanderungswelle auch für alle kleinen jüdischen Gemeinden in Deutschland zum ersten Mal eine langfristige Existenzchance ermöglicht wird. Dies ist ein deutliches Zeichen dafür, daß sich jüdisches Leben in Deutschland wieder etabliert, und wir können optimistisch in die Zukunft schauen." Tatsächlich ist die Nachkriegsgeschichte der Jüdischen Gemeinden in Deutschland kein stolzes Kapitel, und die Anfänge nach 1945 waren alles andere als ermutigend.

Schon unmittelbar nach der Befreiung im Frühjahr 1945 war die Beschaffung von Räumlichkeiten für Gottesdienste und Gemeindearbeit eine der zentralen Aufgaben. Der spätere Vorsitzende der Jüdischen Gemeinde Dortmund, Siegfried Heimberg, hat diese Zeit eindrucksvoll beschrieben. „Ende Juli 1945 kam ich aus Theresienstadt nach Dortmund zurück und stellte fest, daß außerdem noch drei Juden zurückgekehrt waren. Die Innenstadt war total zerstört, und es fuhr keine Straßenbahn. Es gab keine Postverbindung, und auch alle anderen öffentlichen Dienste waren zum Erliegen gekommen. Die Militärregierung war allein zuständig für die gesamte Verwaltung."[2]

2 Heimberg, Siegfried: Von 1945 bis 1961 – ein kurzer Rückblick, in: Meyer, Hans Ch.: Aus; Geschichte und Leben der Juden in Westfalen, Frankfurt/M. 1962, S. 137ff.

Heimberg organisierte Versammlungen der wenigen Überlebenden und einen Autobus, der weitere Dortmunder Juden aus dem befreiten KZ Theresienstadt abholte.

„Bei der nächsten Zusammenkunft Anfang August war die Teilnehmerzahl auf 40 – 50 gestiegen. Die Jüdische Gemeinde konnte wieder gegründet werden. Es galt nun, im grauen Alltag des Jahres 1945, zu starten. Versammlungsräume waren nicht vorhanden. Durch Zufall gelang es uns, einen kleinen Raum von 10 qm für Bürozwecke in der Thomasstraße zu bekommen. Dort wurde nun das offizielle Büro eröffnet, und am 1. Oktober 1945 konnten wir dann noch, da inzwischen die Post wieder funktionierte, Briefe nach außerhalb schicken und somit einigen davon Kenntnis geben, daß in Dortmund wieder eine Jüdische Gemeinde existierte. Der erste Gottesdienst der neuen Gemeinde in Dortmund wurde am Rosch Haschana 1945 in der Wohnung von Herrn Israel am Westfalendamm abgehalten. Später wurde dann in der Wohnung von Max Rosenbaum der Gottesdienst abgehalten. Im Dezember 1946 zu Chanukka wurde auch ein neues Gemeindehaus – ein notdürftig hergerichtetes Trümmergrundstück – eingeweiht. In diesem Haus fanden regelmäßig jeden Schabbat Gottesdienste statt."[3]

3 Heimberg, Siegfried: Von 1945 bis 1961, a.a.O.

Ähnlich war auch die Situation in Bielefeld, wie aus einem Brief des ersten Vorsitzenden der Nachkriegsgemeinde, Max Hirschfeld, an den früheren Gemeinderabbiner Dr. Kronheim hervorgeht: „Sie können sich denken, daß ich sehr glücklich darüber bin, die schwere Zeit des KZ Theresienstadt überstanden zu haben als einer der wenigen, die nach Bielefeld zurückgekehrt sind. Ich bin seit Juni 1945 wieder glücklich heimgekehrt und habe sofort den Aufbau der Bielefelder Gemeinde, die zur Zeit aus 73 Mitgliedern besteht, übernommen und hatte eine Fülle von Arbeit zu leisten, um wenigstens einen einigermaßen würdigen Gottesdienst als vornehmste Aufgabe zu leisten."[4] Erste Gottesdienste führte die kleine Nachkriegsgemeinde ab Sommer 1945 in Räumlichkeiten des Guttemplerordens in der Kurfürstenstraße durch. Britisch-jüdische Soldaten halfen bei den Anfängen und stellten Gebetbücher zur Verfügung. Später konnte die Gemeinde das Haus Stapenhorststraße 35 erwerben und dort im September 1951 einen Betraum einweihen, der heute noch benutzt wird.

Wie in Dortmund und Bielefeld kamen auch in vielen anderen Städten, z. B. in Köln, Nürnberg, Mainz und Freiburg, im Laufe des Sommers 1945 Überlebende aus Theresienstadt zurück. Hinzu kamen etwa 15.000 Juden, die in Deutschland überlebt hatten, weil sie der Gefangenschaft entgangen waren; davon 2.000, weil sie untergetaucht waren, andere hatten einen nichtjüdischen Ehepartner und wurden erst in der Endphase der nationalsozialistischen Diktatur für die Deportation erfaßt. Die Befreiung durch die Alliierten kam für diese Menschen buchstäblich in letzter Minute. Auch sie hatten jetzt ein Interesse an der Gründung von jüdischen Hilfsorganisationen oder Gemeinden. „Bereits vor Kriegsende hatten in Nürnberg drei Überlebende, mit nichtjüdischen Frauen verheiratete jüdische Männer die Wiedergründung der Gemeinde geplant", schreibt der Historiker Michael Brenner.[5] „Als sie Ende April 1945 von den Amerikanern befreit wurden, bezogen sie als Sitz der wiederzugründenden Gemeinde die Räume des ehemaligen jüdischen Schwesternheims, das während des Krieges als Sitz des SS-Oberabschnittes Main gedient hatte. Nachdem sie die in Nürnberg überlebenden Juden ausfindig gemacht und ihnen Wohnungen zugeteilt hatten, bestand die nächste Aufgabe in der Heimholung der in Theresienstadt befindlichen Nürnberger Juden. Per Fahrrad gelangten im Juni 1945 zwei Nürnberger Juden aus Theresienstadt nach Nürnberg und übergaben der Gemeinde eine Liste aller dortigen ehemaligen Nürnberger. Mit zwei Lastwagen der US-Army wurden schließlich fünfzig völlig abgemagerte und kranke Menschen aus Theresienstadt nach Nürnberg gebracht. Eines der Vorstandsmitglieder der neugegründeten Gemeinde, Adolf Hamburger, war Großschlächter am Nürnberger Schlachthof und versorgte die Gemeindemitglieder unentgeltlich mit Fleisch. Emigrierte Nürnberger Juden, darunter die Frau des ehemaligen Rabbiners, riefen in den USA zu Hilfaktionen für die in Nürnberg Überlebenden auf. Im Dezember 1945 wurde die erste Mitgliederversammlung für die zu diesem Zeitpunkt etwa 100 in Nürnberg lebenden Juden einberufen, die einen fünfköpfigen Vorstand wählten. Dessen erste Aufgabe bestand in der Wiederherstellung des teilweise zerstörten jüdischen Friedhofs."

4   Zit. nach: Reicher, Benno: Jüdische Geschichte und Kultur in NRW, Essen 1993, S. 54.
5   Brenner, Michael: Nach dem Holocaust – Juden in Deutschland 1945-1950, München 1995, S. 67ff.

Die Organisation einer neuen Gemeinschaft war aber auch für die gegenseitige Hilfe der Überlebenden, die sich physisch wie auch psychisch in denkbar schlechtestem Zustand befanden, unverzichtbar. Kaum jemand war nicht von engsten Verwandten oder sehr nahestehenden Menschen getrennt. Die Ungewißheit über das Schicksal von Eltern oder Kindern ließ ihnen keine ruhige Minute. Folglich war die Suche nach Verwandten für viele Überlebende eine dringende und oft sicher auch zwanghafte Notwendigkeit. Daß die Suche in der Regel ergebnislos blieb, konnten viele nicht akzeptieren, bedeutete dies doch, daß auch ihre Verwandten ermordet worden waren. Die neuen Gemeinden oder jüdischen Organisationen halfen mit Suchkarteien und sammelten alle Informationen, die über Vermißte angegeben wurden. Für viele Überlebende war es eine Selbstverständlichkeit, von Gemeinde zu Gemeinde zu reisen, die Karteien oder Listen nach Verwandten zu durchsuchen und durch eigene Angaben zu ergänzen. Äußerst wichtige Ziele waren für sie auch die von den Alliierten sofort nach der Befreiung eingerichteten Lager für Displaced Persons.

„Nach der Befreiung aller Lagerhäftlinge und der Rückführung der polnischen Juden, die in der Sowjetunion überlebt hatten, begann sich eine Entwicklung abzuzeichnen, die für die Zukunft der jüdischen Gemeinden in Deutschland entscheidend werden sollte", schreibt die Historikerin Monika Richarz. „Zehntausende von befreiten osteuropäischen Juden blieben entweder direkt in Deutschland oder strömten aus Polen in das besiegte Land zurück, als sich herausstellte, daß die polnischen Juden in ihrer Heimat sogar jetzt neuem Antisemitismus und Pogromen ausgesetzt waren. Die amerikanische Armee richtete vor allem in Bayern für diese jüdischen Flüchtlinge große Lager ein, die über eigene Synagogen, Schulen und jiddischsprachige Zeitungen verfügten. Die großen DP-Lager (Lager für Displaced Persons) in Bergen-Belsen, Föhrenwald, Landsberg, Berlin usw. waren in den Jahren bis 1950 die eigentlichen Zentren jüdischen Lebens und Überlebens auf deutschem Boden. Das Lager Bergen-Belsen – mitten in der englischen Zone – wurde zum offiziellen Zentrum der Zionisten, die die offizielle Auswanderung nach Israel organisierten."[6] Auch diese Lager für Displaced Persons wurden von den Überlebenden auf der Suche nach ihren vermißten Verwandten oder nach Informationen beharrlich aufgesucht.

Bis zur Auflösung des letzten DP-Lagers Ende 1957 waren sie Durchgangsstation für etwa 200.000 jüdische Flüchtlinge, die nach Gründung des Staates Israel 1948 zum größten Teil dorthin emigrieren konnten. Aber eine sehr kleine DP-Gruppe, geschätzt werden ca. 12.000 Flüchtlinge, wollte in Deutschland bleiben. Entweder konnten sie wegen körperlicher Leiden noch nicht weiterziehen, hatten während der Wartezeit einen deutschen Ehepartner geheiratet oder eine berufliche Existenz gegründet. „Diese Restgruppe der verbliebenen DPs, von der später weitere auswanderten, und die Restgruppe der deutschen Juden, die geblieben waren, bildeten jetzt zusammen die Mitgliedschaft der Jüdischen Gemeinden. Beide Restgruppen unterschieden sich grundlegend in Kultur, Sprache, Mentalität und Verfolgungserlebnissen. Die deutschen Juden waren extrem assimiliert, meist mit Christen verheiratet und dadurch ambivalent an

6 Richarz, Monika: Juden in der BRD und in der DDR seit 1945, in: Brumlik, Micha/Kiesel, Doron/Kugelmann, Cilly/Schoeps, Julius H.: Jüdisches Leben in Deutschland seit 1945, Frankfurt/M. 1986, S. 16ff.

Deutschland gebunden. Die osteuropäischen Juden waren wesentlich jünger, sprachen jiddisch, kamen aus stark jüdischem Milieu und hatten ihre ersten Erfahrungen mit Deutschen bei der Selektion im Lager gemacht."[7]

Das Zusammenleben dieser Gruppen führte zwangsläufig zu zahlreichen Konflikten, denn auch im Gemeindeleben unterschieden sie sich in ihrer Religiosität und auch im Ritus ihres Gottesdienstes. In Hannover und Augsburg zum Beispiel versuchten deutsche Gemeindemitglieder, die Aufnahme von Juden aus Osteuropa zu verhindern. Schon bei der Zuwanderung von sogenannten Ostjuden um die Jahrhundertwende gab es ähnliche Auseinandersetzungen. Auch Juden mit einem nichtjüdischen Ehepartner, die als Überlebende am Ort oftmals zu den ersten Organisatoren jüdischen Lebens zählten, hatten in manchen Gemeinden enorme Schwierigkeiten. Eine Rabbiner-Resolution in der Britischen Zone stellte am 22. Juli 1947 fest, daß „Juden, die nichtjüdische Frauen haben, dem Vorstand oder der Repräsentanz der Gemeinden und Komitees nicht angehören sollen, und daß Juden, die heute noch Ehen mit Nichtjuden eingehen, nicht den Anspruch auf Mitgliedschaft in der jüdischen Gemeinde oder Komitee erheben können."[8]

Dabei gab es genug andere Probleme, die die Juden in Deutschland nach 1945 bewältigen mußten. Besonders stark war der Druck von außen. Robert Weltsch – er reagierte als Chefredakteur der „Jüdischen Rundschau" auf die neue antisemitische Politik der gerade an die Macht gekommenen Nazis am 4. April 1933 mit dem berühmt gewordenen Zeitungstitel „Tragt ihn mit Stolz, den gelben Fleck!" –, schrieb nach einem Besuch in Deutschland 1946: „Wir können nicht annehmen, daß es Juden gibt, die sich nach Deutschland hingezogen fühlen. Hier riecht es nach Leichen, nach Gaskammern und nach Folterzellen. Aber tatsächlich leben heute noch ein paar Tausend in Deutschland. Dieser Rest jüdischer Siedlung soll so schnell wie möglich liquidiert werden. Deutschland ist kein Boden für Juden."[9] Und der jüdische Weltkongreß erklärte auf einer Tagung im Juli 1948 in Montreux, daß „sich nie wieder Juden auf dem blutgetränkten deutschen Boden ansiedeln sollen."[10] Aber Rabbiner Leo Baeck soll damals gesagt haben: „Da wo Juden leben, entstehen Gemeinden, und diese Gemeinden soll man beachten."[11] Und im Sommer 1951 erklärte der Landesverband der Jüdischen Gemeinden Nordwestdeutschlands nach Schwierigkeiten mit dem jüdischen Weltkongreß und anderen jüdischen Organisationen: „Der Verbandstag verwahrt sich mit aller Entschiedenheit gegen alle Versuche der Diffamierung der in Deutschland lebenden Juden. Die jüdischen Gemeinden halten es nach wie vor für ihre Pflicht, für die Wahrung der Interessen ihrer Mitglieder und des Judentums in Deutschland Sorge zu tragen und erachten es darum als ihre unabweisbare Aufgabe, den Fortbestand ihrer Arbeit zu sichern. Die Juden in Deutschland und ihre Gemeinden betrachten sich als einen unlösbaren Bestandteil des Gesamtjudentums."[12]

Für sehr lange Zeit konnte dies aber die vehement mißbilligende Haltung von Juden und jüdischen Organisationen in aller Welt gegenüber den Gemeinden in

7   Richarz, Monika: Juden in der BRD und in der DDR seit 1945, a.a.O., S.16f.
8   Resolution des Zentralrabbinats zum 2. Kongress der Scherith Hapletah in der Brit. Zone Deutschlands am 22. Juli 1947, in: Die Juden in Köln von den ältesten Zeiten bis zur Gegenwart, hg. von Zvi Asaria, Köln 1959, S. 417.
9   Zit. nach: Richarz, Monika: Juden in der BRD und in der DDR seit 1945, a.a.O., S.14
10   Brenner, Michael, Nach dem Holocuast, a.a.O., S. 99
11   Brenner, Michael, Nach dem Holocuast, a.a.O., S. 189
12   Brenner, Michael, Nach dem Holocuast, a.a.O., S. 102

Deutschland nicht ändern. Wohl erkannten sie die religiöse und soziale Bedeutung der Gemeinden, aber es war ebenso klar, daß in kürzester Zeit auch die letzten Juden Deutschland verlassen haben würden, und somit die Gemeinden nicht auf Dauer würden bestehen können. Daß die Jüdischen Gemeinden in Deutschland, anders als eine populäre öffentliche Meinung hier glauben mag, keine wesentlichen finanziellen Hilfen von ausländischen jüdischen Organisationen oder von der israelischen Regierung erhalten haben, liegt auf der Hand. Immerhin konnten die neuen Gemeinden teilweise nach der Rückerstattung über frühere, von den Nazis geraubte Vermögenswerte verfügen. Mit diesem Geld waren dann einige Gemeinden in den fünfziger Jahren in der Lage, dringend notwendige Neubauten zu errichten und ihre Körperschaften aufzubauen. Siegfried Heimberg hat auch diese Zeit beschrieben: „Nachdem sämtlich jüdische Menschen Westfalens in Gemeinden erfaßt waren und diese einen Landesverband bildeten (im Januar 1946. Zum ersten Vorstand gehörten Siegfried Heimberg, Max Rosenbaum und Kurt Neuwald aus Gelsenkirchen), wurden im Jahre 1953 diese Jüdischen Kultusgemeinden als Körperschaft des öffentlichen Rechts anerkannt. Durch Zusammenlegen kleinerer Gemeinden belief sich ihre Anzahl auf zehn, die alle zum Landesverband der Jüdischen Kultusgemeinden von Westfalen gehörten. Zu Beginn unserer Tätigkeit in der zweiten Hälfte der vierziger Jahre existierten 18 Gemeinden. Es sind aber ein großer Teil unserer Menschen, insbesondere in den Jahren 1948/49 ausgewandert, so daß die Seelenzahl sank ... In der Prinz-Friedrich-Karl-Straße erwarben Gemeinde und Landesverband ein passendes Gelände, auf dem Synagoge, Gemeindehaus und auch ein Altersheim errichtet wurden. Die Einweihung fand am 2. September 1956 statt."[13]

Weitere Synagogenneubauten folgten zum Beispiel 1958 in Düsseldorf, 1959 in Essen, 1960 in Hagen und 1961 in Münster. Auch damals schon verstand es die Politik, diese Erfolge für sich zu vereinnahmen. Zur Einweihung der Kölner Nachkriegssynagoge schrieb der damalige Bundeskanzler und frühere Kölner Oberbürgermeister Konrad Adenauer im September 1959: „Nach den Jahren der nationalsozialistischen Verfolgung entstehen, wie in Köln, in vielen deutschen Städten wieder jüdische Gotteshäuser. Dies scheint mir ein sichtbarer Beweis für die Erfolge der Wiedergutmachungspolitik der Bundesregierung und eine Bestätigung der in der Bundesrepublik Deutschland gewährleisteten Freiheit des religiösen Bekenntnisses und der kulturellen Betätigung."[14]

Bereits am 15. April 1946 erschien die erste Ausgabe des „Jüdisches Gemeindeblattes für die Nord-Rheinprovinz und Westfalen". Was ursprünglich als regionale Publikation auch für die westfälischen Juden gedacht war, entwickelte sich später zur noch heute erscheinenden „Allgemeine Jüdische Wochenzeitung". Herausgeber ist seit vielen Jahren der „Zentralrat der Juden in Deutschland", 1950 gegründet als Dachorganisation für alle Landesverbände und Gemeinden und als überregionale und politische Interessenvertretung. Für die umfangreiche

13 Heimberg, Siegfrid: Von 1945 bis 1961, a.a.O.
14 Adenauer, Konrad, in: Die Juden in Köln, a.a.O., S. 11

Sozialarbeit konnte 1951 in Frankfurt die „Zentralwohlfahrtsstelle der Juden in Deutschland" wiederbegründet werden. Seit 1979 gibt es in Heidelberg eine „Hochschule für jüdische Studien" und seit 1987, auch in Heidelberg, das „Zentralarchiv zur Erforschung der Geschichte der Juden in Deutschland". Diese relativ neue Einrichtung hat auch die Aufgabe erhalten, den Jüdischen Gemeinden beim Aufbau von Gemeindearchiven zu helfen und alte Gemeindeakten zu übernehmen. Träger beider Heidelberger Institutionen ist der Zentralrat.

Da die Argumente derjenigen, die den Exodus der hier lebenden Juden aus Deutschland forderten, ja durchaus plausibel waren, da viele auch der Meinung waren, daß man in Deutschland nicht bleiben darf, dachten sie darüber nach, zu gehen. Manche packten sogar ihre Koffer für die Abreise, aber sie stellten sie erstmal an die Seite. Während die gepackten Koffer nun in der Wohnung standen, diskutierten sie auf zahlreichen Veranstaltungen, und immer wieder bei den Treffen der Jugend, wann sie gehen werden, wohin, warum und wer mitgehen wird. Sie waren so sehr mit der Diskussion beschäftigt, oder mit anderen Dingen, daß sie eben jetzt noch nicht gehen konnten.

In der Zwischenzeit wurde der Begriff „Auf den gepackten Koffern sitzen" die geläufigste Metapher für eine zentrale jüdische Diskussion in Deutschland. Die meisten packten die Koffer wieder aus, früher oder später, still und heimlich und wohl doch mit schlechtem Gewissen. Und über das Auspacken der Koffer gab es später kaum noch ernsthafte Diskussionen. Aber über die Frage, was ein Jude in Deutschland ist oder nicht ist, also über die typisch jüdische Frage nach der eigenen Identität, wird auch heute noch heftig gestritten. „Doch die meisten Juden gehen weder nach Israel noch assimilieren sie sich. Sie leben mehr oder minder ghettoisiert, in ihren Gemeinden, nehmen an der Folklore der herkömmlichen Religion teil, zahlen Synagogensteuer, spenden für Israel und gehen auf Makkabi-Bälle. Judentum als Geselligkeit!", schimpfte 1980 Micha Brumlik, ein Erziehungswissenschaftler aus Frankfurt und ein jederzeit verläßlicher Kritiker jüdischen Establishments. „Unsere Gemeinden sind Geschlossene Gesellschaften mit einer vagen, irgendwie zionistisch-gefühlsmäßigen Einheitsideologie, die jeder, der mitreden will, zunächst teilen muß. Gemeinden als organisierte Körperschaften sind zunächst und vor allem Verwaltungseinrichtungen, die einen Rahmen bereitstellen: Kindergärten, Religionsschulen, koschere Restaurants, Friedhöfe, Synagogen usw. Ich frage: Kann das Engagement beim Verwalten von Rahmenbedingungen für jüdisches Leben bereits sagen, was jüdisches Leben heißt?"[15] Die Frage nach der jüdischen Identität war natürlich nicht neu. Schon 1921 belebte der Schriftsteller Jakob Wassermann die innerjüdische Diskussion mit seinem biographischen Essay „Mein Weg als Deutscher und Jude."[16] Dieser Diskussion stellen sich seit Ende der siebziger Jahre mehr und mehr jüdische Autoren auch in der Öffentlichkeit. Henryk M. Broder und Michel R. Lang 1979 mit ihrem Sammelband: „Fremd im eigenen Land. Juden in der Bundesrepublik"[17], darin der Aufsatz „Es war nicht richtig, daß Juden wieder in Deutschland seßhaft geworden sind" von Artur Brauner.[18] Wenig später erklärte Lea

15 Brumlik, Micha: Die Krise der Jüdischen Identität?, in: Cheschbon, Zeitung des Bundesverbandes Jüdischer Studenten in Deutschland, München, Frühjahr 1980, S. 9
16 Wassermann, Jakob: Mein Weg als Deutscher und Jude, Berlin 1921
17 Broder, Henryk M./Land, Michael R. (Hg.): Fremd im eigenen Land, Juden in der Bundesrepublik, Frankfurt/M. 1979
18 Brauner, Artur, Es war nicht richtig, daß Juden wieder in Deutschland seßhaft geworden sind, in Broder, Henryk M./Lang Michael R. (Hg.): Fremd im eigenen Land, a.a.O., S. 76

Fleischmann mit ihrem Buchtitel kategorisch: „Dies ist nicht mein Land"[19], und sie ging tatsächlich. Das erste Buch des Präsidenten des Zentralrates der Juden in Deutschland, Ignatz Bubis, 1993 erschienen, trägt den Titel: „Ich bin ein deutscher Staatsbürger jüdischen Glaubens."[20] Sein drittes Buch, 3 Jahre später erschienen, hat den Titel: „Damit bin ich noch längst nicht fertig."[21] Und seit etwa zwei Jahren auf dem deutschen Buchmarkt ist Micha Brumlik mit „Kein Weg als Deutscher und Jude."[22]

Obwohl die Gemeinden sich mittlerweile etabliert hatten, einige sogar neuerbaute Gemeindezentren besaßen und die gepackten Koffer nur noch in den Köpfen einiger Intellektueller eine Rolle spielten, blieb eine in die Zukunft ausgerichtete Gemeindepolitik aus. Wohl wurde lautstark beklagt, daß die Gemeinden mangels entsprechender Ausbildungseinrichtungen tatsächlich keine Rabbiner, Kantoren, Religionslehrer oder Jugendgruppenleiter finden konnten, aber es passierte kaum etwas, um dieses Problem zu lösen. Die wenigen jungen Menschen fühlten sich in den überalterten Gemeinden nicht wohl, die Jugendaktivitäten waren eher bescheiden, und so blieben sie der Gemeinde fern. Daraufhin klagten die Alten, die Jugend interessiere sich nicht für die Gemeinden, und es gäbe somit auch keine Nachfolger für die Gemeindeämter. Das schlechte Gewissen, verursacht durch die längst wieder ausgepackten Koffer, kompensierten sie durch einen übereifrigen Zionismus, der die anderen auf Israel verwies, vor allem jüdische Flüchtlinge, die sich in Deutschland niederlassen wollten. Die gängige These war nun: Deutschland ist kein Einwanderungsland für Juden.

In den siebziger Jahren ließ die Sowjetunion etwa 3.000 Juden auswandern. Der damalige Vorsitzende der Jüdischen Gemeinde Berlin, Heinz Galinski, setzte sich für diese Flüchtlinge ein und schuf mit den Berliner Behörden die entsprechenden Voraussetzungen für die Aufnahme und die soziale Versorgung. Galinski, dessen Gemeinde damals auch nur etwas über 3.000 Mitglieder zählte, mußte bald feststellen, daß seine Gemeinde einer Flüchtlingsarbeit in dieser Größenordnung nicht gewachsen war. Hinzu kamen Probleme, die sich schon am Rande der Kriminalität bewegten. Für viel Geld konnten sich Emigranten die Ausreise organisieren lassen und die entsprechenden Dokumente, die die jüdische Herkunft bewiesen, wurden auch gefälscht. Galinski stoppte das Programm, nachdem sein Appell an andere Gemeinden, gleichfalls Juden aus der Sowjetunion aufzunehmen, bis auf wenige Ausnahmen erfolglos geblieben war.

Als ab 1990 Juden die ehemalige Sowjetunion verlassen konnten und auch nach Deutschland kamen, waren die Gemeinden darauf überhaupt nicht vorbereitet. Heinz Galinski erklärte im November 1990: „Wir stehen vor der wohl größten Herausforderung, mit der wir je seit Bestehen des Zentralrats fertig werden mußten. Der Zusammenbruch in der Sowjetunion und die ihm auf dem Fuße folgende Welle des Antisemitismus rief einen regelrechten Exodus aus der UdSSR hervor, der Juden auf der ganzen Welt vor ungeahnte Aufgaben stellt." Und etwa vier Jahre später schrieb eine deutsche Zeitung: „Jüdische Gemeinden

19   Fleischmann, Lea: Dies ist nicht mein Land, Hamburg 1982.
20   Bubis, Ignatz: Ich bin ein deutscher Staatsbürger jüdischen Glaubens, Köln 1993
21   Bubis, Ignatz: Damit bin ich noch längst nicht fertig, Frankfurt/M. 1996
22   Brumlik, Micha: Kein Weg als Deutscher und Jude, München 1996

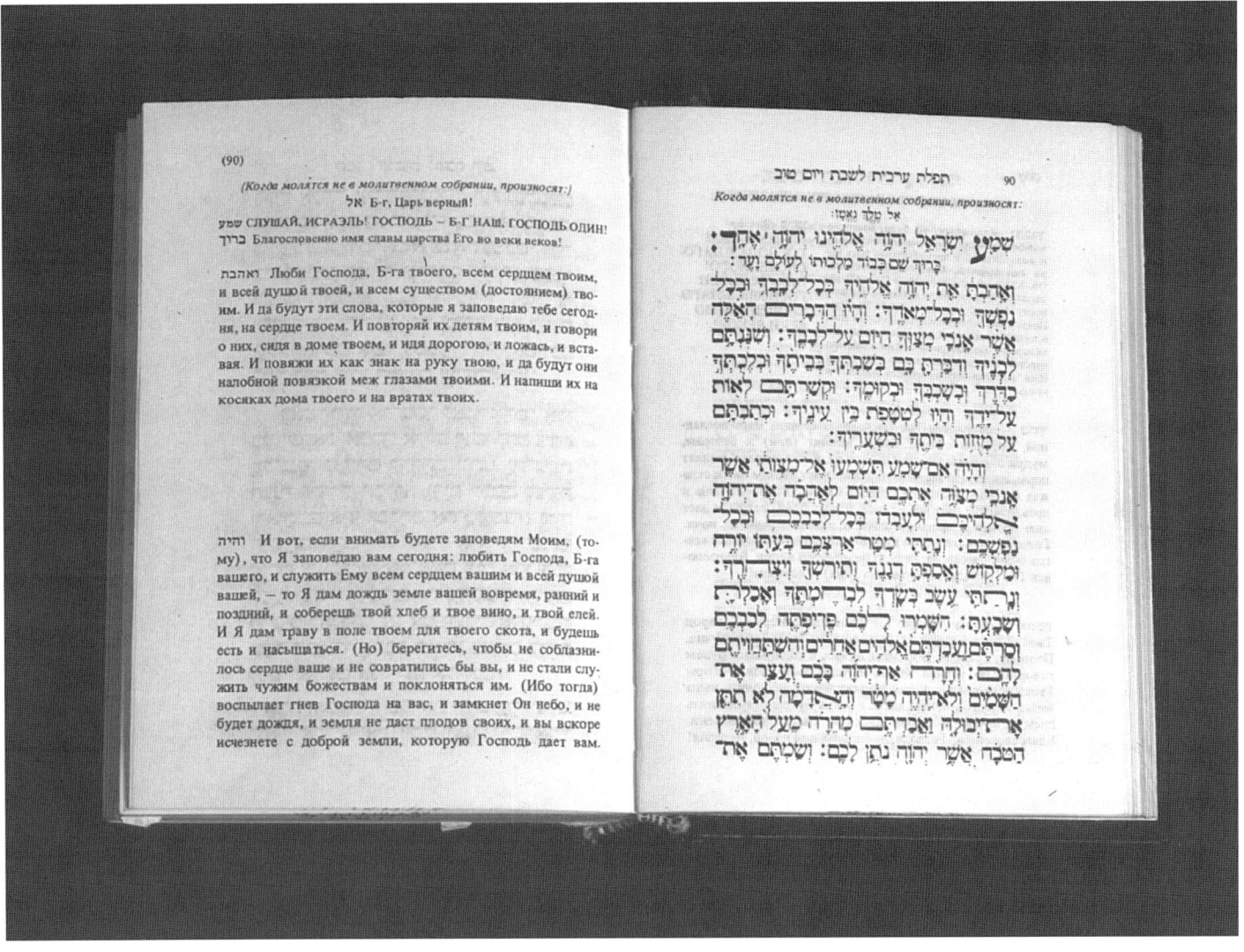

Gebetbuch in russischer und hebräischer Sprache

in Deutschland ändern ihr Gesicht." Tatsächlich entstanden seit Mitte der achtziger Jahre wieder Neubauten in den jüdischen Gemeinden. Frankfurt am Main errichtete 1986 das größte und modernste Gemeindezentrum im Nachkriegsdeutschland. In Darmstadt, Heidelberg, Mannheim und Freiburg wurden neue Synagogen gebaut. Und in Aachen eröffnete die Jüdische Gemeinde am 18. Mai 1995 ein modernes Gemeindezentrum mit Synagoge. Der frühere Ministerpräsident von Nordrhein-Westfalen Johannes Rau erklärte *noch 1995* bei der Einweihungsfeier in Aachen kategorisch: „Wer ein Haus baut, der will bleiben!"

Waren die Migranten vor 100 Jahren oder auch in der Nachkriegszeit noch relativ religiös und oftmals ein lästiges Hindernis auf dem Weg in den Liberalismus, so ist heute das genaue Gegenteil der Fall. Den Flüchtlingen dieser Jahre fehlt jegliche Bindung an ihre Religion und oftmals ist die jüdische Identität stark verschüttet. An einen jüdischen Witz mag, wer will, denken bei der Antwort einer

Frau aus Moskau, die erst vor wenigen Monaten nach Deutschland kam, auf die ihr gegenüber geäußerte Feststellung: „In der nächsten Woche ist Jom Kippur." – „Ja", entgegnete die freundliche Frau schnell, „ich weiß, da essen wir immer Mazzen."[23] Das bringt die Gemeinden in ein großes Dilemma, sehen sie doch in der Zuwanderung auch eine Bereicherung ihres religiösen Gemeindelebens, oder hoffen sie doch, wie in den Kleingemeinden, durch neue Männer ihren Minjan sichern zu können. Selbst Brumlik schrieb schon 1980: „Ich persönlich kann mir ein Judentum ohne den Dybbuk, ohne den Staat Israel, ja sogar ein Judentum ohne Martin Buber oder Woody Allen vorstellen. Was ich mir allerdings nicht vorstellen kann, ist ein Judentum ohne Thora, Talmud und Halacha."[24]

Mangels entsprechend interessierter Mitglieder, aber auch mangels personeller und finanzieller Hilfen ist für die Kleingemeinden heute kein Ausweg aus dem Dilemma in Sicht. Anders sieht es in den Großgemeinden wie Berlin, Frankfurt, München, Düsseldorf oder auch Dortmund aus. Und es ist nicht ausgeschlossen, daß sich in Zukunft jüdisches Leben in diesen Zentren konzentrieren wird. Doch wohl nur diese Zentren kann Y. Michal Bodemann, Soziologe an der Universität von Toronto und langjähriger aufmerksamer Beobachter der jüdischen Gesellschaft in Deutschland, gemeint haben, als er kürzlich in einem Zeitungsartikel erklärte, „daß das heutige deutsche Judentum die dynamischste jüdische Diaspora in Europa und weltweit ist."[25]

Mitgliederzahlen der Jüdischen Gemeinden in Westfalen:[26]

Gemeinde	31.12.1989	31.3.1991	31.12.1997
Bielefeld	23	26	31
Dortmund	337	412	2.763
Gelsenkirchen	79	80	282
Hagen	38	53	217
Herford	23	23	68
Minden	43	45	64
Münster	101	126	396
Paderborn	35	36	51
Recklinghausen	66	84	1.126
Gesamt	745	885	4.998

23   Reicher, Benno: Willkommen mit beschränkter Haftung, in: Allgemeine Jüdische Wochenzeitung vom 2. November 1995
24   Brumlik, Micha: Krise der jüdischen Identität, a.a.O., S.11
25   Bodeman, Y. Michal: Sie sitzen nicht mehr auf gepackten Koffern, in: Berliner Zeitung vom 14./15. März 1998
26   Vgl. Anm. 1

Exponate

1. Astronomische Uhr, 18. Jh., Ø 8 cm, Messing, Jüdisches Museum im Stadtmuseum Berlin
2. Becher zur Namensgebung im Rahmen der Berit Mila, Ende 19. Jh., Silber, H. 8,2 cm Ø 6,8 cm, Unterseite hebr. Schriftzeichen, Hellweg Museum Unna
3. Beschneidungsrassel, 18. Jh., Silber u. Holz mit Elfenbeinknauf, L. 16,8 cm, Westfälisches Landesmuseum für Kunst und Kulturgeschichte Münster
4. Bessamimbüchse, Mitte 18. Jh., Silber, H. 5 cm, Museum für Kunst und Kulturgeschichte Dortmund
5. Bessamimbüchse, 18. Jh., versilbertes Messing, Museum für Kunst und Kulturgeschichte Dortmund
6. Bessamimbüchse, Ostpolen, 1882, Silber getrieben, Meistermarke Tunkul, Jüdisches Museum Frankfurt/Main
7. Bildnis Hedwig Elkan, geb. Einstein, „Meine liebe Frau", 1924, Medaille, Bronze, Ø 11 cm, Museum am Ostwall Dortmund
8. Bildnis Alfred Flechtheims, Skulptur von Rudolf Belling, 1927, Bronze, Museum Ludwig Köln
9. Bildnis Heinrich Kirchhoff, Medaille von Benno Elkan, um 1910, Bronze, Ø 9,8 cm, Museum am Ostwall Dortmund
10. Bildnis Gustav Mahler, Medaille von Benno Elkan, 1911/12, Bronze, Ø 12,7 cm, Museum am Ostwall Dortmund
11. Bildnis Maurice Rouvier, Medaille von Benno Elkan, 1906, Bronze, Ø 7,7 cm, Museum am Ostwall Dortmund
12. Chanukkaleuchter mit Tier- und Pflanzendekor, 1739, Silber, aus Detmold, H. 44,5 cm B. 34,7 cm, Lippisches Landesmuseum Detmold
13. Chanukkaleuchter in schreinähnlicher Form, Ende 19. Jh., H. 37,4 cm, B. 31,5 cm, Lippisches Landesmuseum Detmold
14. Chanukkaleuchter in Bankform, 18. Jh., H. 17 cm B. 20 cm, Museum für Kunst und Kulturgeschichte Dortmund
15. Chanukkaleuchter, um 1910, Messing, Städtisches Museum Menden
16. Chanukkaleuchter, Osteuropa, frühes 20. Jh., Weißmetall versilbert, getrieben, H. 21 cm B. 20,5 cm T 3,5 cm, Jüdisches Museum Frankfurt/Main
17. Das Palästina-Informationsbuch, 1933, mit Kurzeinführung Neuhebräisch, Jüdisches Museum Westfalen in Dorsten
18. Deckelhumpen mit antijüdischen Darstellungen und Texten, um 1910, Steinzeug, Zinn, H. 21,5 cm Ø Boden 10,8 cm, auf dem Henkel Porträtmedaillons von Stoecker und Koenig, Kölnisches Stadtmuseum
19. Der koschere Knigge. Über den Umgang mit „jüdischen Mitbürgern", von M.J. Wuliger, Allgemeine Jüdische Wochenzeitung vom 15. Mai 1996

20. Die fünf Bücher Moses, mit dt. Übersetzung, hg. mit Genehmigung von Dr. Felix Kaufmann, erste verwendete Bibelausgabe der Gemeinden nach 1945, Privatarchiv Hans Frankenthal, Dortmund

21. Dohm, Christian Wilhelm: Über die bürgerliche Verbesserung der Juden. Bd. 1,2. Berlin, Stettin: Nicolai 1781, 1783, Germania Judaica, Kölner Bibliothek zur Geschichte des deutschen Judentums e.V.

22. Ehevertrag von Ernst Josef Frankenthal und Margot Menzel vom 14.10.1947, getraut in Bochum von einem engl. Rabbiner aus dem DP-Camp Bergen-Belsen, Privatbesitz Frau Ruth Frankenthal, Münster

23. Ehrenurkunde des Jüd. Nationalfonds e.V. von 1976 über zehn durch die Jüd. Kultusgemeinde Minden gepflanzte Bäume in Israel, Privatbesitz Kurt Neuwald, Gelsenkirchen

24. Einladungskarte zur Bat Mizwa von 1972, Privatbesitz Frau Meta Schiowitz, Dortmund

25. En Jakow, Rabbinisches Kompendium, 1709, Städtisches Museum Menden

26. Erinnerungstuch an den Gottesdienst zu Jom Kippur vor Metz 1870, H. 68 cm B. 68 cm, bedruckte Baumwolle, Mindener Museum für Geschichte, Landes- und Volkskunde

27. Fahne zum 100-jährigen Bestehen des Israel-Jacobson-Gymnasiums in Seesen, 1901, Seidenrips u. Seidensamt, H. 148 cm B. 85 cm, Städtisches Museum Seesen

28. „Für unsere Kinder. Neue hebräische Lesefibel" von 1934, Jüdisches Museum Westfalen in Dorsten

29. Fürstbistum Münster, Edikt v. 2.10.1574: Verordnung gegen die Zigeuner und Juden im Hochstift, Plakatdruck mit Holzschnitt-Initiale, Bl. 27,7 x 38,4 cm, Westfälisches Landesmuseum für Kunst und Kulturgeschichte Münster

30. Gründungserklärung Marks-Haindorf-Stiftung v. Dez. 1825 (Repro), Jüdisches Museum Westfalen in Dorsten

31. Gebetbuch für das ganze Jahr (m. dt. Übersetzung), Amsterdam 1705, silberner Einband, getrieben und graviert, 1694 Stadtbeschau Hamm, von Moritz Bacharach, Westfälisches Landesmuseum für Kunst und Kulturgeschichte Münster

32. Gebetbuch für die jüdischen Soldaten der brit. Armee, hebr. Text, ungebunden, Papierumschlag, London 1945, Privatarchiv Hans Frankenthal, Dortmund

33. Gebetstuhl, Ende 19. Jh., gedrechselte Beine mit Querstreben, Rückenlehne mit geschnitztem Blattwerk, auf der Lehne langer Kasten mit zwei Innenfächern und Deckel, Mindener Museum für Geschichte, Landes- und Volkskunde

34. Genisa, Fragmente jüdischer Gebetbücher, gefunden bei Renovierungsarbeiten an der ehem. Landsynagoge Bork in den 80er Jahren, Stadtarchiv Selm

35. Glaspokal von Abraham Sutro, Anf. 19. Jh., mit Namensgravur, Jüdisches Museum Westfalen in Dorsten

36. Grabstein, Fragment, ca. 1340, Sandstein, B. 92 cm, Mindener Museum für Geschichte, Landes- und Volkskunde

37. Handpuppe „Jude", um 1890, Industrieprodukt, Deutschland, H. 40 cm, Holz/Textil, Münchner Stadtmuseum

38. Handpuppe „Jude", um 1890, Industrieprodukt, Deutschland, H. 30 cm, Holz/Textil, Münchner Stadtmuseum

39. Hebräisch-Russisches Gebetbuch, Jüdische Kultusgemeinde Dortmund

40. Hochzeitsflasche, 1801, böhmisches Weißglas mit farbiger Emaillemalerei, H 27 cm B 12,3 cm, aus dem Besitz der jüd. Familie Bachrach, Hagen. Stadtmuseum historisches Zentrum, Hagen

41. Israelitisches Gebetbuch, hg. im Auftrag des Verbandes der Synagogen-Gemeinden Westfalens, bearb. von Dr. Vogelstein, Rödelheim 1894, Privatarchiv Hans Frankenthal, Dortmund

42. Judeneid Dortmund, um 1252, auf der Rückseite der Dortmunder Statuten für die Stadt Memel, 1250, Urkunde, Pergament, Stadtarchiv Dortmund

43. Jüdische Traukette mit zwei Silberrosetten, 1612, Silber vergoldet, L 116 cm, Fam. Moritz Bacharach, Westfälisches Landesmuseum für Kunst und Kulturgeschichte Münster

44. Jüdischer Kinderkalender des Jahres 5689 (1928/29), Jüdisches Museum im Stadtmuseum Berlin

45. Jüdischer Trauring mit knopfart. Verzierungen und Buch, m. hebr. Inschrift „Masal tov", Kupfer vergoldet, innerer Ø 2 cm H. 1,2 cm, Fam. Moritz Bacharach, Westfälisches Landesmuseum für Kunst und Kulturgeschichte Münster

46. Jüdischer Trauring, innen hebr. Inschrift „Masal tov", Gold mit Filigranauflagen, innerer Ø 2,1 cm H. 2,2 cm, Fam. Moritz Bacharach, Westfälisches Landesmuseum für Kunst und Kulturgeschichte Münster

47. Kalender und Jahrbuch auf das Jahr 5619 (Sept. 1858-59) für die jüdischen Gemeinden Preußens, hg. von Ph. Wertheim, Berlin 1859 (Marktkalender), Germania Judaica, Kölner Bibliothek zur Geschichte des deutschen Judentums e.V.

48. Kidduschbecher, Mitte 19. Jh., Silber, teilvergoldet, Aktives Museum Südwestfalen Siegen

49. Kidduschbecher, Silber, Jüdische Kultusgemeinde Dortmund

50. Klappmetamorphose „Schwein/jüdischer Händler", Ende 19. Jh., Karton, H. 68 cm B. 18 cm, Theater der Familie Bonneski, Sachsen, Münchner Stadtmuseum

51. Kleiderbügel mit Aufdrucken jüdischer Geschäfte, 20. Jh., Aktives Museum Südwestfalen Siegen

52. Levitenbecken, 1781, Zinn, mit figürlichem Dekor (Handwaschbecken), 37,5 cm x 60 cm, Lippisches Landesmuseum Detmold

53. Löffel für Milch, o.J., 21,5 cm , Zinn, Aufschrift „Milch", Jüdisches Museum im Stadtmuseum Berlin

54. Makre Dardecke (Lehrbuch), um 1500, Museum für Kunst und Kulturgeschichte Dortmund

55. Mazzerad (Teigrad), Museum für Kunst und Kulturgeschichte Dortmund

56. Medaille „Der Kornjude", Spottmünze, Silberguß, Schlesien 1694, Jüdisches Museum Westfalen in Dorsten

57. Misrach-Tafel, 19. Jh., Tusche koloriert auf Papier, H. 12 cm B. 16,5 cm, mit Rahmen, Hellweg Museum Unna

58. Mohelbuch v. Michael Meier Breslauer, Warendorf, hebr. Handschrift auf Pergament, Altona 1731, Westfälisches Landesmuseum für Kunst und Kulturgeschichte Münster

59. Münzen aus dem Schatzfund vom Stadtweinhaus in Münster 1951, Westfälisches Landesmuseum für Kunst und Kulturgeschichte Münster

60. Münzwaage, Museum für Kunst und Kulturgeschichte Dortmund

61. „Neue hebräische Kinderfibel", 1934, Jüdisches Museum Westfalen in Dorsten

62. Notgeld aus Beverungen mit antijüdischen Motiven, 1. Mai 1921, drei Scheine, Papier, Jüdisches Museum Westfalen in Dorsten

63. Pentateuch, hebr. mit aramäischer Übersetzung, Raschi-Kommentar aus dem 11. Jh. und vier weiteren Kommentaren, Geschenk der jüdischen Hilfsorganisation JOINT an Hans Frankenthal nach seiner Rückkehr aus dem Konzentrationslager, Privatarchiv Hans Frankenthal, Dortmund

64. Pleydenwurff, Wilhelm (?): „Judenverbrennung", Holzschnitt aus: Hartmann Schedel, Weltchronik (dt. Ausg.), Nürnberg 1493, Bl. 12 x 16 cm, Westfälisches Landesmuseum für Kunst und Kulturgeschichte Münster

65. Porträtbüste Walter Rathenaus von Benno Elkan, 1925, Bronze, Museum am Ostwall Dortmund

66. Rechnung der Firma Rosenthal, 1874, Privatbesitz Dr. Hans Jürgen Zacher, Werl-Hilbeck

67. Estherrolle des Rabbiners Benno Jacob, Privatbesitz Dr. Walter Jacob, Pittsburgh, USA

68. Rohling, August: Aug. Rohlings Talmud Jude. Mit einem Vorwort v. Eduard Drumont. Leipzig: Fritzsch 1891, antijüdische Hetzschrift, Germania Judaica, Kölner Bibliothek zur Geschichte des deutschen Judentums e.V.

69. Sammeldose des jüdischen Nationalfonds, Anfang 20. Jh., Jüdisches Museum Westfalen in Dorsten

70. Schabbatlampe, um 1600, Höxter, Fragmente, Kupferlegierung, Stadtarchäologie Höxter

71. Schabbatlampe, 18. Jh., sechsstrahlig, mit Traufschale, Messing, H. 45 cm Ø 23 cm, Mindener Museum für Geschichte, Landes- und Volkskunde

72. Schabbatlampe, 18. Jh., achtstrahlig, Traufschale fehlt, Museum für Kunst und Kulturgeschichte Dortmund

73. Schabbatlampe, 18. Jh., achtstrahlig, Zinn, Traufschale fehlt, Rosenmarke B*H*T Thier-Marke (Sphinx) F(P)*G*T, geschlagen, Städtisches Museum Menden

74. Schächtmesser, Anf. 20. Jh., aus Bratislava, Edelstahl, Griff: Elfenbein, L. 52 cm, B. 3,3 cm, Hellweg Museum Unna

75. Schofar (Widderhorn), Jüdische Kultusgemeinde Dortmund

76. Schränkchen mit Spiegel und Schubladen, mit Abtwappen und hebr. Buchstaben, H. 72 cm B. 42 cm T 21 cm, Lippisches Landesmuseum Detmold

77. Sederteller mit Darstellung des Sündenfalls, 18. Jh., Zinn, Ø 44 cm, Lippisches Landesmuseum Detmold

78. Sederteller, 1800, Zinn, B.H. Thier-Marke, Museum für Kunst und Kulturgeschichte Dortmund

79. Siddur Schma Kolenu, ins Deutsche übersetzt von Raw Joseph Scheuer, Basel 1997, wurde Ende der 90er Jahre in den Jüd. Kultusgemeinden eingeführt, Privatarchiv Hans Frankenthal, Dortmund

80. Siddur Sephat Emeth, mit Hinweisen in dt. Sprache, ohne Übersetzung des hebr. Textes, erstes Gebetbuch, das nach 1945 in den Jüdischen Kultusgemeinden benutzt wurde, Privatarchiv Hans Frankenthal, Dortmund

81. Sidur Sefat Emet, dt. Übersetzung von Rabbiner Dr. S. Bamberger, zweites Gebetbuch, das nach 1945 in den Jüdischen Kultusgemeinden benutzt wurde, Privatarchiv Hans Frankenthal, Dortmund

82. Siegel-Petschaft d. Isack Moyses, o.J. (um 1770-1790), stumpfgraue Kupferlegierung, graviert, 1.85 x 1,6 cm, H. 2,1 cm, Fundstück v.1997 bei Erwitte, Westfälisches Landesmuseum für Kunst und Kulturgeschichte Münster

83. Spottblatt auf jüdische Kaufleute, Lithographie aus: Düsseldorfer Monatshefte, Bd. 9, Nr. 17 (1855), Bl. H. 30,8 cm, B. 24,3 cm, Westfälisches Landesmuseum für Kunst und Kulturgeschichte Münster

84. Steckbrief gegen den Juden Samuel Aaron, Münster 26.2.1759, Einblattdruck, 32,3 x 20,1 cm, Westfälisches Landesmuseum für Kunst und Kulturgeschichte Münster

85. Steckbrief gegen 40 Diebe und Vagabunden, darunter zahlr. Juden, Münster 1797, 8 Seiten, Westfälisches Landesmuseum für Kunst und Kulturgeschichte Münster

86. Synagogen-Gesänge, hg. v. N.K.Katz, Brilon 1868: Privatarchiv Herr Bernhard H. Gerlach, Kaiserslautern

87. Tallit, Geschenk der jüdischen Hilfsorganisation JOINT an Hans Frankenthal nach seiner Rückkehr aus dem Konzentrationslager, Privatarchiv Hans Frankenthal, Dortmund

88. Taufstein aus der St. Georgskirche Aplerbeck, Darstellung der Kreuzigung Christi durch vier Juden, Ø 86 cm H. 65 cm, Replik (Orig. Mitte 12. Jh., Sandstein)

89. Tefilla mit Toraauszug aus Papier, 1. H. 19. Jh., Lederkapsel, Städtisches Museum Menden

90. Tefillah Petachanunim. Das Gebetbuch der Israeliten mit dt. Übersetzung, Reisegebetbuch, Privatarchiv Hans Frankenthal, Dortmund

91. Teller für Fleisch, Zinn, Ø 22 cm, Heimatmuseum Lippstadt

92. Tora im Mantel mit Schild und Rimonim, Jüdische Kultusgemeinde Dortmund

93. Torafragmente, Privatbesitz Dr. Hans Jürgen Zacher, Werl-Hilbeck

94. Toraschild aus Werl, 1775, Silber, Jüdische Kultusgemeinde Dortmund

95. Toraschild aus Werl, 1807, Silber, teilvergoldet, Jüdische Kultusgemeinde Dortmund

96. Toraschild aus Hamm, 1768, Silber, Bernstein, Glas- und Steinfluß, Jüdische Kultusgemeinde Dortmund

97. Toraschild aus Hamm mit zwei Adlern, Silber, Jüdische Kultusgemeinde Dortmund

98. Toraschranktüren, bemalt, 17. Jh., H. 183 B. 140 cm, Lippisches Landesmuseum Detmold

99. Tora-Wimpel von 1873, Baumwolle, bemalt mit Stoffarben, Signatur: Gearbeitet von Lewenstein aus Warstein 5633, B. 15,5 cm L. 340 cm, Jüdisches Museum im Stadtmuseum Berlin

100. Tora-Wimpel von 1925 (?) aus der Synagoge Borken, wurde nach dem Novemberpogrom 1938 auf der Straße gefunden, Stadtmuseum Borken

101. Tora-Wimpel der Eheleute Margot und Ernst Frankenthal anläßl. der Geburt ihres Sohnes Uriel im April 1953, Privatbesitz Ruth Frankenthal, Münster

102. Torazeiger aus Werl, 18. Jh., Silber, Jüdische Kultusgemeinde Dortmund

103. Torazeiger, Isaac Stern, 1930, Jüdische Kultusgemeinde Dortmund

104. Urkunde von 1397 über einen dem Dortmunder Rat gewährten Kredit von der Jüdin Pesselyn, Stadtarchiv Dortmund

105. Urkunde zum Andenken an Siegfried Heimberg vom 7.5.1967 über die Stiftung eines Hains in Israel, Landesverband der jüdischen Gemeinden Westfalen-Lippe, Dortmund

106. Urkunde zum 40. Geburtstag Israels 1988, dem Landesverband der Jüd. Kultusgem. v. Westfalen-Lippe in Anerkennung seines Einsatzes für den Aufbau Israels überreicht, Landesverband der Jüdischen Kultusgemeinden Westfalen-Lippe, Dortmund

107. Vergleitung der Anverwandten des Juden Jordan in Werne, Urkunde mit Siegel, 1566, Stadtarchiv und -museum Werne

108. Vertrag über den Kauf eines Hauses, Olpe 1790, Privatbesitz Dr. med. Claus Heinemann, Werl-Hilbeck

109. Werbeglas eines jüdischen Geschäftes, 20. Jh., Aktives Museum Südwestfalen, Siegen

110. Werbeteller eines jüdischen Geschäftes, 20. Jh., Aktives Museum Südwestfalen, Siegen

Bildnachweis

Danksagung

Viele Menschen haben zum Gelingen der Ausstellung und des Katalogs beigetragen. Ihnen sei an dieser Stelle für ihre Unterstützung herzlich gedankt.

Unser Dank für die wissenschaftliche Begleitung gilt Prof. Dr. Arno Herzig, Dr. Annette Weber, Prof. Dr. Diethard Aschoff, Prof. Dr. Michael Brocke und den Mitarbeiterinnen und Mitarbeitern des Salomon Ludwig Steinheim-Instituts, Landesrabbiner Dr. Henry G. Brandt, Dr. habil. Ludger Heid, Dr. Jörg Deventer, Dr. Klaus Lange, Dr. Edna Brocke und Karl-Heinz Klein-Rusteberg, Marina Sassenberg und Dina van Faassen.

Daneben danken wir im besonderen Dr. Brigitte Buberl und den Mitarbeiterinnen und Mitarbeitern des Museums für Kunst und Kulturgeschichte Dortmund, Kurt Neuwald, Hans Frankenthal, Hanna Sperling, Ruth Prinz und dem Landesverband der Jüdischen Gemeinden Westfalen-Lippe, Wolfgang Polak, Hanna Giltmann und der Jüdischen Kultusgemeinde Dortmund, Hartmut Stratmann und der Gesellschaft f. christl.-jüdische Zusammenarbeit Gelsenkirchen e.V., Martin Beutelspacher, Heinrich Lakämper-Lührs, Dr. Gerd Dethlefs, Dr. Henrike Hampe und den anderen Mitarbeiterinnen und Mitarbeitern der kooperierenden Museen, den Autorinnen und Autoren unseres Katalogs, dem Stadtarchiv Dortmund, insbesondere Dr. habil. Thomas Schilp und Christian Kraft, Dagmar Papajewski und dem Presseamt der Stadt Dortmund, dem Sekretariat Dr. Gerhard Langemeyer und allen Leihgebern.

Beigetragen haben gleichfalls Jürgen Sedlaczek, Catrin Wille-Haake, Regina Hunke, Christiane Reinholz, Sigrid Schäfer, Burkhard Sauer, Achim Farys, Ina Lange, Ralf Gorniak, Ute Iserloh, Arne Gillert, Evelyn Friedlander, Walter Blumenau, Birgitta Bohn-Strauss, Hanswalter Dobbelmann, Martin Decking vom Jenny-Aloni-Archiv Paderborn, Dr. Friedrich Jacobs, Sieglinde Seidel, Dr. Martina Kliner-Fruck, Dr. Manfred Keller, The Archives for the History of the Jewish People Jerusalem, das Leo Baeck Institute New York.

Wir danken dem Erzbistum Paderborn, der Evangelischen Kirche von Westfalen, dem Amt für Wirtschaftsförderung, dem Arbeitsamt Dortmund und der Werner Richard – Dr. Carl Dörken Stiftung sowie allen unseren Förderern, ohne deren Beitrag die Ausstellung in dieser Form nicht hätte stattfinden können.

 Alfried Krupp von Bohlen und Halbach-Stiftung

 Mit Engagement für unsere Stadt

Stadtsparkasse Dortmund

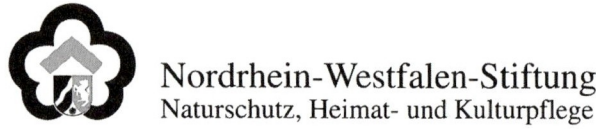 Nordrhein-Westfalen-Stiftung
Naturschutz, Heimat- und Kulturpflege